安徽省2016年高校优秀青年人才支持计划重点项目（项目编号：gxyqZD2016267）

A Study on the Legal Regulation of Pension Funds Investment

养老基金投资监管法律制度研究

江玉荣　著

目 录

绪　论

一、问题的提出及研究意义

（一）问题的提出

1. 人口老龄化将是我国社会的常态

在人类基本战胜饥荒、有效攻克细菌、病毒之后，无论人们是否愿意，人类进入老龄化的趋势将不可逆转。[①] 我国面临的形势不容乐观，根据联合国测算，我国目前60岁以上老年人占总人口的16%，而到2050年，60岁以上人口将达到4.38亿人，占那时人口总数的30%以上，约占世界老年人口的20%以上。[②] 如彼福尔所说："人口老龄化继续发展下去所产生的冲击将不亚于全球化、城市化、工业化等人类历史上任何

---

① 根据联合国《人口老龄化及其社会经济后果》确定的划分标准，当一个国家或地区65岁及以上老年人口数量占总人口比例超过7%时，则意味着这个国家或地区进入人口老龄化社会。

② "The 2017 Revision of World Population Prospects"，载 https://esa.un.org/unpd/wpp/，最后访问日期：2017年8月19日。

一次伟大的经济与社会革命。"[①]彼得·德鲁克也曾指出："人口结构的变化比其他任何革命事件对个人和家庭的影响都更为直接、更为迅速。"[②]2008年以来对欧元区造成重创的欧债危机，原因虽然是多方面的，但养老基金也是引发欧洲债务危机的一个重要诱因，在这些国家特别是希腊和意大利的救助方案里，均含有养老金制度改革清单。

人口老龄化对社会的冲击在我国将会表现得更加明显。由于受计划生育人口政策的影响，我国"人口红利"将渐行渐远，不得不面临"未富先老"和"未备先老"的双重挑战。作为社会保障权核心的社会养老保障权经历了一个从恩惠到权利的转变过程，当代社会公民的一项基本人权及现代社会文明标志之一，就是为其社会成员提供社会养老保障。根据世界银行的预测，2001~2075年中国基本养老保险的收支缺口累计将达9.115万亿元。[③]在老龄化到来之时，如何负担如此庞大的养老任务，我国现在已不是"未雨绸缪"，而是"迫在眉睫"。我国亿万老人"老有所依"目标的实现取决于多种因素，通过建立养老基金来应对退休金支付，业已成为世界各国和各地区的普遍共识和基本运作形式。那么如何实现养老基金的保值增值，使养老基金的总支出规模始终与不断增长的老龄人口需求相匹配；成为养老基金制度的核心和基本问题。

2. 我国养老保险基金已经积累到了一定的规模

养老基金是世界上很有影响力的机构投资者之一，在资本市场中占据举足轻重的地位。自20世纪90年代我国进行养老改革

---

① Pifer, Alan J., Lydia Bronte, eds., *Our aging society: Paradox and promise*, WW Norton & Company, 1986, p. 3.

② [美]彼得·德鲁克：《养老金革命》，刘伟译，东方出版社2009年版，第3页。

③ Nakashima K., N. Howe, R. Jackson, *China's Long March to Retirement Reform— The Graying of the Middle Kingdom Revisited*, CSIS Publications, 2009, p. 6.

以来,养老保险基金逐渐积累,特别是近10年内,养老保险基金规模越来越大。截至2016年年底,职工缴纳养老保险的人数为3.79亿人,基金总收入3.51万亿元,同比增长19.5%;总支出3.19万亿元,同比增长23.4%;当期结余约3200亿元,累计结余3.86万亿元。① 在补充养老基金方面,2017年第一季度末我国企业年金资金达到11,456.47亿元,参与人数为2316万人,比2005年增长近15倍;近4年有245万人领取企业年金,人均月领额从980元增至1850元,职业年金已有37.8亿元的收入并开始有微量支出。② 定位为我国国家养老储备基金的全国社会保障基金于2001年开始投资运营,截至2016年年底资产总额达20,423.28亿元。③

3. 对养老基金投资运营是应对人口老龄化根本措施之一

陈果和张倩婷的研究报告指出,按照2%的年均投资收益率,到2050年我国基本养老金累积缺口将达到43万亿元。④ 根据《中国养老金发展报告》,中国基本养老金的投资收益率年均约为2%,若减去通胀率,2000~2015年的平均年化收益率约-0.25%,年均贬值72亿元。截至2015年个人账户记账规模已

---

① 陈果、张倩婷:《养老金政策上突破三大难题 入市时机已成熟》,载新浪财经网:http://finance.sina.com.cn/stock/marketresearch/2016-12-06/doc-ifxyiayq2546959.shtml,最后访问日期:2016年12月7日。

② 《2017年一季度全国企业年金基金业务数据摘要》,载人力资源和社会保障部网:http://www.mohrss.gov.cn/gkml/xxgk/201706/t20170614_272393.html,最后访问日期:2017年5月26日。

③ 《全国社会保障基金理事会社保基金年度报告(2016年度)》,载全国社保基金理事会网:http://www.ssf.gov.cn/cwsj/ndbg/201706/t20170612_7277.html,最后访问日期:2017年4月16日。

④ 陈果、张倩婷:《养老金政策上突破三大难题 入市时机已成熟》,载新浪财经网:http://finance.sina.com.cn/stock/marketresearch/2016-12-06/doc-ifxyiayq2546959.shtml,最后访问日期:2016年12月7日。

达4.71万亿元，而养老金累计结余仅3.99万亿元，资金缺口约7000亿元，而且此缺口有逐渐扩大的趋势。[①] 这主要是由于基本养老金的投资对象主要是存款和国债，就现金流视角而言其是绝对安全的，但收益率很低，因此养老金没有直接分享国民经济发展的成果。而全国社保基金则有较高的投资自主权，自其建立以来，年化投资收益率为8.37%。在全国社保基金权益中，累计财政性净拨入7959.61亿元，累计投资增值8082.97亿元。[②] 应对人口老龄化的养老生活问题，更为有效的办法是让目前账户里的闲置资金运动起来，使之产生资本的力量。提高养老金的投资运营能力是一种积极的措施，对社会的发展和安定团结具有正面效应。货币是一种资本，如果让资本发挥效能，就能产生利润。资本效能越大，利润越高。以诺贝尔基金为例，1901年其设立时基金数额只有3100万瑞士法郎，设立之时投资标的为国债和银行存款以及其他低风险证券，由于支付奖金等原因，该基金逐渐缩水。20世纪50年代之后，诺贝尔基金开始投资股市。1953年美国政府规定，诺贝尔基金在美国所进行的投资活动一律享受免税待遇，同年，瑞典政府给予诺贝尔基金的投资自主决定权。此后，诺贝尔基金资产净值呈加速上升态势，到2012年年底，资产总额达到28.6亿瑞士法郎，每年支付奖金超过1亿瑞士法郎。美国安大略省教师退休金计划（Ontario Teacher's Pension Plan，OTPP）是一家成立于1990年的职业养老基金，截至2016年年底净资产已达

① 《养老金入市全面启动：资金已经到账　到位组合已开始投资》，载经济观察网：http://www.yjcf360.com/guoneinews/15890694.htm，最后访问日期：2017年8月9日。

② 《全国社会保障基金理事会社保基金年度报告（2016年度）》，载全国社保基金理事会网：http://www.ssf.gov.cn/cwsj/ndbg/201706/t20170612_7277.html，最后访问日期：2017年4月16日。

1756 亿加元，是加拿大最大的单一性职业退休基金。OTPP 的资金来源主要包括参保人员缴费、政府与雇主缴费和投资收益三个方面。而自 1990 年以来，基金资产中来自参保人员缴费的比例仅为 10%，来自政府和雇主缴纳的比例为 12%，其余 78% 均来自投资收益。自成立以来 OTPP 平均年化投资回报率高达10.1%。[①]

4. 养老保险基金投资运营目标的实现需要有效监管

养老基金投资运营有多层次的目标，如实现养老基金的保值、增值和促进资本市场的发展，还有非经济性的目标如社会责任、政治性目的等。多层次的投资运营目标决定养老保险基金投资运营必须考虑多重因素，但最为主要也是进行养老基金投资运营的主要动力是实现养老基金的保值、增值。养老基金本身的社会属性，使之相对于一般投资来说，更加注重投资的安全性，但金融市场风险高度凝聚，如何在风险既定的条件下寻求最大收益，这不仅取决于基金本身的投资策略，也需要外生力量的控制，其中监管约束至关重要。有文献研究表明，良好的监管和养老基金的投资收益密切相关。养老保障程度越高的国家越重视养老基金投资风险的控制，因为如果养老基金不能实现其保值、增值的目标以至于最终不能满足退休人员的需要时，政府就要担起责任，但最终受损的还是普通大众。

5. 我国养老保险基金投资监管之路任重而道远

历史地看，养老基金投资运营和监管并非同步产生，养老基金监管是养老基金投资运营发展到一定程度的产物，并随着养老基金投资运营的新趋势和整个金融监管新特点而不断调整、丰富其内容。自 2001 年全国社会保障基金成立和 2004 年《企业年金

---

① 《安大略省教师退休金计划(OTPP)投资运营状况简介》，载全国社保基金理事会网：http://www.ssf.gov.cn/yjypz/201705/P020170523618444491119.pdf.，最后访问日期：2017 年 6 月 13 日。

试行办法》《企业年金管理试行办法》颁布以来，我国真正意义上对养老保险基金投资运营不过10多年的时间，在投资收益方面也取得了一定的成绩，如2001～2010年，全国社会保障基金的投资平均收益达到了9.17%；2012年21家企业年金基金投资管理人全部取得正收益，整体取得5.68%的加权平均收益率。但总体而言，我国养老保险基金市场化投资管理体制并没有确立，监管体系和法律框架还存在诸多问题，如监管主体不明确、监管碎片化、信息披露制度不完善、没有建立养老保险基金投资风险预警指标体系、对投资管理人缺乏有效的监督等。一个直接的表现就是当前我国还实施严格的数量监管模式，该模式对养老基金投资比例和数量进行严格控制，通常是对高信用风险或低流动性的投资产品进行最高限制，也对投资到风险低的产品作最低规定，如银行存款和购买国债。这与我国资本市场本身的缺陷有关，但主要原因是对监管能力的不信任。虽然业界和理论界强烈呼吁扩大养老基金投资范围，减少养老基金投资限制，但由于有效监管制度的缺失和对金融市场尤其是资本市场的担忧，虽然当前对企业年金和全国社会保障基金有放开的迹象，但进展非常缓慢。扩大养老基金投资范围，从国债和银行存款等风险较低但收益也较低的投资品种走向股票、股权、海外等更高风险的资产类别是必然趋势，也是国外养老保险基金比较成熟的做法，我国当务之急就是要完善监管体制、加快立法脚步、制定清晰的监管流程，有效监管、控制和防范日趋复杂化的养老基金投资运营风险。

(二)研究意义

人口老龄化问题在当今世界突出存在，如何实现“老有所养”，各国依据各自国情探索出不同的解决之道。其中以市场化方式积聚社会资源，通过建立养老基金来应对退休金支付，业已成为世界各国的普遍共识和基本运作形式。那么如何实现养老基金的保值增值,使养老基金的总支出规模始终与不断增长的老龄人口需求相匹配,就成为养老基金制度的核心和基本问题,也成为养老基金投资运营的首要目标。随着我国养老保险基金规模的扩大,无论是从基金保值、增值和抵御通货膨胀还是从推动资本市场发展角度,其进入资本市场是必然的趋势。一方面老龄化是我国人口结构无法回避的事实,另一方面养老的社会化是现代社会的基本职责,养老基金投资运营目标的实现不仅事关几亿老人的生活保障,甚至关乎整个国家的前途。对于养老保险基金投资我国还处于探索阶段,除资本市场本身的缺陷以外,最大的障碍就是没有建立有效的监管体制和制订有力的监管措施,所以民众对养老保险基金"入市"疑虑重重,有关当局也不敢放开投资限制。由于我国养老基金的投资运营受到当前法律法规的严格限制,对养老保险基金投资监管的法律问题研究,能为养老基金投资运营立法提供理论支持,并能够丰富和完善现有理论体系的不足,深化对经济法和社会法的整体性和系统性的认识。同时以养老基金投资监管中的疑难法律问题为视角,能为相关立法改革和法律实施提供理论和技术上的支持。

二、研究范围和相关概念的界定

(一)研究范围

我国养老保险制度改革开始于20世纪90年代初,其初衷就是降低或取消就业福利与企业责任之间的联系,改变计划经济时代实行的"企业社会保障责任",养老制度明显带有国企改革配套特征。但随着改革的深入和养老保险覆盖面的扩大,此项改革很难在其他群体推广。为了满足不同群体的要求,我国养老保险制度呈现碎片化的趋势,除城镇职工基本养老保险、农村、公务人员以外,各种小碎片制度比比皆是,形成了城市与农村分离、私人部门与公共部门“双规”的多种退休制度并存局面，产生了多种养老基金制度，如有城镇职工养老保险基金、企业年金、农村新型养老保险基金、商业养老保险基金、全国社会保障基金、城乡居民养老保险基金等。

本书并不打算详尽叙述每一种养老基金，而是主要围绕职工基本养老保险基金、企业年金（职业年金）和全国社会保障基金三类养老基金展开论述。之所以选择以上三种养老基金作为研究对象，除这些基金基本上可以代表我国养老基金的大部分共性特征以外，还有如下理由：职工基本养老保险基金是我国最基础性的养老基金，在整个养老保障体系中占据最为重要的位置，在进行碎片整合时各类养老基金都要和它接轨；企业年金（职业年金）是作为养老金体系第二支柱提出的，其设计之初的替代目标是20%～30%；而成立于2001年的全国社会保障基金，作为一项全国性的储备基金，主要在人口老龄化高峰之时用于国家社会养老金的收支不足，其在成立之初就进入资本市场投资运营并取得了较好的收益。本书的研究也局限在养老基金投资监管领域，养老计划发起、基金筹集、养老金发放等诸多阶段的监管并不在本书研究范围内。

（二）相关概念的厘清

1. 养老基金

在谈论养老基金之前，必须厘清与之相关的几个概念：一是养老金计划（pension plan；pension scheme），它是为保障员工退休之后正常生活水平的一种社会化的制度安排，在某种意义上也可以说是由政府机构管理的，向退休人员提供养老保障的计划安排。二是养老金，它是指退休人员从退休计划中领取的保证晚年生活的费用。三是养老保险，它是一国政府根据法律、法规，为保障退休者退休后或因丧失劳动能力退出劳动岗位的基本生活而建立的一种保险制度。

养老基金英文对应的词是“pension funds”,它是养老保险基金的简称,并不是法人实体或金融中介机构,而是由各类养老保险计划为成员退休支付而积累的资金,它源于雇主或雇员向养老保险计划的缴费。养老基金是对一个人整个生命周期的平滑,[①]他们之所以需要养老基金是因为对于绝大多数个人而言,用工作获得收入只是一部分时间,而整个生命周期都需要物质保障。养老基金和养老金可以作为养老金计划的筹集端和发放端,在养老金计划的开始阶段,筹集到的是养老基金;在发放阶段,人们得到的是养老金。[②]

狭义的社会保险基金包括基本养老保险基金、基本医疗保险基金、失业保险基金、工伤保险基金和生育保险基金。[③] 狭义的社会保险养老金就是指基本养老金。广义的社会保险养老金还包括用人单位年金(企业年金、职业年金、行业年金等)。用人单位也是一种社会组织,用人单位年金在缴费模式上与基本养老金类似,即用人单位和职工按照工资的一定比例共同分别缴费,基本养老保险具有强制性,企业年金一般是自愿建立。除此之外,用人单位年金与基本养老金相比社会化程度不够,但其可以作为基本养老金的重要补充。从整个社会来看,养老保险基金主要由四个层次构成:(1)全国社会保障基金;(2)基本养老保险基金;(3)企业年金和职业年金;(4)个人独立账户养老金。前三项属于

---

① Ando, Albert, Franco Modigliani, “The Life Cycle Hypothesis of Saving: Aggregate Implications and Tests”, *The American Economic Review* 53.1, 1963, pp. 55 - 84.

② 张健:《养老金制度改革与资本市场完善的互动》,上海交通大学 2008 年博士学位论文,第 26 页。

③ 参见《社会保险法》第 64 条。

社会养老保险基金范畴,最后一项属于个人纯粹自愿性的商业养老保险基金。本书所指的养老基金主要指基本养老保险基金、用人单位年金以及全国社会保障基金。

2. 养老基金投资

投资是指投入当前资金或其他资源以期望在未来获得收益的行为,投资的共性是牺牲现有价值的东西以期望未来收益。[①] 养老基金投资就是投入养老基金资产以谋求其本身的保值、增值。养老基金投资并不仅是股市,其投资的资产可以包括股票、债券、不动产、商品等,欧美国家和地区对私人养老基金的投资领域完全放开,但拉美、亚洲多个国家和地区还对那些高风险产品进行限制。在构建投资组合时,需要作出两类决策:一是资产配置决策,即投资者对不同的资产大类进行选择;二是证券选择,即每一资产大类中特定证券的选择。

3. 养老基金投资监管

养老基金投资监管是养老基金监督管理的简称,它是指监管主体为实现养老基金投资目标而采用的各种监管手段和措施,是对监管对象实施的有意识的、主动的干预和控制活动。养老基金投资监管是一国或地区金融监管的一部分,养老金投资监管并非一开始就有的,而是随着历史的发展而逐渐产生的,并随着养老基金投资业发展的新趋势、新特点而不断调整和丰富其内容。养老基金投资监管,有广义和狭义之分,广义上的养老基金监管包括养老基金投资机构的自我管理、行业协会的自律监管、社会中介机构的监管以及国家有关的养老基金投资监管主体对养老基金投资机构进行的外部监管;狭义上的养老基金监管指的是外部

---

① [美]滋维·博迪、亚历克斯·凯恩、艾伦·J. 马库斯:《投资学》,汪昌云、张永冀译,机械工业出版社2013年版,第2页。

监管,即国家有关的养老基金投资监管主体对养老基金投资机构及其活动所进行的监督和管理,国家有关的养老基金投资监管主体可以是国家机关,也可以是依法设定的特殊法人。

由于篇幅所限,如果没有特别指出,本书仅探讨狭义上的养老基金监管。

三、研究现状综述与评析

(一)国外研究现状及评析

发达国家养老基金的发展已有 100 多年的历史,对养老保险基金的投资监管研究比较深入,形成了比较丰富的文献资料。许多机构如世界银行(World Bank Grope,WBG)、国际保险监督官协会(International Association of Insurance Supervisors,IAIS)、国际养老金监督官协会(International Organisation of Pension Supervisors , IOPS)、澳大利亚审慎监管局(Australian Prudential Regulatory Authority ,APRA)、美国雇员福利研究所(Employee Benefit Research Institute,EBRT)、欧盟 EROP 组织及英国养老金监管局(The Pension Regulator,TPR)等都定期出版其研究成果报告。其中,世界银行从 20 世纪 90 年代开始参与了 80 多个国家的养老金制度改革,对 60 多个国家的改革进行了资助。在养老基金监管方面,世界银行提出了风险性监管,于 2008 年发布了《养老基金风险监管》(*Risk-Based Supervision of Pension Funds*),对澳大利亚、荷兰、墨西哥、丹麦四个实施风险性监管的国家进行了全面评析。① 在私人养老基金投资领域中,OECD 的研究成果最为突出,对本书参考性比较大的主要包括《私人养老金计划监管:趋

---

① Brunner, Gregory, Richard Hinz, Roberto Rocha, Risk-Based Supervision of Pension Funds, *Documento de Trabajo* 21 ,2007,p. 33.

势和挑战》(*Regulating Private Pension Schemes: Trends and Challenges*,2002)、《养老金风险管理框架》(*Pension Funds' Risk-Management Framework: Regulation and Supervisory Oversight*,2010)、《OECD 养老金 2016 展望》(*OECD Pensions Outlook 2016*),同时 OECD 还会定期发布各种报告,作为对成员国的指引,如《欧盟职业年金监管原则》(*OECD Principles of Occupational Pension Regulation*,2010)等。以下是对国外相关研究成果进行分类整理、归纳。

1. 养老基金投资监管的基础理论

虽然养老基金投资历史还不是很长,但金融监管理论已非常成熟,许多养老基金投资监管基础理论的构建都是对金融其他领域理论的借鉴和应用。OECD 2002 年出版的《私人养老金计划监管:趋势和挑战》中认为,之所以要对养老基金投资进行监管是因为养老基金投资存在“市场失灵”“道德风险”“信息不对称”等因素。[①] 著名的养老金专家牛津大学教授克拉克从一个虚构的养老基金投资失败案例出发,认为受托人、政府官员和地方利益集团可以绑架和俘获养老基金投资,提出养老金受托人“腐败”的概念,指出克服“腐败”的途径是注意力集中于监管影响手段和隐藏战略的正式机制上。[②] 美国经济学家沃尔夫认为,监管制度是在市场机制配置资源与政府干预之间的选择,这种选择不是非此即彼的,而是在多大范围内、何种程度地发挥市场机制,在多大范围内、何种程度运用政府干预的策略。他认为,美国养老基金监管限制了养老基金投资收益并阻碍了养老基金促进金融市场发展

① “Regulating Private Pension Schemes: Trends and Challenges”, 载 http://www.oecd-ilibrary.org/content/book/9789264194403-en,最后访问日期:2016 年 6 月 21 日。

② [英]高顿 · L. 克拉克:《养老金基金管理与投资》,洪铮译,中国金融出版社 2008 年版,第 126 页。

功能的发挥。[①]

2. 养老基金投资风险性监管

风险性监管是以风险导向监管为目标，通过对风险的判别、衡量，以最低的成本将风险可能导致的各种不利因素减少到最低限度的管理方法，其主要通过风险识别(risk identification)、风险衡量(risk evaluation)、风险控制(risk control)和风险决策(risk decision)四个阶段来达到"以尽量小的机会成本保证处于足够安全的状态"的目标。[②] 养老保险基金风险性监管的理念最早可以追溯到银行预警系统，其早期模型是美国1980年开发的"骆驼"评级系统。世界银行提出了风险性监管的概念，于2008年发布了《养老基金风险监管》，对澳大利亚、荷兰、墨西哥、丹麦四个实施风险性监管的国家进行了全面评析。[③] 它对四个较早采取养老基金风险性监管的国家进行了回顾并阐明了其所采用的原则和方法。荷兰由非营利机构运作的几乎所有的固定受益型养老基金，澳大利亚由雇主赞助的传统固定缴费型基金，墨西哥的商业养老基金机构和丹麦的混合担保系统均在风险性监管方面取得了进步。这些早期采取风险监管的国家为那些即将采取风险监管的国家提供了丰富的资料和经验教训。国际养老金监督官协会(IOPS)在现行《收益确定型养老金计划的风险监管》(Risk Based Supervision of the Funding of Ongoing Defined Benefit Pension Plan)中也明确提出

---

① 刘钧:《养老保险基金投资运营的风险预警和防范》，清华大学出版社2010年版，第6页。

② Baranoff, Esther Zippora, Esther Zippora Baranoff, *Risk Management and Insuranc* ,Wiley, 2004, p. 36.

③ Brunner, Gregory, Richard Hinz, Roberto Rocha, Risk-Based Supervision of Pension Funds, *Documento de Trabajo* 21, 2007, p. 33.

了风险监管。① 海因茨(Hinz)和默策瓦努(Mataoanu)认为养老基金风险监管的基本职能包括准入、授权、风险、干预和修正等,它在监管方式上采取数据分析和评分系统,通过运算找出监管者需要重点关注的问题并做出相应的处理。② 澳大利亚引入了 PAIPS 和 SOARS,联合模型 PAIRS 和 SOARS 指概率和影响评级系统与监管监察回应系统。③

3. 养老基金投资监管模式

按照监管者对养老保险投资比例和资产组合的控制程度来划分,养老保险基金投资监管可分为审慎人规则(Prudent Person Rule,PPR)和数量限制监管(Quantitative Portfolio Regulation ,QPR)两种模式。监管模式是影响养老基金投资收益和金融市场发展的重要因素,而投资收益和金融市场发展反过来决定着养老基金制度是否能获得成功。随着信托制度成为养老基金投资制度框架的基础,审慎人规则自然而然被移植到养老基金投资领域。菲利普·戴维斯(E. Philip Davis,2002 年)对经济合作与发展组织(OECD)7 个成员国(英国、美国、德国、加拿大、日本、新西兰、瑞典)养老保险基金收益情况进行了统计分析,时间跨度从 1980 年到 1995 年,研究发现,实施审慎监管的国家收益水平要高于实行数量限制监管模式的国家,并承担更低的风险。拉塞尔·盖尔(Russell Gail,2002 年)认为"审慎人规则"和"数量指标原则"各有特点,应用"审慎人规则"并取得成功需要具备一定的条

---

① "Risk Based Supervision of the Funding of Ongoing Defined Benefit Pension Plan",载 http://wwwioPswebrg/dataoeed/29/5/45587417.pdf,最后访问日期:2017 年 3 月 6 日。

② Hinz, Richard P., Anca N. Mataoanu, Pension Supervision: Understanding International Practice and Country Context, *Social Protection*, World Bank, 2005, p. 168.

③ Thompson, Graeme,"Risk-based Supervision of Pension Funds in Australia",载 http://web.worldbank.org,最后访问日期:2015 年 6 月 16 日。

件:一是有一个完善的养老金的治理结构;二是监管当局有对"审慎人规则"的最终解释权;三是要具备完善的监督、报告和揭露制度;四是受托人能够担负起发展、解释、应用和实践"审慎人规则"的角色;五是要具有足够的补偿措施。[①] 菲利普·戴维斯和胡玉伟合著的《养老基金投资需要监管吗?》(*Should Pension Investing be Regulated* ?)中提出审慎人规则要求监管机构对养老保险基金投资要有更为严格的信息披露要求,以促使投资管理人更加充分地进行信息披露,提高监管机构运作的透明度,同时注重投资管理人的诚信义务。[②]

4. 养老基金投资监管风险补偿机制

巴勃罗·安东尼(Pablo Antoine)、斯蒂芬妮·帕耶特(Stephanie Payette)、爱德华·R. 怀特豪斯(Edward R. Whitehouse)、胡安约罗(Juan Yoro,2012 年)在《固定缴费型养老基金的担保作用》(The Role of Guarantees in Defined Contribution Pensions)中详细分析了美国、加拿大、英国、德国 DB 型养老基金计划投资风险机制,并指出目前存在的挑战,如道德风险和逆向选择问题。[③] 奥利维亚·米切尔(Olivia S. Mitchell)等(1999 年)认为,为推进养老基金私有化改革进程,政府必须提供担保措施以减少投资风险或企业违约给参保人带来的潜在损害。[④] 迪斯瑞(Deelstra)等(2004 年)探讨了 DC 型养老基金计划中最低保证的

---

① Galer, Russell, "Prudent Person Rule Standard for the Investment of Pension Fund Assets", *Financial Market Trends* 83, 2002, pp. 41 - 75.

② Davis, E. Philip, Yuwei Hu, "Should Pension Investing be Regulated?", *Rotman International Journal of Pension Management* 2, 2009, pp. 34 - 40.

③ Antolín, Pablo, et al., "The Role of Guarantees in Defined Contribution Pensions", OECD Working Papers on Finance, *Insurance and Private Pensions* 11, 2011, p. 1.

④ Mitchell, Olivia S., Robert Julius Meyers, Howard Young, eds., *Prospects for Social Security Reform*, University of Pennsylvania Press, 1999, p. 221.

最佳设计路径,通过对最优化基金值与保证额之间差值的假定,研究了最优保证的显性解。①

通过梳理国外文献资料,我们发现国外对养老基金投资的研究资料丰富、研究范围广泛,源于市场本身的驱动力,很多成果已转为立法或者政策法规并应用于实践之中,但存在一个问题,就是普遍的理论研究比较少,多为实证性研究,而且大多数研究集中在经济学领域,从法学视角研究养老基金监管比较少。

(二)国内研究现状及评析

2000 年以后我国养老基金投资才获准实施,国内学者对养老基金投资监管研究起步相对较晚,最早的一本专著是李绍光的《养老金制度与资本市场》(1998 年),随后有杨燕绥的《企业年金理论与实务》(2003 年)。邓大松在《中国企业年金制度研究》(2005 年)中系统地阐述了企业年金的基本理论。2006 年林羿撰写了《美国企业养老金的监督与管理》。由郑秉文、董克用、史建平等著名专家牵头组织翻译的"养老金译丛"包含《养老金趋势与挑战》《养老金治理与投资》《养老金规范与监管》《养老金发展与改革》《养老金制度与体系》等著作,于 2007 年出版。后随着养老基金投资成为热门话题,国内学者对监管领域的关注也逐渐增多,中国社会科学院在 2011 ~ 2016 年连续发布了《中国养老金发展报告》,在实证的基础上全面分析了我国养老金发展和投资情况。

1. 关于养老基金投资的必要性和可行性研究

李绍光在《养老金制度与资本市场》(1998 年)中论述了养老基金与资本市场的关系,指出稳定、繁荣的资本市场是养老基金取得投资收益的前提。刘昌平在研究智利、新加坡不同投资管理

① Deelstra, Griselda, Martino Grasselli, Pierre-Francois Koehl, "Optimal Investment Strategies in the Presence of a Minimum Guarantee", *Insurance: Mathematics and Economics* 33.1 ,2003, pp. 189 – 207.

模式的基础上，得出了委托经监管机构授权的基金公司进行养老基金投资运作是我国个人账户养老基金的有效投资模式的结论。郑功成在《中国社会保障制度变迁与评估》中阐述了养老基金通过投资运营来实现保值增值是全球通行的做法，并指出我国必须探索养老保险基金尤其是个人账户基金与资本市场结合的方式和途径。① 李珍论证了个人账户基金市场化运营的必要性和可行性，并建议建立省级社会保障基金委员会作为个人账户的运营制度构想。② 林义阐述了养老基金与资本市场良性互动的理论和策略，提出了促进我国养老基金与资本市场发展的思路。③ 邓大松认为，基本养老保险基金个人账户具有资本属性，而且全国社会保障基金在资产配置、委托投资等方面有示范效应，应积极进入资本市场。④ 郑秉文在多篇文章中认为养老基金贬值严重，投资压力巨大，进入资本市场是大势所趋。绝大多数学者认为养老基金必须进行市场化运作，以谋求保值、增值，同时也能与资本市场产生良好的互动。反对养老基金投资“入市”的学者主要是对我国投资环境存在疑虑，尤其是对当前股市的焦虑，如叶檀就认为目前养老基金绝对不能入股市。⑤ 从立法和政策层面来看，2010年颁布的《社会保险法》以基本法的形式确认了基本养老基金投资运营的必要性；在党的十八大报告和党的十八届三中全会《中共中央关于全面深化改革若干重大问题的决定》中多次强调要加

① 郑功成：《中国社会保障制度变迁与评估》，中国人民大学出版社2002年版，第29页。

② 李珍：《论建立基本养老保险个人账户基金市场化运营管理制度》，载《中国软科学》2007年第5期。

③ 林义：《养老基金与资本市场互动发展的制度分析》，载《财经科学》2005年第2期。

④ 沈澈、邓大松：《个人账户基金投资运营路径设计》，载《东北大学学报》（社会科学版）2013年第3期。

⑤ 叶檀：《养老金与公积金目前决不能入市》，载搜狐财经频道：http://business.sohu.com/20111221/n329693606.shtml.，最后访问日期：2016年12月18日。

强社会保险基金投资管理和监督，推进基金市场化、多元化投资运营。我国在养老基金是否投资“入市”问题上其实理论界和实务界都达成了基本共识，制度也在构建之中。

2. 养老保险基金投资监管模式

巴曙松、陈华良认为，对于经济发达、金融体制和监管体系比较完善的发达国家来说，逐步向审慎性监管过渡或从初期就采用审慎性监管模式也是十分常见的，并提到由严格数量监管向审慎性监管转变的同时，一些国家已开始关注并引入以风险为导向的监管理念。① 李欣宇在其博士学位论文中阐述了谨慎人义务作为养老基金投资法律标准的演变过程，探讨和研究了谨慎人义务中的谨慎注意标准的内容，并分析了谨慎人义务的移植可能性及其对我国养老基金投资管理制度带来的启示意义。② 宁钟、王宇认为，我国养老基金监管模式和制度并不健全，资产市场不够成熟，但逐步放开养老基金数量限制，向谨慎人监管模式过渡，不仅可以使养老基金行业受益，而且会对资本市场的发展产生积极影响。③ 张春丽应重新厘定受托机构及投资管理机构的集合型金融服务机构的法律地位、重构其审慎投资人规则、完善投资风险治理结构及外部监管。④

3. 养老保险基金投资监管的内容

王信阐述了养老基金监管模式、监管内容，分析了拉美地区监管实践出现的问题，对我国养老基金监管提出了看法和建议。⑤

---

① 巴曙松、陈华良：《基于风险的企业年金监管框架的构建》，载《海南金融》2006年第9期。

② 李欣宇：《养老基金管理人谨慎投资义务研究》，中国政法大学2008年博士学位论文，第39页。

③ 宁钟、王宇：《中国养老基金投资监管与OECD国家的比较研究》，载《社会保障制度》2007年第5期。

④ 张春丽：《我国养老基金投资的审慎投资人规则》，载《中国法学》2016年第5期。

⑤ 王信：《基金养老保险建立与资本市场的发展》，载《国际基金评论》2001年第11期。

李连友认为,养老保险基金的监管制度安排主要包括准入与退出制度、外部托管制度、投资比例限制、风险准备金、信息披露要求及佣金限制6个方面。郑功成认为,负责管理养老保险事务的社会保障部门,应得到充分的赋权,同时也要发挥其他监督主体的作用。[①] 巴曙松认为,社保基金的监管主要呈现三个特征:一是依托完备法律法规体制来实施基金监管;二是明确社保基金监管部门、监管结构并赋予监管部门执法权威;三是基金监管向专业化、市场化方向发展。[②] 程星、马妍妍在其博士学位论文中重点对企业年金从计划发起、资金筹集、运行到养老金发放等整个过程作了监管比较研究,对投资领域中的关联交易、信息披露、投资组合等内容进行了深入分析。[③]

4. 养老基金投资监管风险补偿机制

李珍对各国和各地区建立最低收益率的背景和做法做了阐述,强调基金公司必须建立最低资本金和储备金。[④] 邓大松建议借鉴智利的做法,按照平均行业的一定收益率建立最低收益保障机制,同时考虑基本养老保险的个人账户基金的特殊性,建立最低相应的担保机制。[⑤] 阎建军对美国、德国、瑞典三国DB型养老基金担保机制进行分析比较,建议我国建立"基于风险的公司担保模式"。[⑥] 刘昌平、谢婷在《中国企业年金计划担保机制研究》

---

① 郑功成:《中国社会保障改革与未来发展》,载《中国人民大学学报》2010年第5期。

② 巴曙松、谭迎庆、丁波:《社会保障基金监管的现状、问题与建议》,载《当代经济科学》2007年第5期。

③ 马妍妍:《企业年金监管的比较法研究》,上海社会科学院出版社2010年版,第11页。

④ 李珍:《中国社会养老金保险基金管理体制选择》,人民出版社2005年版,第33页。

⑤ 邓大松:《社会保障风险管理国际比较分析》,载《学习与实践》2011年第2期。

⑥ 阎建军:《DB型企业年金担保制度比较及对中国的启示》,载《经济社会体制比较》2009年第5期。

中探讨了DC型养老基金担保机制的几种类型，认为我国企业年金存在担保的评估周期模糊、担保的绝对收益偏低、资金来源单一等问题，并提出了解决这些问题的对策。[①] 郑秉文、黄念深入研究并提出了美国DB型养老基金计划担保机制可能面临着逆向选择和道德风险，对DB型养老基金计划提供的公共担保无法避免公地悲剧，最后可能要转嫁给政府，认为这是DB型养老基金转向DC型养老基金的动力之一。[②] 刘富兵、刘海龙、周颖分析了研究养老基金投资最低收益保证制度以及其框架下的投资资产配置问题，认为我国应建立最低收益保证制度并由政府部门或者非营利机构提供担保。[③] 从以上研究成果可以看出，大部分学者都赞同建立养老基金投资风险补偿机制，虽然郑秉文指出了美国DB型养老基金计划担保的内在缺陷，但他得出的结论是我国要坚持DC型养老基金计划。但这些研究缺乏系统性，只是针对某个方面进行论述，尤其是大部分研究没有对DC型养老基金计划和DB型养老基金计划风险补偿机制进行区分，因此需要在理论上进一步拓展。

从以上可以看出，研究养老基金的法学以外的学者较多，但也有不少法学学者注意到这些问题，王利明教授呼吁尽快制定单独的“社会保险基金监管法”，以建立完整的社保基金监管体系，杜绝非法挪用社保基金等恶劣事件的发生，保证“养命钱”与“救

① 刘昌平、谢婷：《中国企业年金计划担保机制研究》，载《保险研究》2009年第8期。

② 郑秉文、黄念：《美国待遇确定型企业年金计划担保机制的困境与前景》，载《美国研究》2006年第4期。

③ 刘富兵、刘海龙、周颖：《内部收益保证下养老基金的最优资产配置》，载《上海管理科学》2008年第4期。

命钱”的安全。[①] 冯果教授也提出我国应尽快制定高位阶的法律对社保基金性质、来源、投资运营等问题进行规制。[②] 但投资监管的研究还是滞后实务的发展,而且以经济学和管理学研究成果为主。国内研究养老基金投资监管的理论研究跟不上实务发展需要,经济学研究成果多于法学研究成果,相关研究主要集中在养老金的投向上而且精细度还不够,具体监管规则关联如准入、信息披露、关联交易、退出等研究较少,难以有效地指导养老基金投资监管实践。随着我国职工养老基金投资入市的放开,更大规模的企业年金和全国社会保障基金的投资“入市”,养老基金投资风险及监管问题将会是今后长期的热门话题,具体监管规制的研究将会更加重要。

四、研究思路、方法、创新

(一)研究思路

本书以养老基金投资监管为视角,按照“问题—监管权配置体制及监管模式—具体监管制度—保障措施”的思路层层展开,其中监管具体制度以投资前、投资中、投资后的逻辑关系展开论述。总体认为,我国的养老基金投资监管要实行监管权的专业化配置体制,在逐步引进审慎人规则的前提下实行混合监管模式,并要完善准入、退出和关联交易、信息披露等具体监管制度,同时要建立基金投资风险补偿机制。

本书在绪论部分提出本书的问题:我国养老基金已达到了一定的规模,投资监管机制的不健全是制约其投资的主要因素。第

---

① 潘圆、刘声:《王利明等30位代表联名呼吁制定社会保险基金监管法》,载《中国青年报》2007年3月12日,第3版。

② 冯果、李安安:《滥用与规制:我国社保基金的监管缺失及其补救》,载《当代法学》2007年第4期。

一章主要阐述养老基金制度改革趋势以及它与基金投资之间的关系、为什么要对养老基金投资进行监管,并论述我国养老基金投资发展、监管现状以及存在的问题。第二章对养老金投资监管权配置体制进行实证分析,在考察具有代表性的国家和地区养老基金投资监管体制的基础上提出我国应建立专业性监管配置体制,并阐述专业性监管配置体制之下的监管主体设置。第三章分析国际上养老基金投资监管模式分为审慎人和严格数量限制两种监管模式,分别对这两种模式利弊分析并总结其发展趋势,指出我国应逐步放松限制逐渐引入审慎规则。相对于第二章、第三章,第四章、第五章、第六章分别探讨监管投资前、投资中、投资后的具体监管规则;准入监管是第一道"门槛",是养老基金市场主体获得相关市场从业资格的前提,它对这个行业的组建和规范主体行为起着核心作用;养老基金投资信息披露和关联交易监管是投资业务运行中关键制度;而养老基金投资退出机制也是衡量养老基金投资市场成熟度的重要标志。第七章是保障措施即养老基金投资风险补偿机制。由于养老基金本身的特殊性,政府不能把退休风险完全留给个人,要建立必要的保障措施以分散、化解风险。总之,全书遵循"提出问题—分析问题—解决问题"的研究进路。

(二)研究方法

1. 比较分析法

比较的目的不是把一种制度类型强加于另一种制度,而是分析它们在某种意义上的普遍性和共性之下的特殊性,比较分析法是一种认识特性和揭示本质的有效手段。本书研究的是养老基金投资监管法律问题,由于养老基金投资在国外相当一部分国家和地区已经实践多年,而且养老基金投资已跨越国界,所以本书选择具有代表性国家和地区的养老基金投资监管法律制度、国际组织所制定的统一规则进行分析比较，归纳并评析不同国家和地区的做法，找出关于养老基金监管相关制度的发展趋势，最后落脚于我国具体实际，提出我国养老基金投资监管法律的具体的完善建议。

2. 实证分析法

实证分析法着眼于科学现实和当下社会，但是超越价值判断，分析问题角度为“是什么”而不是“应是什么”。本书考察欧美发达国家和地区与养老基金改革发展典型的国家和地区养老基金发展、改革和投资监管情况，通过对这些国家和地区具体情况进行考察，找出共同的规律，吸取它们的经验教训，以对我国监管制度构建提供有益的启示。

3. 整体的方法

整体的方法是以整体作为研究对象，通过对群体行动的分析来解释事物全貌，避免“一叶障目”或“只见大树不见森林”。当代信息论、控制论和系统论都是从此出发展开各自的思维世界的。[①]养老基金投资监管并不是孤立的制度，它的制度设计必须考虑搭配整个社会经济大环境背景，尤其是金融发展和金融监管的整体情况。

4. 历史分析法

养老基金制度本身就是在危机中产生、在战争中发展的，养老基金投资监管也不是由偶发事件引起而建立起来的。“历史从哪里开始，思想进程也应当从哪里开始，而思想进程的进一步发展不过是历史过程在抽象的、理论上前后一贯形式上的反映；这种反映是经过修正的，然而是按照现实的历史过程本身的规律修

① 张宇润：《货币的法本质》，中国检察出版社2010年版，第11页。

正。”[①]如果说每一次重大历史现象后面都隐藏着金融秘密，那么同样每次重大历史事件以后会给金融体制带来变化。以历史和发展的视角来看养老基金投资监管问题，不仅有助于增进对其整体的认识，还可以从历史演变中发现未来发展规律。因此，历史分析方法可以帮助我们找到现存法律制度的历史成因，其也能揭示法律制度的变迁途径和线索。

（三）主要创新

1. 分析了养老基金制度改革的趋势及其与投资的关系

为应对老龄化危机，特别是短期财政的压力，许多国家和地区都对养老基金制度进行了改革。本书分析了养老基金改革的趋势及其对投资的影响，认为养老基金改革特别是基金积累制的确立和发展、多支柱体系建立等都推动了养老基金投资的发展，养老基金与金融市场的互动随着养老金数量的增长而频繁，养老基金投资风险因 DC 型养老基金计划的发展而转移到参保人。同时本书认为现代意义上的养老基金本身是重大的机构投资者、具有长期资本特性、受益人为人数众多的非专业群体。

2. 提出了构建我国养老基金投资监管权配置体制的思路

从世界范围来看，监管权配置基本上可以分为一体化、专业化和部分一体化三种体制。对澳大利亚、智利、英国和美国四个典型国家的养老基金投资和监管权配置体制进行分析，可以看出监管的专业化、独立性和法制化是不同监管权配置共同发展趋势。由于我国金融监管是“分业经营、分业监管”，再加上养老基金投资发展落后，根据世界监管权配置整体发展趋势，实行专业化监管权配置体制是我国的必然选择。

3. 研究了养老基金投资运营监管模式的国际发展趋势及其

① 《马克思恩格斯选集》（第 2 卷），人民出版社 1972 年版，第 122 页。

对我国的启示

监管模式一般分为审慎人规则和数量限制监管两种模式，从理论分析和经验角度来看，审慎人规则要优于数量限制监管模式。实践中，审慎人标准逐渐提高并且二者也有相互融合的趋势，同时注重风险性导向和资产配置理论的应用。我国目前实行的是严格数量限制监管模式，随着大规模养老基金投资“入市”和金融市场的发展，应引入审慎人规则，逐步过渡到混合监管模式并建立相应的配套措施。

4. 比较分析了 DB 型养老基金计划和 DC 型养老基金计划投资风险补偿措施

DB 型养老基金投资风险补偿机制主要通过公共担保机制来实现，DB 型养老基金担保的经费来源一般都不是直接来自财政拨款而是来自保费和投资收益。在实施多年后，DB 型养老基金风险补偿机制面临许多挑战，难以避免“公地悲剧”，这也是 DB 型养老基金计划向 DC 型转变的诱因之一。实行 DC 型养老基金计划的国家和地区都提供了不同形式的风险补偿机制，如最低收益担保、投资储备金、盈余储备金和购买再保险等。我国是以 DC 型养老基金计划为主的国家，构建我国养老基金投资风险补偿机制可以推进养老基金改革进程、化解风险，有利于养老基金制度公平。

第一章　养老基金投资发展与监管问题的提出

社会养老保障权是当代社会的基本人权,它的正当性源于社会经济发展和文明进步下维护个人生存和人格尊严的需要。衡量现代文明的一个标准就是一国给其公民提供的社会保障。通过建立制度化的社会养老体制能够规避个体自我养老、家庭养老的风险。但在人口老龄化背景之下,养老保障成为困扰全世界的难题,欧债危机中养老金就是"最后一根稻草",在欧债危机后的危机国家救助方案中都包含养老基金制度改革清单。为了应对老龄化危机,特别是短期财政的压力,许多国家和地区都对养老基金制度进行了改革。综观世界各国和地区,改革措施包括参数式调整和结构性改革,其中促进养老基金投资运营以谋求保值、增值一直为改革的核心内容之一,其他措施如基金积累制的确立和发展、养老基金多支柱体系建立等都推动了养老基金投资的发展。同时,国外经验表明,养老基金投资能与资本市场形成良好的互动关系,基金在分享经济发展成果的同时也能推进资本市场的发展。

养老基金投资运营其实就是对养老基金进行市场化运作。市场上强迫每个人尽力服务他人并克制天生的随意和恶意倾向的,不是宪兵、刽子手和陪审团的高压统治和强制政策,而是个人利益。[①] 在这样的环境中,国家不需要干预市场及由市场引导的个体行为,“夜警警察”是政府最好的角色。这是一种理想的自由市场经济状态,但历史一次次地证明,市场理性是有限的并且有自利性,连自由主义鼻祖哈耶克都曾说过“市场在自我调节过程之中会陷入一种困境,并且这种困境无法通过自身的力量克服”。[②] 近年席卷全球的经济危机也证明了“市场万能论”是不成立的,全球养老基金在此次危机中也遭受巨大损失。在市场经济前提下,市场力量无疑对资源配置起决定性作用,但当市场出现失灵时,外部的制度适当干预是纠正市场扭曲的必要手段。养老基金本身的社会属性,使之相对于一般投资来说,更加注重投资的安全性,但金融市场风险高度凝聚,如何在风险既定的条件下寻求最大收益,这不仅取决于基金本身的投资策略,还需要外生力量的控制,其中监管约束至关重要。养老基金投资监管就是在养老基金投资市场无法公平有效地运行时所采取的一种手段,通过规范和监管防范养老基金投资风险的发生。

---

① [奥]路德维希·冯·米塞斯:《人类行为的经济学分析》(上),郭笑文译,广东经济出版社2009年版,第228页。

② [英]哈耶克:《法律、立法与自由》,邓正来译,中国大百科全书出版社2000年版,第135页。

一、养老基金制度的发展变迁

李尔王将自己财产都分给了虚伪、自私的两个大女儿,他除对人性判别有误以外,最大的一个失误就是没有留给自己足够的养老资产,但却成就了最伟大的悲剧。年老而贫穷是人生最大的不幸,倘若物质条件允许,健康状况良好,老年时光便是人一生中最值得度过的美好时光,这时需要的是舒适,不为生活愁苦。因此,金钱比以前更加珍贵,因为它能补足老年人体能上的衰退。① 虽然个体有差异,但在人年老之时,总会丧失部分或全部的劳动力,需要家庭、社会和他人的帮助。在人类历史的长河中,老年人主要生活保障来源于家庭,依靠子孙的供养和亲友的帮助,在这个共同体中世代交替,年轻的一代赡养年老一代,实现代际之间的平衡。历史上,家庭养老模式长期占据着重要的地位,获得社会养老保障权只是少数人的福利,这时的养老金还不是现代意义上养老基金。到了近代,现代意义上的养老金制度才在政治活动中孕育而生,在战争和危机中走向成熟。

(一)社会养老保障:从少数人的恩惠到普遍意义上权利的演变

1. 少数人的福利

在人类生产力低下时,能获得类似养老金退休收入的只是少数人,其中军人和公职人员就是其中具有代表性的群体。在罗马帝国初期,罗马帝国开国皇帝奥古斯都在公元前 3 年正式为军人建立了养老金计划,规定罗马军团士兵服役达到 16 年后,再预备

① [德]叔本华:《叔本华的人生哲学》,刘烨编译,中国戏剧出版社 2008 年版,第 240 页。

役服务 4 年,即可获得一份养老金。[1] 后来奥古斯都又通过收税建立了一项专项基金用来支付退役士兵的养老金。在中国古代,国家一般要免去职业军人及其家属的赋税和徭役,并且国家奖励有军功者田地。秦国商鞅变法建立了秦国早期的军功爵制,从公士到大良造都可以通过军功逐级普升,“能得甲首一者,赏爵一级,益田一倾”,军人退休后可以依靠田地、食邑税生活。[2] 秦代以后,历代王朝都非常重视军人的优抚,唐朝军人按照位阶同其他官员一样被授予永业田,永业田可作为退役军人的生活来源。[3] 宋朝军人可以像文职官员一样获得退休俸禄。清朝初期,对战事负伤的官兵按照伤情发放银两,无房产、子孙养老者每月给白银一两,米一斛。

除了军人,国家公职人员也是最早获得养老金群体。中国在西周时期就有退休制度的雏形,即“致仕”。《礼记 · 曲礼》就有“大夫七十而致仕”。汉朝官员致仕后可以享受一半的俸禄,高级官吏甚至可以享受全部的俸禄。唐代五品以上的官员致仕后可享受半俸,六品以下者旧制前四年给半俸,天宝时令给至终身。[4] 宋朝之后不是所有官员致仕后均可享受终生俸禄,家境富裕的致仕官员不再享有俸禄或只能享受部分俸禄。在欧洲,养老金的出现也是从公职人员或政府雇员开始的,法国政府 1790 年规定,公务员年满 50 岁或服务 30 年以上的公职人员退休可以领取养老金。1873 年统一后的德国为德意志帝国服务的公职人员建立了养老金制度。1834 年英国议会通过了第一专部门养老金法案《养

---

① 马青平:《养老金和社会保障的理论与实践》,经济科学出版社 2012 年版,第 33 页。

② 高亨注释:《商君书 · 境内篇》,中华书局 1974 年版,第 54 页。

③ (宋)王溥撰:《唐会要》,中华书局 1995 年版,第 56 页。

④ 同上书,第 26 页。

老金法》,此法案提出为所有公务人员建立一个覆盖面广泛的养老金计划,后又经过多次修正,是目前英国仍在实行的"公务员退休金计划原则"(Principal Civil Service Pension Scheme)的雏形。

从上述论述可以看出,养老金制度是由多种因素决定的,但大多数养老金都由政府提供,掌握政权的阶层会从政权稳定角度为军人建立养老保障制度。政府文职官员也是较早享受养老金制度群体之一,一方面文职官员是政府的雇员,赋予养老金保障能促其使稳定工作;另一方面他们是政策的制定者,是既得利益者。

2. 普遍意义上的权利

养老基金的历史是由政府逐渐写成的。[①] 理论上,社会成员能普遍享有养老保障开始于俾斯麦担任首相时的德国,1889 年德国国会通过了《老龄和残疾保险法》,第一次提出实施全民普遍享有国家养老金制度。德国当时规定的可以领取养老金的年龄是 70 岁,而当时德国人的平均寿命是 48 岁,所以能享有养老金待遇的只是少数长寿的人。当时德国社会保险的立法目的是"通过让为数众多的无产阶级意识到自己享有养老金的权益,从而使他们产生一种保守的思想状态"。因为在俾斯麦看来:"一个年老之后享有养老金的人相对于没有养老金的人更容易对付。"[②]虽然如此,但德国开创了通过立法方式规定普遍意义上的养老金制度,并采用社会保险方式,不付保险费就不能领取养老金。在这一社会保险模式之上建立的公共养老金制度其后被其他国家引入,并延续到现在。1908 年英国采取了一项针对 70 岁以上老人的国家养老金制度,并在 1911 年制定了《全民健康保险法》。作为传统

---

① [美]佛朗哥·莫迪利亚尼、阿伦·莫拉利达尔:《养老金改革反思》,孙亚楠译,中国人民大学出版社 2010 年版,第 22 页。

② [英]尼尔·弗格森:《货币崛起》,高诚译,中信出版社 2009 年版,第 160 页。

福利国家的英国，由于传统的“友谊社”、公会等自助性质的组织不足以应对老年贫困，1908 年制定了《老年人养老金法》（Old Age Pension Act 1908），该法规定国家给年满 70 岁的老年人每年 31.5 英镑的养老金。

第一次世界大战和大萧条挑战了传统制度的合法性和貌似正确的 19 世纪自由主义，大危机和经济萧条重新界定了现代政府的职能和范围（如凯恩斯引导的对政府宏观经济政策的讨论），政府提供的养老金由工资关联向生活成本支付转变。自由主义受到 20 世纪社会民主的挑战。在这种情况下，自 19 世纪以后政治运动达到了高峰，英国推动了 1942 年的《贝弗里奇报告》（*Bevreidge Report*）的实施，此报告要求所有有工作的人都缴纳国民保险费，由此享受包括养老保险在内的“从摇篮到坟墓”广泛社会福利。《贝弗里奇报告》受到全世界的追捧，这可以解释为什么人们一提到福利就想起英国的缘由。[①] 美国试图构建全国性的应对老年人的保障措施，于 1935 年通过了《社会保障法案》（Social Security Act），规定退休者的养老金由对现有工作者的工资单征税来支付，即现收现付型国家养老金制度。由于各个州的筹资情况不同和人们对养老保障知识缺乏的困扰，直到 1950 年美国才最终建立了统一的公共退休体系。此后，法国、瑞典、丹麦、挪威、奥地利、荷兰等国家相继建立了福利国家，但到了 20 世纪 70 年代以后这些福利国家都遇到了挑战。因此，养老制度改革一直是全球热门话题。

综上所述，养老保障经历了从家庭到社会、从少数人的福利到普遍意义上权利的转变，养老基金也是在这种转变中逐渐孕育

---

① ［英］尼尔·弗格森：《货币崛起》，高诚译，中信出版社 2009 年版，第 161 ~ 162 页。

而生并发展壮大的。

(二)当下养老基金制度改革的趋势

由于人类预期寿命的提高和出生率下降,虽然人口老龄化在不同国家和地区进展的速度和先后顺序不同,但世界范围内的人口老龄化趋势已不可避免。为应对老龄化危机,特别是短期财政的压力,开创养老保障制度先河的德国在2003年8月时的公共养老基金,只相当于给付总额两星期的储备金,其养老保障制度一度面临危机。[①] 因此,大部分国家和地区都对养老基金制度进行了不同程度的改革。综观世界,养老基金制度改革主要分为参数式改革和结构性改革,参数式改革主要是对原有养老基金制度的参数设置进行调整,如提高退休年龄、降低养老金替代率、提高缴费率等;结构性改革对原有的制度进行根本性变革,如管理方式、财务机制、筹资模式等,其中影响最大的是筹资模式的改革,即由现收现付制向基金积累制转变。

1. 参数式改革

参数式改革是在不改变原有养老金制度的情况下,先对其参数设置进行调整,如提高退休年龄、降低养老金替代率、提高缴费率、调整养老金所使用的指数法则等。退休年龄是养老基金体系最重要的参数,提高养老金年龄是普遍的趋势,也是争议最大的一项参数式改革。据不完全统计,在经济合作与发展组织(OECD)的34个成员国中,有18个国家提高了女性养老金年龄,14个国家提高了男性养老金年龄。到2050年,OECD成员国中平均可以获得养老金的男女年龄为65岁,相比2010年男性调高

---

① Nguyen, Tristan, Frank Romeike, *Versicherungswirtschaftslehre: Grundlagen für Studium und Praxis*, Springer-Verlag, in: JZ2012, S. 29.

了2.5岁、女性调高了4岁(具体见表1、表2)。[①] 为减少波动,提高退休年龄的政策都是缓慢推行的,如德国自2012年1月1日起,将退休年龄由65周岁逐步提高到67周岁,前12个月用12年过渡,即每年在上1年度的基础上增加1个月,到2014年达到66周岁;后12个月用6年过渡,至2031年为67周岁退休。与获取养老年龄阶段相关的概念中退休年龄只是其中一个,很多国家没有标准的退休年龄,而代替的是第一次获取养老金的年龄,一般称为可以获得养老金年龄(Pensionable age)。法国在2008年拿到全额退休金的条件是工作满37.5年,到2012年调到41年,这就意味着如果一个人20岁工作,那么他61岁才会拿到全额的退休金。[②] 降低养老基金替代率也是国家参数性调整手段之一。在日本2004年养老金修改法案中将标准养老金的60%替代率逐渐下调,到2023年年底,将为50.2%;[③]到2030年,德国拟将替代率从目前的70%调整到64%。另外,提高缴费率方面也是各国普遍的做法,如日本厚生养老基金保险费在1996年10月一直维持在13.58%,2004年开始每年增加0.354%,到2017年9月以后将长期固定在18.3%。[④]

在近几十年里,养老金改革大部分都是参数式改革。参数式改革是在原有的养老金制度框架内进行的,不改变现有的结构,相关措施表现为对原有的养老金制度的参数进行调整。参数式改革是不全面的,它通常只能局部解决问题,并不能构建一个完

---

① Organisation for Economic Co-operation and Development (OECD) Staff, “Pensions at a Glance 2015: OECD and G20 Indicators”, OECD, 2015.

② Ibid.

③ [日]高山宪之:《信赖与安心的养老金改革》,张启新译,上海人民出版社2012年版,第23页。

④ 同上。

整的养老金计划。另外,应对人口老龄化的任何努力都要求随着人类预期寿命的变化,对退休年龄等其他制度参数做出调整,这在政治上一般都是不受欢迎的,推动难度一般比较大,很难全面实施。所以,没有一个国家单靠参数式改革就能建立具有充足性、可负担性和可持续性的养老金制度。从另外一个角度来看,虽然单靠参数式改革不能解决养老金存在的诸多问题,但其却能实现养老金制度的改良,使其向新制度和待遇结构的转型较为容易,为后续的改革打下基础。

表 1　OECD 国家男性可获得养老金年龄(1949～2050 年)

单位:岁

年份	1949	1958	1971	1983	1989	1993	1999	2002	2010	2020	2030	2040	2050
澳大利亚	65.0	65.0	65.0	65.0	65.0	65.0	65.0	65.0	65.0	65.0	66.0	67.0	67.0
奥地利	65.0	65.0	65.0	65.0	65.0	65.0	65.0	65.0	65.0	65.0	65.0	65.0	65.0
比利时	60.0	60.0	60.0	60.0	60.0	60.0	60.0	60.0	60.0	60.0	60.0	60.0	60.0
加拿大	70.0	69.0	68.0	67.0	66.0	65.0	65.0	65.0	65.0	65.0	65.0	65.0	65.0
捷克共和国	—	60.0	60.0	60.0	60.0	60.0	60.0	60.5	61.0	62.2	63.5	65.0	65.0
丹麦	65.0	65.0	67.0	67.0	67.0	67.0	67.0	67.0	65.0	65.0	67.0	67.0	67.0
芬兰	—	65.0	65.0	65.0	65.0	65.0	65.0	65.0	65.0	65.0	65.0	65.0	65.0
法国	—	65.0	65.0	65.0	60.0	60.0	60.0	60.0	60.5	61.0	61.0	61.0	61.0
德国	63.0	63.0	63.0	63.0	63.0	63.0	63.0	63.5	65.0	65.0	65.0	65.0	65.0
希腊	55.0	57.0	57.0	57.0	57.0	57.0	57.0	57.0	57.0	60.0	60.0	60.0	60.0
匈牙利	60.0	60.0	60.0	60.0	60.0	60.0	60.0	60.0	60.0	64.5	65.0	65.0	65.0
冰岛	—	67.0	67.0	67.0	67.0	67.0	67.0	67.0	67.0	67.0	67.0	67.0	67.0
爱尔兰	70.0	70.0	70.0	70.0	65.0	65.0	65.0	65.0	65.0	65.0	65.0	65.0	65.0
意大利	60.0	60.0	60.0	55.0	55.0	55.0	55.0	57.0	59.0	61.0	65.0	65.0	65.0

续表

年份	1949	1958	1971	1983	1989	1993	1999	2002	2010	2020	2030	2040	2050
日本	—	60.0	60.0	60.0	60.0	60.0	60.0	61.0	64.0	65.0	65.0	65.0	65.0
韩国	—	—	—	—	—	60.0	60.0	60.0	60.0	60.0	62.0	64.0	65.0
卢森堡	65.0	65.0	65.0	65.0	65.0	60.0	60.0	60.0	60.0	60.0	60.0	60.0	60.0
墨西哥	—	65.0	65.0	65.0	65.0	65.0	65.0	65.0	65.0	65.0	65.0	65.0	65.0
荷兰	65.0	65.0	65.0	65.0	65.0	65.0	65.0	65.0	65.0	65.0	65.0	65.0	65.0
新西兰	65.0	60.0	60.0	60.0	60.0	60.0	61.1	64.1	65.0	65.0	65.0	65.0	65.0
挪威	70.0	70.0	70.0	67.0	67.0	67.0	67.0	67.0	67.0	67.0	67.0	67.0	67.0
波兰	60.0	60.0	60.0	60.0	65.0	65.0	65.0	65.0	65.0	65.0	65.0	65.0	65.0
葡萄牙	65.0	65.0	65.0	65.0	65.0	65.0	65.0	65.0	65.0	65.0	65.0	65.0	65.0
斯洛伐克共和国	—	60.0	60.0	60.0	60.0	60.0	60.0	60.0	62.0	62.0	62.0	62.0	62.0
西班牙	65.0	65.0	65.0	65.0	65.0	65.0	65.0	65.0	65.0	65.0	65.0	65.0	65.0
瑞典	67.0	67.0	67.0	67.0	65.0	65.0	65.0	65.0	65.0	65.0	65.0	65.0	65.0
瑞士	—	65.0	65.0	65.0	65.0	65.0	65.0	65.0	65.0	65.0	65.0	65.0	65.0
土耳其	—	—	60.0	45.0	45.0	45.0	45.0	44.0	44.9	48.6	53.1	57.7	62.3
英国	65.0	65.0	65.0	65.0	65.0	65.0	65.0	65.0	65.0	65.0	66.0	67.0	68.0
美国	65.0	65.0	65.0	65.0	65.0	65.0	65.0	65.0	66.0	66.0	67.0	67.0	67.0
平均	64.3	63.9	63.8	62.9	62.7	62.4	62.4	62.6	62.9	63.5	64.1	64.4	64.6

表2　OECD国家女性可获得养老金年龄(1949～2050年)

单位:岁

年份	1949	1958	1971	1983	1989	1993	1999	2002	2010	2020	2030	2040	2050
澳大利亚	60.0	60.0	60.0	60.0	60.0	60.0	60.0	61.0	62.0	64.0	66.0	67.0	67.0
奥地利	65.0	60.0	60.0	60.0	60.0	60.0	60.0	60.0	60.0	60.0	63.0	65.0	65.0
比利时	55.0	60.0	60.0	60.0	60.0	60.0	60.0	60.0	60.0	60.0	60.0	60.0	60.0
加拿大	70.0	69.0	68.0	67.0	66.0	65.0	65.0	65.0	65.0	65.0	65.0	65.0	65.0
捷克共和国	—	60.0	55.0	57.0	57.0	57.0	57.0	58.0	58.7	60.7	63.3	65.0	65.0
丹麦	65.0	60.0	62.0	62.0	62.0	67.0	67.0	67.0	65.0	65.0	67.0	67.0	67.0
芬兰	—	65.0	65.0	65.0	65.0	65.0	65.0	65.0	65.0	65.0	65.0	65.0	65.0
法国	—	65.0	65.0	65.0	60.0	60.0	60.0	60.0	60.5	61.0	61.0	61.0	61.0
德国	60.0	60.0	60.0	60.0	60.0	60.0	60.0	60.5	65.0	65.0	65.0	65.0	65.0
希腊	55.0	57.0	57.0	57.0	57.0	57.0	57.0	57.0	57.0	60.0	60.0	60.0	60.0
匈牙利	55.0	55.0	55.0	55.0	55.0	55.0	55.0	55.0	59.0	64.5	65.0	65.0	65.0
冰岛	—	67.0	67.0	67.0	67.0	67.0	67.0	67.0	67.0	67.0	67.0	67.0	67.0
爱尔兰	70.0	70.0	70.0	70.0	65.0	65.0	65.0	65.0	65.0	65.0	65.0	65.0	65.0
意大利	55.0	55.0	55.0	55.0	55.0	55.0	55.0	57.0	59.0	61.0	65.0	65.0	65.0
日本	—	55.0	55.0	55.0	56.0	58.0	60.0	60.0	62.0	65.0	65.0	65.0	65.0
韩国	—	—	—	—	—	60.0	60.0	60.0	60.0	60.0	62.0	64.0	65.0
卢森堡	65.0	65.0	65.0	65.0	65.0	60.0	60.0	60.0	60.0	60.0	60.0	60.0	60.0
墨西哥	—	65.0	65.0	65.0	65.0	65.0	65.0	65.0	65.0	65.0	65.0	65.0	65.0
荷兰	65.0	65.0	65.0	65.0	65.0	65.0	65.0	65.0	65.0	65.0	65.0	65.0	65.0
新西兰	65.0	60.0	60.0	60.0	60.0	60.0	61.1	64.1	65.0	65.0	65.0	65.0	65.0
挪威	70.0	70.0	70.0	67.0	67.0	67.0	67.0	67.0	67.0	67.0	67.0	67.0	67.0

续表

年份	1949	1958	1971	1983	1989	1993	1999	2002	2010	2020	2030	2040	2050
波兰	60.0	60.0	60.0	60.0	60.0	60.0	60.0	60.0	60.0	60.0	60.0	60.0	60.0
葡萄牙	65.0	65.0	65.0	65.0	62.0	62.0	62.0	65.0	65.0	65.0	65.0	65.0	65.0
斯洛伐克共和国	—	60.0	55.0	57.0	57.0	57.0	57.0	57.0	57.0	62.0	62.0	62.0	62.0
西班牙	65.0	65.0	65.0	65.0	65.0	65.0	65.0	65.0	65.0	65.0	65.0	65.0	65.0
瑞典	67.0	67.0	67.0	65.0	65.0	65.0	65.0	65.0	65.0	65.0	65.0	65.0	65.0
瑞士	—	60.0	60.0	60.0	62.0	62.0	62.0	62.0	63.0	64.0	64.0	64.0	64.0
土耳其	—	—	60.0	45.0	45.0	45.0	45.0	40.0	41.0	45.2	50.4	55.6	60.8
英国	60.0	60.0	60.0	60.0	60.0	60.0	60.0	60.0	60.0	65.0	66.0	67.0	68.0
美国	65.0	65.0	65.0	65.0	65.0	65.0	65.0	65.0	66.0	66.0	67.0	67.0	67.0
平均	62.9	92.3	61.9	61.3	61.0	61.0	61.1	61.3	61.8	62.9	63.7	64.1	64.4

2. 基金积累制的确定与发展

从筹资模式上来看，养老基金可分为现收现付制（Pay - as - gou - go，PAYGO）和基金积累制。现收现付制以养老负担在代际间转移，即由正在工作的一代负担退休的一代，具有再分配性质和国家承担最终责任特点。诺贝尔奖获得者、美国经济学家保罗·萨缪尔森（Paul Samuelson）在 1958 年发表的经典论文中提出了"生物报酬率或自然增长率"，论文指出，在均衡的状态下，现收现付的养老基金制度实际回报率等于实际工资总额的增长率，即人口增长率和生产增长率的总和。① 罗宾·布莱克本（Robin Blackburn）证明，通过工资税来筹集养老基金的现收现付制具有较高的管理效

① Samuelson, Paul A., "An Exact Consumption-loan Model of Interest with or without the Social Contrivance of Money", *Journal of Political Economy* 66.6, 1958, pp. 467 - 482.

率和较低成本，它是基本养老金的最佳供给方式。最初的养老基金采取的几乎都是现收现付制，英国和美国的公共养老金（public pensions）也以现收现付制为主要融资的方式。在人口增长率与工资上涨率之和大于市场复利的情况下，现收现付制能够在代际之间进行“帕累托”有效配置，理论上现收现付制可以无限期地延续下去。但养老基金的支付还受到退休人员数量和向他们承诺的退休金数量的影响（这些数量通常会随着时间变得慷慨），而缴费（应税）的增长率取决于人口总数、劳动生产率和工资增长。① 随着经济发展和人口老龄化成为世界普遍发展趋势，尤其是缴费人数对享受养老基金比例的大幅度下降，使现收现付制存在的基础已经不具备，难以满足当代社会的老年保障需求。一些分析家甚至认为经济增长使一些国家养老制度的运行成为一个前所未有的“庞氏”骗局，实际上它们已经面临着破产的边缘。

以上是养老基金的现收现付模式向基金积累模式转变的一个重要原因。另外，基金积累制金融效益的挖掘，能与金融市场特别是资本市场产生良好互动也是当下养老金制度改革的动力之一。在基金积累制下，只要养老基金增长，就会导致资产的大量积累，这对国民经济存量、国民收入和国民储蓄都会产生巨大的价值。②基金积累制是以个人整个生命的长期纵向平衡为原则确定的资金运行模式，筹集的资金并不用于当期养老基金的发放，而是完全用于基金积累并计入职工个人账户，也就是正在工作的在职职工为自己退休储备养老费用的制度安排。在人口老龄化背景下，20世纪80年代以来，许多国家对原有的养老保障制度进行改革，建立了完全的基金积累制或部分基金积累制养老保险模式，弱化政府

① [美]佛朗哥·莫迪利亚尼、阿伦·莫拉利达尔：《养老金改革反思》，孙亚楠译，中国人民大学出版社2010年版，第2页。

② 同上书，第50页。

对养老保险的直接责任,强化市场责任。其中,智利是最早也是最彻底从现收现付制向基金积累制转变的国家,其基金积累制完全取代了原有的现收现付制,英国、秘鲁、澳大利亚、阿根廷、墨西哥等多个国家随后也转变为部分或完全的基金积累制,我国也在1997年确立了统筹结合的部分基金积累制。

3. 多支柱养老体系改革

养老基金产生和制度变迁实质都是应对老龄化风险的一种手段,作为一种风险管理工具,效率原则要求通过制度要素的多元化来实现与风险相关的预期受益最大化。在养老基金制度变迁中,多支柱养老体系改革基于风险分散理念。因为它由不同要素构成,可以相互补充,将风险最小化。20世纪90年代,世界银行在《防止老龄危机:保护老年人及促进增长的政策》一文中,第一次提出了养老基金"三支柱"的概念:第一支柱为强制性的、非积累性的,由政府管理的待遇确定型的基础养老基金;第二支柱是由私人机构管理的强制性的、基金积累制的缴费确定型的养老基金;第三支柱为自愿性的养老储蓄。[①] 养老基金"三支柱"体系在扩大养老基金覆盖面、消除贫困、缓解财政压力方面起着重要作用,但随着社会经济的进一步发展,人口老龄化不断恶化,"三支柱"体系的弊端凸显:第一,它存在公平性问题,即不同群体、不同职业、不同代际之间的不公平和不一致;第二,它几乎是为不间断工作的全职人员量身设计,覆盖面窄;第三,"三支柱"体系没有从根本上缓解政府面临的财政压力,通过预算收入转移支付和削减未来养老基金的支付水平来缓解短期财政压力的方式难以通过一种公开透明的方式来确保实际预算需要。

---

① Anonymus, Averting the Old Age Crisis: Policies to Protect the Old and Promote Growth, *A World Bank Policy Research Report*, 1994.

因此,在“三支柱”基础上,世界银行开始反思,并在2005年的《21世纪的老年收入保障——养老金制度改革国际比较》一书提出“五支柱”体系的概念,即增加一个非缴费型的“零支柱”,以确保对所有民众提供最低水平的养老保障,另外将家庭成员之间的经济帮助和情感互济纳入其中作为“第四支柱”。这五个支柱中每个支柱都有自己的特征,都在应对某种特定的风险,同时每个支柱本身也存在风险。“零支柱”应对的是终身的贫困风险,特别针对那些没有参与正规的经济部门,不能通过劳动工资来积累个人储蓄的风险。第一支柱和第二支柱主要是为了消除个人短视的风险,即人们即使有足够的收入,也不能理性地为自己的老年生活储蓄,但第一支柱易受老龄化和政治风险的影响,具体参见表3。①

表3 养老基金五支柱类型

支柱类型	主要目标		
	特征	参与	筹资
0	基本或社会养老金,至少是社会救助	普享型或补救型	预算或一般税收
1	公共养老金计划,公共管理(待遇确定型或名义账户制)	强制性	缴费
2	企业或个人养老金计划	强制性	缴费
3	企业或个人养老金计划	自愿	金融资产
4	非正式扶持(家庭),其他正规社会福利计划(医疗保健)以及其他个人金融或非金融资产	自愿性	金融资产

4. DB型养老基金计划向DC型养老基金计划转变

DB型养老基金计划是来自英文“Defined Benefit Plan”,它是

① 罗伯特·特霍尔茨曼、理查德·欣茨等:《21世纪的老年收入保障——养老金制度改革国际比较》,郑秉文等译,中国劳动社会保障出版社2006年版,第10页。

指养老金发起人即雇主向计划参与人即雇员作出的承诺，目的在于保证雇员在退休后或者丧失劳动能力后，可以获得事先约定数额的养老金。通俗地讲，DB型养老基金计划是雇主提前向雇员承诺他们在退休后可以领取到多少养老金的保险制度，即雇员未来退休后的养老金是固定的。[①] DB型养老基金计划的特征是雇员退休后的收入是固定的，风险由雇主来承担。DC型养老基金计划英文为"Defined Contribution Plan"，在这种制度下每个雇员都有一个单独账户，由雇主单独或者与雇员共同向这个账户按确定的缴费额按时缴费，个人账户基金可以进行市场化运作以获取利润，雇员退休后收入取决于个人账户基金总额即缴费和投资收益，也就是说，即使两个人缴费完全相同，但投资组合不同可能会导致两人的养老基金数量有较大差异。DC型养老基金计划的特点是个人账户管理，风险由雇员自己承担，最后的养老金收益是不确定的。因此，有经济学家说DB型养老基金计划通常比DC型养老基金计划更能使受益者防范风险，这是因为，在DB计划中，风险由缴费的雇主承担，而雇员则只是按照相当于资本市场的长期回报率，用工资换取养老金。[②]

大部分国家养老基金制度一开始都是DB型养老基金计划，但DB型养老基金计划在运行之中逐渐显现出弊端：第一，在DB型养老基金计划中，退休收入的计算往往是根据退休前的工资和其对该计划缴费期限来计算的，因此容易出现道德风险，即有可能会操纵他们缴费时机，以减少缴费并增加养老金的收入；而DC型养老基金计划强调缴费和待遇之间的联系，可以消除道德风险，这样

---

① 刘云龙：《养老金帝国》(下)，中国财政经济出版社2012年版，第112页。

② 李绍光：《养老金制度与资本市场》，中国发展出版社1998年版，第41页。

可以使参保人受到遵守法定缴费条件的激励。① 第二,DB 型养老基金计划转移成本较大,不利于劳动力的流动;相反,DC 型养老基金计划便于携带,利于劳动力流动。第三,企业面临着系统性风险,不少企业不愿意承担 DB 型养老基金计划风险,而倾向性选择由雇员自己承担风险的 DC 型养老基金计划。第四,随着资本市场的发展,投资理念尤其是个人投资理念也发生了变化,许多人愿意管理自己的个人账户,谋求在资本市场上保值、升值。基于以上原因,DB 型养老基金计划正在向 DC 型养老基金计划转变,从图 1 中,我们可以清楚地看到这种发展趋势,在澳大利亚、智利、墨西哥、波兰和英国等国家,私人养老金计划份额已超过 50% ,其中 DC 型养老基金计划是主要形式(见图 1)。②

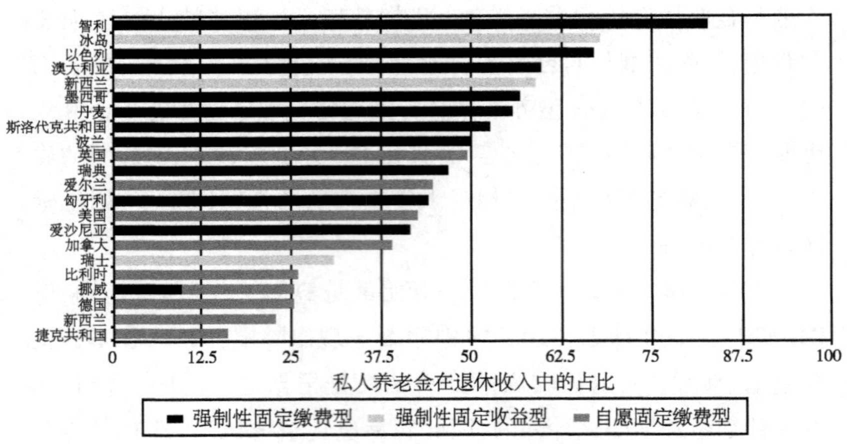

图 1 私人养老金在退休收入中的作用

资料来源:养老金一览(2011 年)。

① James, Estelle, "The Political Economy of Social Security Reform: A Cross—Country Review", *Annals of Public and Cooperative Economics* 69.4,1998,pp.451 –482.

② Organisation for Economic Co-operation and Development (OECD) Staff, *Pensions at a Glance* 2015: *OECD and G20 Indicators*, OECD, 2015.

(三) 当下养老基金制度改革加速了养老基金投资发展进程

投资是投入当前的资源或资金以期望未来获取利益的行为,①它牺牲了当下的利益希望能获取将来的利益。虽然养老基金制度从 1889 年到现在已有 100 多年的历史,但在全球范围内大规模的养老基金投资运营历史不过是 30 多年。有两个原因制约着养老基金的投资运营:一是由于现收现付制和覆盖面的影响,养老基金自身规模比较小;二是金融市场特别是资本市场的发展程度。近年来,由于老龄化和养老基金覆盖面的不断扩大,许多国家因为养老问题面临着巨大的财政压力,不得不被动或者主动地进行养老基金制度改革。改革的一个主要趋势就是加强养老基金的市场化运作,强调对养老基金的投资运营。在大部分国家和地区,养老基金投资既是改革的结果也是改革的一部分。

1. 养老金投资属性随着基金积累制的确定和发展而凸显

传统的养老金制度属于现收现付制,即同一时期在职人员负担已经退休人员的养老金,它一般按照短时间内收支平衡的原则筹集养老基金,不会有大量结余,增值、保值的压力不大。基金积累制是在职职工为自己退休储备养老费用的一种制度安排,它以个人整个生命为周期、纵向平衡为原则。从基金资金来源来看,它是将职工工作期间的一部分收入通过强制性缴费形式建立起来的专门用于延期支付的养老基金,本质上就是工资的延期支付,它要考虑的是在经过长期基金积累后是否能支付将来退休后的养老需求。所以,在该制度下,在积累过程中的投资收益对整个制度目标的实现起着至关重要的作用。前文阐述了养老基金由现收现付制转向基金积累制是世界发展的必然趋势,基金积累制改革成功的

---

① [美]滋维·博迪、亚历克斯·凯恩、艾伦·J. 马库斯:《投资学》,汪昌云、张永冀译,机械工业出版社 2013 年版,第 2 页。

实现必须依赖于资本市场的支持,没有从资本市场取得高于通货膨胀和利率的收益是不可能取得成功的。养老基金是具有长期性质的契约储蓄计划,对投资安全投资收益都有较高的要求。智利社会保险制度之所以取得了举世瞩目的成就,主要表现之一就是其养老基金投资在较长的时间内取得了较高的收益,C 类基金(中等风险基金)30 年间平均回报率为 9.3%,秘鲁从 1993 年至 2009 年基金 2 的平均回报率为 8.8%,基金 1 和基金 3 在 2005 年至 2009 年为 6.2%、21.8%。[①] 基金积累制最终使很多资金都汇集到一起形成一个规模可观的资金池,然后由专业机构负责投资运营,进行市场化操作,从资本市场获利实现基金的保值、增值。

2. 养老基金与金融市场[②]的互动随着养老金金额的增长而加深

随着养老基金制度的调整,特别是基金积累制和多支柱养老体系的建立,全世界范围内的养老基金资产剧增,在很多国家都超过或接近 GDP,它成为世界上最大的机构投资者之一,在资本市场中占据举足轻重的地位。[③] 2015 年年底美国市场化运营的养老基金资产规模达到 24 万亿美元,养老基金通过资本市场实现保值增值。实践证明,它支持了实体经济发展,也间接推动了新兴产业涌现和产业创新升级。[④] 2016 年 4 月 22 日在“个人养老金制度与实

---

① [西]何塞·路易斯·埃斯克里瓦、爱德华多·富恩特斯:《拉美养老金改革:面临的平衡与挑战》,郑秉文译,中国劳动社会保障出版社 2012 年版,第 10 页。

② 金融市场由货币市场和资本市场组成,货币市场是融资期限在一年之内的金融市场,资本市场是一年以上各种资金借贷和证券交易场所,养老基金投资主要是资本市场。

③ Towers Watson global pension asset study 2016,载 https://dmmn26wgpgtie.cloudfront.net/wp-content/uploads/2016/02/22221128/Global-Pension-Assets-Study-2016.pdf,最后访问日期:2017 年 8 月 18 日。

④ 董克用:《应对老龄化需高度重视养老金融发展》,载《中国证券报》2016 年 6 月 22 日,第 7 版。

践国际研讨会”上，中国证监会副主席李超指出，养老金既是社会发展的稳定器，也是资本市场良性发展的压舱石。[①] 实际上，中国需要一个更加完善的社会保障体系，而强有力的社会保障体系需要资本市场的支持和养育。因此，养老金壮大需要资本市场稳定健康地发展，以为养老金提供利润来源渠道。

巨额的养老基金要依赖资本市场获得增值、保值，同时也会对资本市场产生影响。养老基金通过进入市场中的资本数量来影响资本市场。养老基金作为机构投资者进入金融市场，将对金融市场均衡利率的形成产生影响，有利于降低企业部门的融资成本，降低资本市场的风险溢价，促进资本市场的发展。Calpers 事件[②]就能很好地说明养老基金在金融市场中的影响力：Calpers 为美国加利福尼亚州公职人员退休计划，其是全球最大的养老基金之一，2002年年初以泰国、菲律宾、马来西亚和印度尼西亚在政治稳定、劳动保护和制度的透明度等方面不符合投资标准为理由宣布出售其在这些国家的资产。Calpers 基金管理的资产共 1510 亿美元，但这四个国家所占规模并不大，其中泰国约有 2500 万美元、马来西亚约有 3 亿美元、印度尼西亚约有 5000 万美元、菲律宾约有 2500 万美元。由于市场担心其他基金会跟着撤离产生示范效应，严重影响尚未投资这些市场的年金基金的投资意向，因此 Calpers 宣布退出后给相关国家甚至亚洲资本市场都带来了振动，如泰国股市下跌2.81%，菲律宾股市下跌 3.26%，马来西亚股市下跌 1%，只有印度尼西亚股票市场反应较小。养老基金是金融服务的消费者，它

---

① 倪铭娅：《养老金投资迫切需要更加健康的资本市场》，载《中国证券报》2016年4月25日，A01版。

② 《全球最大退休基金 Calpers 退出东南亚股市》，载新华网：http://news.xinhuanet.com/fortune/2002-02/25/content_288937.htm，最后访问日期：2016年3月21日。

促进了全球金融资产流动管理和财务制度的发展并对资本市场产生重要影响。

3. 养老基金投资风险因DC型养老基金计划的发展而转移到参保人

所有金融驱动力中最为基本的一点便是要避免预测未来,因为未来无法预知。[①] 养老基金投资未来收益具有不确定性,养老基金投资风险也是源于此。在DB型养老基金计划独占鳌头之时,养老基金投资风险承担者是雇主,但DC型养老基金计划最后发放数额是不确定的,因此风险由雇主转移到参保人身上。在2001年年底美国安然事件中,安然公司员工的养老基金权益就深受牵连。就像美国多数企业一样,安然公司为其员工创设401(K)计划,这是典型的职业DC型养老基金计划。按照安然公司的建议,员工用个人账户养老基金购买了部分安然公司的股票,而且安然公司也以股票的形式支付其所提供的配套缴费。在安然公司破产之前,在总值超过21亿美元的职工养老基金中,公司股票占了58%。[②] 在安然公司破产之后,公司股票价值大幅度缩水,养老基金投资风险全部由员工自己承担。一位在安然公司工作了大半辈子的职员在媒体上说:"养老金账户上原本价值100多万美元的安然股票现仅值几万美元。"从安然事件来看,养老基金投资收益率偏离预期收益的不确定性是经常发生的,风险无处不在。在DC型养老基金计划占主流的情况下,将风险转移给参保人是否公平,个人是否能承受,这些在当今的养老改革中都是焦点话题,不同国家的做法也不一样。虽然许多国家采取多种措施以化解部分养老基金投资个人风险,如拉美国家规定,到一定年龄后限制风险性高的投资组

① [英]尼尔·弗格森:《货币崛起》,高诚译,中信出版社2009年版,第141页。

② 根据安然事件整理而成。

合,禁止投资高风险性权益产品或设定上限;有些国家规定了最低养老基金保障制度或者养老金投资风险补偿机制。但养老基金制度发展总体趋势是在强调个人责任,因为市场化运作的目标是不会变的。

二、养老基金投资属性分析与监管问题的提出

(一)养老基金投资属性与投资风险

1. 养老基金投资属性

(1)有重大影响的机构投资者。机构投资者为了特定目标,将众多小投资者的资金集中在一起,在可接受风险范围和一定时间内,追求收益的最大化。① 机构投资者的兴起是当代全球金融体系最大的变化之一,对一国的储蓄规模、资本市场的稳定、金融工具的创新和公司治理都产生了重大而深远的影响。不同国家投资者的范畴不同,通常养老基金都被认为是稳健型、长期性、规模较大的机构投资者,占据资本市场中重要的地位。在韬睿惠悦咨询公司(Towers Watson)发布的《2016 年养老基金报告》中,美国、英国、澳大利亚和日本等 19 个发达国家的养老基金资产达到 35,438 万亿美元,相当于它们 GDP 的 80.3%,其中美国养老基金为 21,779 万亿美元,相当于其 GDP 的 121.1%;英国养老基金为 3204 万亿美元,相当于其 GDP 的 119.4%(见表 4)。② 作为机构投资者,养老基金投资有以下特征:第一,养老基金是集合投资性质,具有规模经济和范围经济效应。与单个投资人相比,养老基金能够聚集众多参保人的委托资金,使养老基金投资活动的平均成本下降,投资收益因而提高,

① Davis, E. Philip, Benn Steil, *Institutional Investors*, MIT press, 2004, p. 524.

② Towers Watson global pension asset study 2016, 载 https://dmmn26wgpgtie.cloudfront.net/wp-content/uploads/2016/02/22221128/Global-Pension-Assets-Study-2016.pdf, 最后访问日期:2017 年 8 月 6 日。

出现规模经济效应。随着养老基金投资者聚集的资金增加,金融服务范围的扩大而共同生产要素成本下降,会出现范围经济效应。第二,养老基金投资具有专业性。机构投资者的出现本身就是分工和专业化发展的结果,同时它的产生又进一步加深了分工和专业化。

表4　2015 年养老基金资产总量

国家或地区	总资产（10 亿美元）	% GDP（本国货币）
澳大利亚	1484	119.6
巴西	180	10
加拿大	1525	97
法国	151	6.2
德国	427	12.7
中国香港特别行政区	123	39.9
爱尔兰	128	56.1
日本	2476	66.7
荷兰	1387	183.6
南非	545	39.1
瑞士	804	118.7
英国	3204	111.9
美国	21,779	121.2

（2）长期投资者。在投资策略上,短期资本注重自己的流动性和短期回报,长期资本注重资金运用的安全性和长期回报。资本的期限影响资金的有效利用,进而影响社会的总产出。在一般情况下,进行投资运营的养老基金都具有长期性稳定性特点。基金积累制养老基金是对一个人生命的整个周期的纵向平衡安排,从

参加计划到退休领取养老基金，资产积累期为 30～50 年，如法国规定缴纳养老基金满41 年的可以在60 岁退休，那么意味着养老基金投资期限为一个人一生的整个工作期间。养老基金一般不能提前支出，也不能抵押借贷。一方面，长期性、稳定性的资本有利于进行合理配置，可以通过选择长期投资产品以获得收益；另一方面，由于养老基金具有长期性、稳定性，其通常可以产生大规模的资产，对金融市场，特别是对资本市场产生巨大的影响。

（3）受益人为人数众多的非专业性群体。现代文明的标志之一就是为其公民提供老年保障，养老基金的覆盖面越来越广泛，发达国家的养老基金几乎能覆盖全部公民，所以养老基金受益人是为数众多的普通百姓。投资是一项专业行为，尤其是在今天纷繁复杂的金融市场中，投资需要专门的知识和技能，但大部分养老金受益人不具备这样的能力。全球金融市场最发达的美国，在 2008 年做的一项调查显示，2/3 的美国人不清楚复利是怎么计算的；布朗大学管理学院做的调查显示，只有 14% 的美国人知道在过去的 18 年时间内，从事股票投资收益比购买美国政府债券所获得的回报要高，59% 的人根本不清楚公司养老基金、社会保障和 401（K）计划之间的差别。这种现象同样出现在另一金融强国——英国，2006 年英国金融服务管理局进行的一项公众金融知识调查结果表明，每 5 个英国人就有一个人不知道如果在通货膨胀率为 5%、利息为 3% 的情况下对储户的购买力会产生什么影响，1/10 的人不知道一台最初售价为 250 英镑的电视机折扣为 30 英镑与折扣为 10% 谁更为优惠些。[①] 以上金融市场相当发达的两个国家普通民众的金融知识贫乏在世界范围内具有广泛的代表性，在那些赋予民众养老金较大投资选择空间的情况下，参保人投资积极性比例

---

① ［英］尼尔·弗格森：《货币崛起》，高诚译，中信出版社 2009 年版，第 9～13 页。

居低不上，如实施分散管理的澳大利亚2006年有49%的超级年金资产投资到默认基金；智利有一半以上的人选择默认基金。[①] 包括安然事件在内的养老基金失败的案例也显示了大部分受益人金融知识的缺乏。

2. 养老基金投资风险

(1)养老基金投资风险种类。假如所有的期望都能实现就不存在风险，风险来自于现实和期望之间的差距。奈特将风险定义为"从事后角度看发生由于不确定性因素而造成的损失"。[②] 养老基金投资风险是由于各种主客观原因导致养老基金资产实际收益率和预期存在偏差。投资市场的风险是无处不在的，而且风险与收益往往成正比。如2008年全球金融危机使OECD成员国私人养老基金资产蒸发24%，大约为54亿万美元。[③] 金融风险可分为系统性风险与非系统性风险，系统性风险一般是由整个经济环境或金融市场变动而产生的风险，它具有不可分散性；非系统性风险是某类资产的变动而带来的风险，与整体经济无关，一般是可分散的。养老基金投资的非系统风险是由养老基金系统内部原因导致的风险，主要原因是养老基金投资管理人的运作和管理不当，包括流动性风险、委托代理风险、信用风险和操作性风险等。养老基金在国家政策、经济周期调整时可能会受到系统性风险的影响，如市场风险、利率风险、汇率风险、通货膨胀风险、政治风险和法律风险等。另外，养老基金投资活动在风险表现形式和风险传递形式上

---

① Soto, Mauricio, *Chilean Pension Reform: The Good, the Bad, and the in between*, Center for Retirement Research at Boston College 31, 2005, pp. 1-8.

② Newman, Peter, Murray Milgate, John Eatwell, eds., *The new Palgrave dictionary of Money & Finance*, Vol. 1, Macmillan, 1992, p. 7.

③ Towers Watson global pension asset study 2016, 载 https://dmmn26wgpgtie.cloudfront.net/wp-content/uploads/2016/02/22221128/Global-Pension-Assets-Study-2016.pdf，最后访问日期：2017年8月16日。

出现了新的特征，产生了新的风险：一是由养老基金投资具有全球化、跨市场的特征而监管不足产生的监管缺失的风险；二是面临着更大的道德风险；三是信息获取的风险。

(2)养老基金投资风险的特点。总体来讲，与一般投资相比，养老基金投资风险更大，主要表现在以下几个方面：

第一，养老基金投资风险对国民经济影响巨大。养老基金目前是全球最大的机构投资者，其具有长期资本特性，在全球资本市场占据重要的地位。如上文所说，韬睿惠悦咨询公司每年都会对养老基金进行统计，截至2012年年底，包括美国、英国等13个国家和地区的养老金基金资产价值为29.754万亿美元，占这些国家和地区GDP的78.3%。这些数据可以说明养老基金在一国国民经济中的重要地位，其有些国家甚至超过GDP总量。大型养老基金计划在英美型国家金融市场中扮演着重要的角色，养老金计划和机构投资者控制了美国1000家公司的大部分股票，英国、澳大利亚和加拿大也是如此，这被克拉克称为“养老金资本主义”。[①] 作为占据市场最大份额的长期资本，养老基金投资与金融乃至实体经济之间的关系紧密，养老基金投资风险直接关系整个国民经济发展和稳定。

第二，养老基金投资风险更具复杂性。养老基金投资活动是跨越国家、跨越不同市场的，各种业务相互渗透，参与金融衍生产品的交易活动，通过杠杆率的放大往往会触及多个领域和地域。养老基金投资其实就是一种混业经营，业务相互渗透、与其他金融机构联系更加紧密、地域范围遍及全球，再加上投资的金融产品特别是衍生金融产品结构设计复杂，这些因素使风险缺少明显的规

---

① ［英］高顿·L.克拉克：《养老金基金管理与投资》，洪铮译，中国金融出版社2008年版，第49页。

律而难以正确评估。

第三,养老基金投资风险承担者是人数众多的普通大众,其耐受力比较差。前文分析了养老基金投资受益人为人数众多的非专业性群体,大部分人年老时都要依靠养老金作为自己主要的收入来源,所以他们对风险耐受力差,这也是养老基金投资将安全放在首位的理由之一。

(二)养老基金投资监管的现实必要性

1. 养老基金投资风险是监管的前提

养老基金资产庞大,在养老基金投资进入各行各业的情况下,一旦养老基金发生较大的波动,不仅会影响单个养老基金计划保值、升值,而且养老基金投资风险会随时传导至整个经济体系,对民众的实际生活产生"双重"影响。鉴于养老基金本身的社会属性,使之相对一般投资来说,更加注重投资的安全性,但金融市场风险高度凝聚,如何在风险既定的条件下寻求最大收益,这不仅取决于基金本身的投资策略,还需要外生力量的控制,其中监管约束至关重要。虽然一些学者反对对养老基金投资进行监管,他们认为与市场效率相比,监管是缺乏效率的,而且监管常常落后于创新,无论这种创新是否是一种犯罪行为。① 美国经济学家沃尔夫认为,美国政府对养老基金的监管措施,限制了养老基金促进金融市场发展潜能的发挥,并限制了养老基金投资收益的获取。但实践证明,市场的不完善、养老基金本身安全需求以及广泛存在的信息不对称,使公共部门提供的监管是防范风险的必需手段。比如,养老基金普通参保人不可能有效地考虑某个养老基金投资组合的潜在价值,包括风险及成本和费用水平的长期含义。虽然市场自律、

---

① [英]高顿·L.克拉克:《养老金基金管理与投资》,洪铮译,中国金融出版社2008年版,第136页。

私人诉讼机制也可以从一定程度上约束养老基金投资风险，但养老基金资产庞大，涉及人数众多，而且随着金融市场的发展，投资越来越复杂，如果利率风险、汇率风险、政策风险很难通过单纯的养老基金监管完全规避，那么市场风险、违约风险、流动性风险、管理风险则可以通过养老基金投资监管得到化解或适当控制。

2. 受益人的利益是监管的根本目的

对养老基金投资监管的另一个重要原因就是参保人或受益人的利益。养老基金资产大部分都实行所有权和投资权分离的管理制度，[①]另外，养老基金投资本身就属于专业性非常强的行为，作为普通参保人或受益人，一方面不具备相应的知识，另一方面信息获取也有限，所以很难维护自己的利益，需要外部机构的介入。此外，养老基金投资监管还能创造使个人愿意参加长期的契约型储蓄计划的环境，降低他们年老时成为国家负担的可能性，并提高整个社会福利；同时，养老基金投资监管有利于维护整个金融秩序和金融安全。

3. 政府的担保责任是监管潜在的理由

养老基金的产生、发展是政府主导的结果，但纵观近 30 年的养老基金改革，主导方向是政府在退出或在推卸责任。[②] 正如那种社会保障必须由政府进行提供的命题反映了传统保障思想的一个方面，并开始在对改革的各种讨论中黯然失色。[③] 最早建立福利制度的英国早在 1979 年就确立了国家基本养老基金、职业养老基

---

① 郑秉文：《中国基本养老保险个人账户基金研究报告》，中国劳动社会保障出版社 2012 年版，第 9 页。

② ［英］高顿 · L. 克拉克：《养老金基金管理与投资》，洪铮译，中国金融出版社 2008 年版，第 16 页。

③ ［美］佛朗哥 · 莫迪利亚尼、阿伦 · 莫拉利达尔：《养老金改革反思》，孙亚楠译，中国人民大学出版社 2010 年版，第 19 页。

金、个人养老基金并存的格局，其遵循着政府淡出养老基金、减少政府责任的思路。① 在全球养老基金私有化改革强调个人责任浪潮中，人们也开始反思政府是否真的能从养老基金领域中退出。即使改革最为激进的智利及以智利为蓝本的墨西哥等拉美国家，最近也在做一系列调整，增加了“团结”支柱，即政府给予民众特别是弱势群体最为基本的养老保障。英国养老基金改革也面临着巨大的挑战，2000 年以后也在调整，政府责任也有回归的趋势。澳大利亚的超级年金是完全私有化的，但目前只有 21% 的人完全依靠其生活，大部分老年人要考虑老年国民年金。② 政府必须为贫穷老年人提供保障或保障公民的基本生活，这在现代社会是毋庸置疑的，在养老保障领域政府必须发挥“兜底”作用。养老基金投资风险转移到个人责任的同时，政府因为存在担保责任也不可能置身事外。从这个角度来看，投资监管潜在原因也是将风险控制在一定范围内，以免财政背上不可承受的负担。

（三）养老基金投资监管的理论基础及评析

养老基金投资监管在大部分国家都是一个新兴事物，在这方面的理论基础还很薄弱，但在其他金融领域有关监管的基本原理已经很多。因为养老基金投资本身就是基金投资的一部分，而且是最大的机构投资者，是现代金融不可分割的一部分，因此我们可以有选择地应用金融领域中的规范和概念帮助理解养老基金投资监管的理论基础。

---

① 武琼：《英国养老金制度变迁中政府责任定位研究》，河北大学 2011 年硕士学位论文，第 21 页。

② 李珍、王海东：《英国养老金私有化改革的历程与评价》，载《保险研究》2011 年第 2 期。

1. 赞同监管的理论

（1）社会利益论。社会利益论又称“市场失灵论”或者“公共利益论”，源于20世纪30年代西方发生的经济金融危机。它的基点是市场不是万能的，市场存在自然垄断、社会福利损失、信息不对称等弊端，阻碍了市场机制发挥作用，因此仅仅依靠市场本身的机制难以达到资源最优配置目标。社会利益理论被认为是最具影响的金融监管理论，按照此种理论，养老基金投资市场也会存在失灵的现象，需要政府作为公共利益的代表，在不同层面、不同程度上对金融市场进行干预来弥补“市场失灵”。金融监管作为一种公共产品，是一种消除或减少市场失灵的手段，目标是防止自然垄断、外部性和信息不对称造成市场失灵所产生的价格、产量、分配等变量的扭曲，从而实现保护消费者利益和社会福利的最大化。①

（2）金融风险论。金融风险论又称金融脆弱说或金融不稳定假说。金融风险论认为，金融行业不同于其他行业，它经营的不是普通产品，而是以信用为基础的货币资金。由于信用本身就有很多不确定因素，这就决定着金融机构的经营具有内在风险性。② 另外，金融风险具有传染性、连带性，一个金融市场如果陷入危机，可能会波及一国或更广范围的金融市场和实体经济，形成风险连锁效应。为控制风险和避免金融风险的扩散，需要对金融进行监管。20世纪70年代至90年代的金融监管阶段，人类社会经历了从崇尚金融放松管制到金融存在脆弱性需要监管的发展阶段。这一时期的监管理论更加注重政府采取有效的政策工具，如货币政策、外汇政策等来监管货币、机构与市场。③

（3）法律不完备论。法律不完备论源于契约不完全理论，该理

---

① 蒋海、刘少波：《金融监管理论及其新进展》，载《经济评论》2003年第1期。
② 朱大旗：《金融法》，中国人民大学出版社2007年版，第119～123页。
③ 满海红：《金融监管理论研究》，辽宁大学2008年博士学位论文，第36页。

论认为，由于立法者无法超越有界理性，完备法律必须具备的一般性、持久性、可预测性以及对所有人平等适用是无法实现的。在这种情况下，违法者就会试图利用法律漏洞来获取利益，而处于中立地位的法庭不能对违反者作出违法判决。法律不完备者要求将立法权之外的剩余立法权和主动执法权以某种形式交给监管者，以实现司法不能实现的最优效果。这种理论是解释金融领域内需要监管的现象，基本观点是现实生活中的事物都是不完备的，当法律不完备时，引入监管机构主动执法可以改进法律效果，这比通过司法机构的被动执法去完善法律的效果更好。[①] 但不是任何法律不完备的情况都要引入监管者，只有在法律特别不完备和有害行为大到大部分人都愿意承担监管成本的情况下才能实施监管。

2. 反对监管的理论

反对金融监管的理论很多，主要有集团利益论、监管失灵论，其中监管失灵论包括监管寻租、监管俘获、管制供求等。

(1)集团利益论。20 世纪 70 年代以后，凯恩斯主义失灵，西方国家经济普遍陷入“滞涨”困境，政府“看得见的手”也出现失灵。以米尔顿·弗里德曼(Milton Friedman)为主要代表的新自由主义经济学逐渐掌握话语权，金融自由化理论也随之兴起，麦金农(Ronald I. Mckinnon) 和 爱德华(Eduard S. Shaw)在 1973 年分别出版了《经济发展中的货币与资本》和《经济发展中的金融深化》，批评了新古典学派的货币理论，认为“金融压抑”现象在发展中国家普遍存在，政府运用强制力对利率进行严格管制，不但不能刺激投资，反而会抑制经济增长。以芝加哥学派为代表的经济学家开始对金融监管和政府干预金融市场的能力提出质疑，提出集团利益论，包括特殊利益论、政府掠夺论和多元利益论。集团利益论信

---

① 朱大旗：《金融法》，中国人民大学出版社 2015 年第 3 版，第 120 ~ 123 页。

奉市场机制和放任主义,认为任何管制和监管都是各种利益集团诉求的反映,监管是为被监管者的行为或行业利益服务的,金融监管是利益集团通过政治斗争的产物。①

(2)监管失灵论。监管失灵论是在集团利益论的基础上发展而来的,主要包括社会选择论、管制供求论、俘获论和管制寻租论。社会选择论的核心观点是把市场的观点移植到政治决策中,认为政府不一定就是公共利益的天然代表者,代表政府行使公权力的监督者自身也是理性的"经济人",也追求自身利益的最大化,其代表人物是布坎南。管制供求理论的代表人物是施蒂格勒(George J. Stigler),他秉承了集团利益理论的核心观点,凭借供求规律阐释了金融监管的效率问题,开创了管制供求理论。② 俘获理论认为监管与公共利益无关,监管机构不过是被监管者俘获的猎物或俘虏。即使管制机构设定的目的是公共利益,但除非有足够的财政和人力资源支持,否则管制机构易受到被管制者的控制。波斯纳(Richard A. Posner)认为监管者代表既得利益集团,有监管者往往比没有监管者效益更差。③ 管制寻租论认为,那种利用政治途径获得特许权损害他人利益使自己获得大于租金收益的行为寻租。租金使市场处于不完全竞争状态,并由此产生政府及其代理人抽租和租金创造行为,这又反过来使竞争更加不公平,所以通过政府监管手段来实现市场失灵是不现实的。④

(3)管制成本论。该理论并没有简单地否定或肯定金融监管,

---

① Peltzman, Sam,"Toward a More General Theory of Regulation", *The Journal of Law and Economics* 19.2 ,1976,pp. 211 – 240.

② Stigler, George J. ,"The Theory of Economic Regulation", *The Bell Journal of Economics and Management Science* 11 ,1971,pp. 3 – 21.

③ Posner, Richard A. ,"The Social Costs of Monopoly and Regulation", *Journal of Political Economy* 83.4 ,1975,pp. 807 – 827.

④ 臧慧萍:《金融监管理论的文献综述》,载《经济论坛》2009 年第 7 期。

而是认为像经济生活中的所有活动一样，金融监管都有成本和收益。[①] 其实经济学原理就是利益的取舍，“天下没有免费的午餐”。管制成本论认为，当监管过程所付出的成本可能大于实现监管目标所带来的收益时，或者说潜在的成本如机会成本大于收益时，监管就不合算了。管制成本分为直接成本和间接成本，其中，直接成本又分为行政成本和守法成本，行政成本是监管过程中所消耗的资源，守法成本是指被监管者遵守相关法律、法规而付出的代价；间接成本是被监管者因为监管而改变原来的行为方式造成的福利损失。[②]

3. 金融监管理论评析及对养老基金监管的启示

(1)金融监管各种理论评析。自金融监管制度产生以来，对金融监管有效性的争议就一直不断，可以说关于金融监管的有效与无效的不同观点一直伴随着金融改革发展的所有阶段。[③] 从金融监管理论的发展历史来看，对是否要监管、监管目标选择、监管界限等问题的回答取决于人们对政府和市场的认知度。在自由竞争时期，人们相信市场自身的力量，对金融机构的经营行为干预很少甚至不干预，金融监管尊重市场的自主选择，强调自律。在20世纪30年代经济危机之后，人们走上了另外一个极端，不再相信市场是可以完全自我调节的，主张对金融行为进行严格的干预。20世纪70年代以后，新自由学派兴起，该学派对古典学派的货币理论进行评论，认为普遍存在“金融压抑”的现象，其核心主张是取消政府对金融的管制。金融监管经历了严格的金融管制—放松监管—再管制—再放松的不断调整过程。金融监管并不是一成不变

① 胡维波：《金融监管的理论综述》，载《当代财经》2004年第3期。

② 同上。

③ 张运书：《碳金融监管法律制度研究》，安徽大学2013年博士学位论文，第39页。

的，具有动态转换的过程，金融监管的理论反映了特定阶段决策者和公众偏好。没有任何单一的监管理论能满足所有金融监管制度构建的需要，也没有一成不变的监管理论。当今金融自由化与国际化造成金融机构间的竞争愈演愈烈，而金融跨业经营与新式金融工具的出现，更对传统的金融监管制度、监管理论造成强烈的冲击。[①] 总之，对于要不要对金融进行有效监管已没有争议，但在监管的“量”和“度”方面的认知度却极大的不同。一国或地区的金融监管要根据其发展的实际情况，在政府和市场之间寻求平衡。

(2)金融监管对养老基金投资监管的启示

第一，养老基金投资在政府和市场之间寻求平衡。养老基金投资监管哲学是指有关养老基金投资监管的基本观念、价值追求。养老基金投资是现代金融不可分割的一部分，养老基金投资监管有本身的特殊性，但其仍是金融监管整体中不可分割的一部分。养老基金投资中同样存在信息失灵、外部性和垄断的因素，都需要采取监管，但其也会有监管利益群体和监管失灵的现象。金融监管要根据一国发展的实际情况，在政府和市场之间寻求平衡。养老基金投资监管也是如此。完全依靠市场自身的约束力来实现养老基金投资目的是不可能的，公共利益是养老基金投资监管的基本出发点，由于养老基金投资和储蓄产品的结构非常复杂，存在税收激励、流动性限制、可投资工具的限制，普通养老基金投资者在投资时很难进行估值；而且与大多数金融产品一样，养老基金管理中存在“委托—代理”问题。[②] 例如，英国人麦克威尔从自己控股的公司管理的养老基金中非法盗取 7.27 亿英镑的资产，导致数万职工失去了大部分养老基金。此外，也应当认识到监管的局限性，各

① 文宇：《金融法》，台北，元照出版有限公司 2011 年版，第 20 页。

② 胡继晔：《论养老金监管立法》，中国政法大学出版社 2013 年版，第 7 页。

国地方政府及官员、地方利益集团绑架和俘获养老基金投资的案例屡见不鲜,如中国2006年就发生了社保大案,涉及金额达到34.5亿元。所以,政府要在市场调节和监管“两极”之间寻求动态平衡,即求得养老基金投资监管的宽窄适中、手续简单、成本合理,以鼓励公平、有序、安全的养老基金投资。

第二,养老基金投资监管效率观,是指监管要推动投资市场的发展。养老基金市场化运作就是要充分发挥市场配置的作用,因而政府监管的直接目的是养老基金投资市场的效率,具体表现为创造自由竞争的环境。首先,养老基金投资监管当局应制订恰当、明确的监管标准、监管方法对养老基金投资实施监管,保证被监管者处于同等初始地位,如机会均等,为竞争创造外部环境。其次,养老基金要以实施风险监管为本、政府监管与养老基金投资内部法人治理、市场约束与行业自律相结合,并在监管主体和监管对象之间动态调整,根据风险大小、治理情况的不同采取相应的监管措施。

第三,构建养老基金投资监管法律框架。虽然反对监管者认为监管者和被监管者容易形成利益共同体和利益合谋,损害投资者利益,但通常认为,养老基金投资监管不仅仅针对的是“市场失灵”行为,同时也针对“政府失灵”,对政府的权力滥用进行限制,如同日本学者植草益所说是对“规制者进行规制”。[①] 而在市场经济中,通常认为法律是确认投资者权利、限制政府滥用权力的保障。所以,完备的养老基金投资监管法律、明确监管目标、确保监管机构能独立交换信息、赋予监管机构权力并对其履行职责情况实施问责制,是养老基金投资有效监管的前提条件,也是减少监管

---

① [日]植草益:《微观规制经济学》,朱绍文译,中国发展出版社1992年版,第33页。

失灵、降低监管成本的前提条件。

三、我国养老基金投资发展现状与监管存在的问题

(一)我国养老基金投资发展现状

1. 职工基本养老基金

(1)基本概况

20 世纪 80 年代中期之前,我国养老保障实行的是现收现付制,1984 年我国一些地区开始试点企业基本退休费用社会统筹,社会统筹的养老金也主要用于现收现付。1995 年国务院颁布了《关于深化企业基本养老保险制度改革的通知》,该通知的核心就是确立了基本养老保险社会统筹与个人账户相结合的财务制度,并在其附件中规定具体实施细则。按照该通知,基本养老保险费由企业和个人共同缴纳,并为参加基本养老保险的人员每人建立一个终身不变的基本养老保险个人账户,这是我国养老保险基金积累制真正意义上的开始。1997 年国务院颁布了《关于建立统一的企业基本养老保险制度的决定》,进一步完善了养老保险基金和个人账户制度,并对个人账户缴费标准作了统一、细化的规定,规定个人账户按本人缴费工资 11%(后改为 8%)缴费,个人缴费部分全部记入个人账户。这一规定经过 13 年的实践,最终在《社会保险法》第 11 条中得以确认。至此,我国已初步完成了由现收现付模式向社会统筹与个人账户相结合的部分基金积累制模式转变,我国基本养老保险独特的基金设计即社会统筹与个人账户相结合模式最终以法律的形式得以确立。[①]

---

① 江玉荣:《基本养老保险基金投资的立法与完善》,载《现代经济探讨》2013 年第 9 期。

(2)投资发展

①严格限制阶段(1991～2002年)。在社会保障制度由现收现付模式向社会统筹与个人账户相结合的部分基金积累制模式转变以后,由于个人账户几乎“空账”运行,加上资本市场发育的时间不长,养老基金投资范围受到严格限制。这一时期养老基金投资只能用于银行存款或购买国债,而不能用于购买企业债券、股票、实业和不动产,更不能用于衍生金融工具的投资。1993年我国劳动部(今人力资源和社会保障部)就明确规定社保经办机构对历年滚存结余的养老保险基金,在留足必要的周转金的情况下,可运用一部分结余基金购买国库券以及银行发行的债券,也可委托国家银行、国家信托投资公司放款,但不得购买股票。此后,由于国家整顿金融秩序,加上养老保险基金收支缺口较大,一些地区的养老保险基金因被挪作他用而受到损失,国务院于1995年3月对基本养老保险基金结余额作出了更加严格限制,规定除留足两个月的支付费用外,养老保险基金余额的绝大部分要购买由国家发行的社会保险基金特种定向债券,任何单位和个人不得动用基本养老基金。国务院在1997年7月再次重申以上规定,并严格禁止将养老保险基金投入其他金融和经营性事业。

②探索阶段(2002～2009年)。2002年我国开始对个人账户政策进行微调,中国人民银行发布了《关于商业银行办理养老保险个人账户基金人民币协议存款的通知》,允许省级社会保险经办机构与商业银行签订合同,办理养老保险个人账户基金协议存款,最低起存年限为5年期,单笔最低为5亿元。2005年劳动和社会保障部(今人力资源和社会保障部)、财政部又颁布了《关于扩大做实企业基本养老保险个人账户试点有关问题的通知》,其中第五部分规定中央财政补助部分可由省级政府委托全国社会保障基金理事会投资运营并承诺一定的收益率。同年12月国务院颁布的《关于

完善企业基本养老保险制度的决定》指出,要制定个人账户基金管理和投资运营办法,实现企业基本养老保险基金保值、增值。根据以上规定,地方政府开始尝试将部分基本养老保险金委托给全国社会保障基金代为投资,取得了较好的收益。在此阶段,相关部门逐渐认识到养老金投资"入市"的重要性,开始对基本养老基金投资进行探索。

③达成共识、制度构建阶段(2009～2014 年)。2009 年人力资源和社会保障部起草了《养老保险基金个人账户基金投资管理办法》,在类似于企业年金投资设计的框架中,整个投资模式采用信托方式,各省(自治区、直辖市)各自成立社会保障基金理事会,通过市场化运作选定养老保险的账户管理人、托管人、投资管理人等,履行本省(自治区、直辖市)养老保险基金委托人的职责;并且像企业年金投资管理办法一样,形成制衡与制约机制,即作为投资管理人的基金公司动不了钱,其作为托管人虽然拥有资金却不能做投资的决定,以维护基金安全。但由于种种原因,这部草案并没有出台。2010 年 10 月 28 日颁布的《社会保险法》进一步确认了基本养老基金投资运营的必要性,把对投资运营规范的权力交给了国务院,并列出了养老基金禁止使用的范围。在党的十八大报告中也专门提出要逐步做实养老保险个人账户,实现基础养老金全国统筹;并提出在扩大社会保障基金筹资渠道的同时,建立社会保险基金投资运营制度,确保基金安全和保值增值。

④制度完善阶段(2015 年至今)。2015 年 8 月 23 日国务院颁布《基本养老保险基金投资管理办法》,宣告基本养老保险基金继补充养老基金和国家养老储备基金——企业年金和全国社会保障基金之后,正式进入了市场化运作阶段。2016 年 12 月 6 日,全国社保基金理事会公布了首批由 21 家机构组成的基本养老保险基金管理人名单。投资运营首批签约试点包括北京、上海在内的 7

个省份,涉及资金达3600亿元。《基本养老保险基金投资管理办法》明确了市场化管理运营目标并构建了市场化制度框架。该办法首先在其"总则"中规定养老保险基金投资应当坚持市场化、多元化、专业化的原则,在保证基金资产安全性、流动性的前提下,实现保值、增值。在制度设计上规定政府机构要从基金投资市场中退出来,将养老保险基金交由具有资质的管理机构进行市场化运营管理,政府只充当监督者角色。《基本养老保险基金投资管理办法》的出台标志着我国基本养老保险基金投资进入一个新时代。

2. 企业年金、职业年金基金

(1)基本概况。用人单位补充养老保险分为企业年金和职业年金两类,其是对强制性基本养老保险的重要补充,是养老保障的第二支柱。企业年金是在国家强制性的职工基本养老保险基础上的一种补充养老基金,其以资源自愿为原则,目的在于提高职工退休后收入水平。相对于职工基本养老保险基金的部分先收现付制,企业年金基金是完全基金积累制模式,企业和职工共同缴费构成资金全部来源,最终收益是基金积累总资产与投资收益的总和,国家给予一定税收优惠,职工退休后按月或一次性将资金发放给职工。我国自1991年开始就出台相关文件鼓励、规范企业为其职工提供企业年金基金,并将其定位为我国养老保障体系"三支柱"中的"第二支柱",企业年金替代率目标为20%。企业年金目前在我国的发展可分为两个阶段:一是初始阶段(1991~2005年)。依据1991年国务院颁布的《关于企业职工养老保险制度改革决定》规定,企业可以根据自身经济能力为职工建立补充养老保险,并在2000年国务院颁发的《完善城镇社会保障体系的试点方案》中改为"企业年金",给予相应的税收优惠措施。我国企业年金制度起步比较晚,对市场的需求和供给需要一个逐渐认识和发展的过程。1991~2005年,全国共积累企业年金基金680亿元,平均每年仅45

亿元。二是 2006 年至今。这一阶段,企业年金出现了一个较快发展时期,到 2006 年年底,中国建立企业年金的企业共 2.4 万家,共有 964 万名职工参加了企业年金计划。在 2017 年第一季度末共有 77,418 家企业建立了企业年金计划,参加人数为 232,609 万人,资金达到 11,456.47 亿元。①

职业年金基金是指依法建立的职业年金计划筹集的资金及其投资运营收益形成的机关事业单位补充养老保险基金。② 我国 2014 年 10 月开始实行职业年金制度。2016 年 9 月 28 日我国人力资源和社会保障部联合财政部颁布并施行了《职业年金基金管理暂行办法》。该办法规定,机关事业单位在参加基本养老保险的基础上,应当为其工作人员建立职业年金。因此,职业年金与企业年金相比,对单位具有较强的约束力,属于强制性养老保险范畴。单位按本单位工资总额的 8% 缴费,个人按本人工资的 4% 缴费。单位工作人员退休后,按月领取职业年金待遇。职业年金的规模增长速度快于企业年金,这是因为职业年金强制缴纳,企业年金是企业自愿设立。职业年金的缴费比例高于企业年金,职业年金要求单位缴纳 8%,个人缴纳 4%。企业年金由企业设定,有上下比例限制。职业年金覆盖人数在 4000 万人至 5000 万人,目前企业年金覆盖人数仅 2320 万人。因此,虽然目前职业年金资产规模还不能与企业年金相提并论,但其增长潜力巨大。相比于发达国家,我国用人单位年金无论是从覆盖面还是从资产规模上都远远不能发挥养老体系“第二支柱”的功能。然而,正因如此,我国“第二支柱”养老体系的建设才具有广阔而美好的前景。

---

① 《2017 年一季度全国企业年金基金业务数据摘要》,载人力资源和社会保障部网:http://www.mohrss.gov.cn/gkml/xxgk/201706/t20170614_272393.html,最后访问日期:2017 年 5 月 26 日。

② 参见《职业年金基金管理暂行办法》第 2 条。

(2)投资发展。自2004年劳动和社会保障部(今人力资源和社会保障部)颁布了《企业年金基金管理试行办法》以来,我国企业年金投资管理日渐规范,取得了较大的进展。[①] 2011年人力资源和社会保障部颁布实施的《企业年金管理办法》进一步规范了企业年金投资行为,企业年金制度框架基本确立,形成了信托型企业管理模式、分权制衡治理结构,并且在2015年重新调整。根据《企业年金管理办法》,企业年金有管理框架共有6个主体:委托人、受托人、受益人、账户管理人、投资管理人和基金托管人。企业年金的财产属于企业年金计划参与人及其受益人,独立于企业,但必须委托给符合法定资格的年金受托人或企业年金理事会管理。受托人或企业年金理事会(大多数是受托人)在企业年金投资环节中处于中心的位置,一方面它连接委托人、受益人,另一方面它连接托管人、账户管理人、投资管理人。一般的步骤是企业年金计划建立时,应当确定企业年金受托人或企业年金理事会来托管企业年金;然后由受托人选聘具有资格的投资管理人、账户管理人、托管人,分别对企业年金进行投资运营、账户管理、年金托管,形成相互监督、互相制衡的分权制衡的治理结构。具体来讲,就是账户管理人主要负责核对企业年金的缴费数据,其不接触基金资产;投资管理人主要负责年金的市场化运作,没有权利支配基金;托管人主要负责对基金的保管和投资管理人的监督,但没有支配年金的权利。表现为“管钱的不摸钱、摸钱的不管钱”的制约机制。企业年金投资运营收益一路上涨,2015年加权平均收益率为9.88%,具体见表5。[②]

---

① 郑秉文:《论企业年金当前的任务和改革的方向》,载郑秉文主编:《保险与社会保障》,中国劳动社会保障出版社2007年版,第6页。

② 郑秉文:《中国养老金发展报告2016》,经济管理出版社2016年版,第94页。

表5　2008～2015年企业年金基金投资收益情况

单位:%

年份	2008	2009	2010	2011	2012	2013	2014	2015
加权平均收益	-1.83	7.78	3.41	-0.78	5.68	3.67	9.30	9.88

3. 全国社会保障基金

(1)全国社会保障基金基本概况。全国社会保障基金于2000年8月1日正式设立,虽然其目的涉及社保诸多领域,如社会保险、社会救助等,但主要是为应对人口老龄化高峰时期老年保障的国家储备基金。目前,中央财政预算拨款、国有股减持、转持划入的资金及股权资产等是其主要收入来源,其他还有基金投资收益和国务院批准的其他方式筹集的资产。全国社会保障基金在成立之初的资金总额为200.17亿元,以后逐年递增,截至2016年年底资产总额达20,423.28亿元;①全国社会保障基金是我国养老保障多层次支柱改革的一个重要部分,它具有储备性、补充性和再分配性。全国社会保障基金不同于养老保险的现收现付制,它的资金的来源和支出具有时间的不一致性,用于社会保障的长远需要,具有国家战略储备作用,所以全国社会保障基金也称社会保障储备基金。2016年3月28日国务院印发《全国社会保障基金条例》,该条例自同年5月1日实施。根据该条例第2条、第3条、第4条的规定,全国社会保障基金是国家社会保障储备基金,由全国社会保障基金理事会管理运营,由中央财政预算拨款、国有资本划转、基金投资收益和以国务院批准的其他方式筹集的资金构成的战略储备基金,用于人口老龄化高峰时期的养老保险等社会保障支出的

① 《全国社会保障基金理事会社保基金年度报告(2016年度)》,载http://www.ssf.gov.cn/cwsj/ndbg/201706/t20170612_7277.html,最后访问日期:2017年4月16日。

补充、调剂,国家根据人口老龄化趋势和经济社会发展状况,确定和调剂全国社会保障基金规模。相对于职工基本养老保险基金在养老保障体系的基础性地位,全国社会保障基金处于补充和调剂地位,只有在基础性养老金入不敷出的情况下,才考虑动用全国社保基金。

(2)全国社会保障基金投资发展。可以说全国社保基金从成立之初就非常重视投资,国务院批转国家发展改革委员会《关于2016年深化经济体制改革重点工作的意见》,提出10个领域50项经济体制改革重点任务,其中就有制订划转部分国有资本充实社保基金实施方案。"十三五"规划中也提出了"划转部分国有资本充实社保基金,拓宽社会保险基金投资渠道,加强风险管理,提高投资回报率"。在全国社会保障基金成立的同时,成立了全国社会保障基金理事会,由其负责管理基金投资管理。全国社会保障基金理事会是具有法人资格的直属于国务院领导的正部级事业单位。全国社会保障基金理事会的成员包括理事长、副理事长和理事若干名,国务院任命理事长和副理事长,国务院聘任理事。全国社会保障基金理事会的最高决策机构是理事大会,理事大会每年召开一次,年终召开一次座谈会,会议成员由理事长、副理事和理事组成,对重要事项如基金理事会的年度报告、年度计划、基金战略配置计划等事项进行审议、表决。全国社会保障基金理事会的机构设置如人事管理、财务管理等也是类似于资产管理公司,内设包括办公厅、规划研究部、基金财务部等10个机构;还有投资决策委员会、风险管理委员会和专家评审委员会三个非常设性机构。依据《全国社会保障基金投资管理暂行办法》,全国社会保障基金可以投资的范围限于银行存款、国债等具有良好流动性的金融工具如上市流通的证券投资基金、股票金融债等有价证券,但严格控制投资比例,规定银行存款和购买国债不低于50%,证券性基金和股票投资比例不高于40%,企业债、金融债投资比例不高于10%。

财政部、劳动和社会保障部(今人力资源和社会保障部)、中国人民银行于2006年3月14日批准发布了《全国社会保障基金境外投资管理暂行规定》,对境外投资托管人的选聘条件、和境外投资范围作了规定。全国社会保障基金理事会在社会保障基金投资方面不断地探索和创新,多元化、市场化是其改革主要方向。全国社会保障基金自成立以来的累计投资收益额为8227.31亿元,年均投资收益率为8.37%。①

(二)我国养老基金投资监管现状与问题

从上文分析可以看出,我国养老基金投资运营的时间只有十几年,数量最大而且最重要的养老基金——职工基本养老保险基金的投资管理制度并没有建立,企业年金基金和全国社会保障基金投资不过10多年时间。在监管制度方法,2011年实施的《社会保险法》在第五章"社会保险监督"中提出由财政部门、审计机关、社会保险行政部门和由统筹地区人民政府成立社会保险监督委员会对社保基金收支、管理和投资运营情况进行监督。② 这些规定虽然具有一定的指导性,但操作性和实用性不强。另外,《全国社会保障基金投资管理暂行办法》和《企业年金基金投资管理办法》都对养老基金投资监管作了部分规定,但这些规定只是局限在监管的单个领域如限制投资比例、资格准入制度等,满足不了养老基金投资发展的需求,这是目前制约养老基金投资发展的主要因素。总体来讲,我国养老基金投资监管制度还在创建阶段,存在养老基金投资监管主体未确立、监管呈碎片化状态、准入和退出监管制度不健全、信息披露不充分、关联交易制约机制未建立、养老基金风险担保制度缺失等问题。本书将在随后的章节围绕这些问题展开

---

① 《全国社会保障基金理事会社保基金年度报告(2016年度)》,载http://www.ssf.gov.cn/cwsj/ndbg/201706/t20170612_7277.html,最后访问日期:2017年4月16日。

② 参见《社会保险法》第78条、第79条、第80条的规定。

深入探讨，按照“问题—监管权配置体制及监管模式—具体监管制度—保障措施”的思路层层展开，其中监管具体制度以投资前、投资中、投资后的逻辑关系展开论述，力求能对构建我国养老基金投资有效监管产生有益的启示。

小结

从少数人的福利到普通大众的基本人权，人们不分财产状况平等享有“老有所养”的幸福憧憬终于在当代部分国家实现了。现代意义上的养老基金制度产生于德国俾斯麦政府，经历经济危机和战争的洗礼，逐渐成为发达国家的一项基本政策。衡量现代文明的一个标准就是给其公民提供的社会保障程度，但包括养老保障在内的社会福利制度也给许多国家带来了沉重的负担。因此，养老金制度改革在近 30 年间内一直是全球热门话题，改革的措施有参数式和结构调整，其中对养老基金进行市场化运作谋求保值、增值一直是改革的核心，同时其他改革措施如基金积累制的确立和发展、养老基金多支柱体系建立、DB 型养老金计划向 DC 型养老金计划转变等都推动了养老基金投资的发展。国外经验表明，养老基金投资能与资本市场形成良好的互动关系，在基金分享经济成果的同时也能推进资本市场的发展。

由于养老基金数量巨大，目前其已成为全球最大的机构投资者之一，具有长期资本的特点，受益人为人数众多的普通大众，所以养老基金具有其他金融投资类似的风险，可以传导至整个经济体系，而且受益人对风险的承受力差。鉴于养老基金本身的社会属性，使之相对于一般投资来说，更加注重投资的安全性，但金融市场风险高度凝聚，如何在风险既定的条件下寻求最大收益，不仅取决于基金本身的投资策略，而且需要外生力量的控制，其中监管约束至关重要。养老基金投资监管在大部分国家都是一个新兴事物,在这方面的理论基础还很薄弱,但在其他金融领域有关监管的基本原理已经很多,我们可以有选择地应用金融领域中的规范和概念帮助理解养老基金投资监管理论。有赞同和反对监管的两种理论,养老基金投资中同样也存在信息失灵、外部性和垄断的因素需要采取监管,也会有监管利益群体和监管失灵的现象。一国在制定本国监管政策之时,要根据一国发展的实际情况,在政府和市场之间寻求平衡,并建立健全相应的法律、法规。

我国养老保险制度改革开始于20世纪90年代初,其初衷就是降低或取消就业福利与企业责任之间的联系,改变计划经济时代实行的"企业社会保障责任",这一时期的养老制度明显带有配套国企改革特征。随着改革的深入和覆盖面的扩大,养老基金规模越来越大,进入市场的紧迫性和必要性日趋明显。但数量最大,而且最重要的职工基本养老保险基金的投资管理制度并没有建立,企业年金和全国社会保障基金虽然投资有十几年时间,但还处于严格限制阶段。影响养老基金投资改革进程的因素很多,但最根本的制约因素是监管制度的缺失。总体来讲,我国养老基金投资监管还存在以下几个方面的缺陷:养老基金投资监管主体未确立、监管呈碎片化状态、准入和退出监管制度不健全、信息披露不充分、关联交易制约机制未建立、养老基金风险补偿法律制度缺失等。

第二章　养老基金投资监管权配置的实证分析与我国的选择

每一次金融危机之后,人们都会反思危机是如何发生的、原因是什么、如何克服危机,视角跨越政治、经济、法律、文化等。在众多关注的因素中,金融监管无疑是焦点之一。因此,在每一大规模的金融危机之后,金融监管的理念和实践都会发生变化,这种变化实质上就是对监管权配置的反思和重构。养老基金投资监管权配置是一国有关养老基金监管机构的设置、职责权限的划分及其协作配合的一种制度安排。通过对养老基金不同监管体制的深层次分析,可以发现任何有效的投资监管都离不开监管机构的设置和监管权的配置,其中监管权的配置决定着监管机构的设置。对养老基金投资监管的任何构想都必须以监管权为核心,监管权的配置决定监管机构的设置。所以说,采取什么样的养老基金投资监管权配置体制是我国养老基金投资有效监管必须首先回答的问题。

一、养老基金投资监管权配置的不同体制分析

(一)养老基金投资监管权概述

1.养老基金投资监管权的内涵

养老基金投资监管作为一个规则体系,监管权是这一体系的核心。正如斯帕罗所说:"社会将令人敬畏的权力赋予了监管机构,他们在使用这些权力,并不是在战时对付外敌,而是在和平时期对付自己的公民,所以监管和执法机构怎样使用这些权力,势必会从根本上影响民主社会里生活的性质和质量。"①通过对养老基金不同监管体制的深入分析,可以发现任何有效的投资监管都离不开监管机构的设置和监管权的配置,其中监管权的配置决定着监管机构的设置。所以,对养老基金投资监管的任何构想都必须以监管权为核心,监管权的配置决定养老基金监管的效果与效率。

权力一直被认为是法学研究与其他学科研究相区别的主要元素,但是最常见的往往是最难界定的。养老基金投资监管机关的组织形式大都是行政机关或者行政机关所属部门,因此有的学者认为,包括金融监管权、养老基金投资监管权在内的权力属于行政权,其应当被涵盖在政府经济管理职能之中。但从监管权的设定和运行过程来看,监管权和行政权还是有本质上的区别:第一,从产生原因来看,监督权主要源于市场失灵,而行政权主要保障行政职能的实现并维护私人合法权益不受其损害。第二,监管权和行政权运行机制不同,矫正是监管的一部分。监管权的行使是在遵循市场机制的前提之下,以公法为主兼具私法特征的控制模式,具

---

① [美]马尔科姆·K.斯帕罗:《监管的艺术》,周道许译,中国金融出版社2006年版,第1页。

有部分柔性色彩,因此引导、沟通、协商等措施在监管中扮演着重要角色;而行政权力强调效率,借助强制性公法规范保障令行禁止。从以上分析可知,监管权并不是行政权,而是属于市场规制权的一部分。另外,监管的本质要求将个人或私人的利益与更为广大的公共利益加以权衡比较,而且需要为公共利益牺牲个人利益。① 从这个角度来看,人们很容易认为监管权目的在于维护公共利益。监管权从本质上来说就是公共权力,公共权力存在的目的是为增进社会利益的综合。②

2. 养老基金投资监管权的内容

对养老基金投资监管主要是通过对养老基金投资机构及其投资业务活动监督来实现的。养老基金投资监管的对象,从横向上来看,包括养老基金投资管理机构、养老基金投资业务和养老基金投资市场的监管;从纵向上来看,包括养老基金投资管理机构和养老基金投资市场的设立、变更、终止和养老基金投资管理机构业务经营活动的"全程"监管。各国养老基金投资监管权的设置虽然不同,但一般都拥有规则制定权、审核批准权、调查检查权和处分权。

(1)规则制定权。规则制定权是指养老基金监管主体依法制定相关监管规则的权力。在不同国家监管机构的权限是不一样的,有些国家养老基金投资监管机构有立法权,如哈萨克斯坦和土耳其,在这些国家这个权力本身就是中央银行和财政部权力的一部分。③ 因为立法一般原则性比较强,而养老基金投资领域复杂、

---

① [美]马尔科姆·K. 斯帕罗:《监管的艺术》,周道许译,中国金融出版社2006年版,第3页。

② 林奇富、周光辉:《批判与重构:公共权力的合法性与合理性》,载《吉林大学社会科学学报》2001年第5期。

③ 《OECD养老金规范与监管》,郑秉文等译,中国发展出版社2006年版,第112页。

具体并且专业性强，所以绝大部分国家的监管机构都会出台一些具有约束力的实施细则或者管理规定。另外，养老基金投资监管机构会定期发布不具有约束力的说明和指导原则，作为养老基金投资监管政策的一部分，如澳大利亚审慎监管局会定期发布相关行为指引。为规范养老基金投资监管规则制定权，各国一般制定相应的法律或由养老基金监管机构制定相关的法规，明确规则的制定程序，制定程序一般包括立项、起草与审查、决定、公布和备案、解释、修改与废止等。

（2）审核批准权。审核批准权通过一系列程序要求和标准来限制和控制养老基金市场的准入。[①] 审核批准主要适用于养老基金投资管理主体，根据资本市场的交易关系，可以将市场准入权划分为产品准入权、机构准入权、从业人员准入权和业务准入权。在不同的体系中，履行该项职能差异性很大，但本质上它们都是利用预先设定的标准建立壁垒，或者选择有限的市场进入者。审核批准主要是防范无法胜任或不合格的市场进入者造成的风险，或者建立最低资本金要求以避免疏忽或风险行为的发生，有时也有控制竞争确保规模经济的目的。不同的国家、不同类型的养老基金投资市场的审核批准在限制性深度和周期等方面是不同的。在某些国家和地区审批权很小，准入壁垒很少，而在另一些国家和地区监管部门采用复杂、严格的标准规制准入，因此其审核批准权相对较大。

（3）调查检查权。养老基金投资监管主体的一项重要的权力就是对养老基金投资参与者行为是否违反相关规定进行调查和检查。这是养老基金投资监管主体最为基本的一项权力，也是其履

---

① 《OECD 养老金规范与监管》，郑秉文等译，中国发展出版社 2006 年版，第 65 页。

行其他职权的基础。通过调查和检查,养老基金投资监管主体可以及时了解和掌握投资主体的行为。一般养老基金投资监管主体可以采取以下措施行使调查检查权:一是现场调查,即进入被监管者的营业场所或其他有关场所进行检查,或者直接询问经营者和利害关系人,要求其说明情况;二是非现场检查,即通过调取经营者相关书面资料,查阅、复制被监管者的有关单证、会计账簿、业务函电等资料,在必要情况下还可以采取强制措施,如扣押、查封相关证据。

(4)处分权。处分权内容十分广泛,在所有监管程序中养老基金投资监管主体都要不断地决定是否以及如何干预养老基金投资活动。养老基金投资监管权限之间有很多相互重叠的地方,通常很难将处分权与调查检查权、审核批准权严格区别开来。处分权的方式可以是明确要求基金投资主体采取或者终止行为,也可以是将调查检查的结果反馈给投资主体,要求其回应。在不同的国家,处分权的权力范围和大小是不一样的。有的国家在发现违规行为时,可以直接采取措施;另一些国家监管主体的处分权力比较小,只能通过协商、公告或谈判等非指令性的程序行使处分权。处分可以分为三种基本类型:惩罚性的处分、补救性的处分和补偿性的处分。惩罚性的处分行动往往是最为严重的,如罚款、吊销营业执照、没收非法所得等,这表现为一种制裁性权力,是处分权具有强制力的表现,也是阻断不当行为最为有力的措施。补救性的处分行为一般都是间接性的,它的目的在于对养老基金投资违规行为所造成的后果进行补救,如资本金如果达不到要求,必须补足,它可以纠正某些制度的滥用,以防范不利后果。监管机构的补偿性行为在于对不当行为造成的后果进行补偿,将危害降至最低。

（二）养老基金投资监管权配置的影响因素

从全世界各个国家和地区来看，选择什么样的投资监管权配置体制与该国和地区的历史传统、经济基础和社会背景有很大的关系，但总体来讲，以下因素起着决定性作用。

1. 一国或地区金融监管权配置体制

养老基金投资本身就是金融活动的一部分，金融监管权配置必然影响着养老基金监管权配置体制的构建。综观世界，根据不同的标准，金融监管体制大体有两种分类：一是机构监管、功能监管、目标监管；二是多头监管与统一监管。机构监管是根据金融机构从事行业的不同类型，设置不同金融监管机构和相应权力配置；功能监管则是依据金融机构的功能不同而设计的金融监管体制；目标监管实施有效监管的前提是，首先明确监管的目标，然后将实现监管目标的权力准确无误地授予监管机构。多头监管模式实际上是机构监管模式下由各个监管机构组成的监管体系结构。养老基金投资本身就属于金融活动的一部分，养老基金投资监管权配置体制仅是整个金融监管的一个子系统。

2. 金融生态环境

在众多影响因素中，金融市场的发育程度对养老基金投资起着至关重要的作用，但金融市场的问题如果只停留在金融机构层面寻求答案，往往不能获得令人信服的解释。在这种背景下，有学者试图将自然生态的概念引入金融领域，运用生态学的方法和成果来分析和考察金融问题。周小川是最早做这方面论述的学者，他认为金融生态是金融运行的外部环境和基础条件，法律制度是其主要决定因素，同时还包括市场体系、中介服务等的完善程度。①李扬等人在《中国城市金融生态环境评价》中，将金融生态描述为

① 周小川：《法治金融生态》，载《中国经济周刊》2005 年第 3 期。

金融主体与之赖以存在和发展的金融生态环境。[①] 随着中国经济快速增长，金融市场在过去 30 多年里取得了巨大成就，金融生态也越来越好。但总体来看，我国金融系统目前还只是初具规模，无论是从“量”还是从“质”上来看，还存在巨大的挑战。从微观层面来看，还存在以下问题：金融创新能力和服务水平与市场需求相比，还存在明显差距；风险防范和财务管理能力薄弱；公司治理机制需要进一步改进；金融人才缺乏等；从宏观层面来看，面临着市场结构的失衡、金融法治环境不理想、对金融业过度保护和管制，等等。[②] 以上原因导致了金融价格市场化水平低，市场发挥配置资源的作用有限；资本市场发展不完善，市场规则并没有很好地得到遵守或者存在较大的规则空白，这与良好的市场运行环境还有较大距离。由于金融是现代经济运行的枢纽，它渗透在国民经济的每个领域、每个层面，它在受其他领域和其他主体影响的同时，也会反过来影响国民经济的每个领域。因此，可以说我国金融领域的严重风险有相当部分是我国国民经济运行的各类风险的集中和综合反映。养老基金投资收益在根本上由整个国民经济状况决定，对养老基金投资监管权配置体制的设计必须将其放在整个生态环境中。养老基金投资监管的有效实现，不仅需要养老基金体制的改革，而且需要金融环境的整体优化，这必然是一条复杂而艰辛的道路。

3. 养老基金发展水平

养老基金发展水平包括养老基金资产数量、养老计划的多样性和复杂性程度、养老金基础制度是否完备等。建立高效的监管

---

① 李扬、王国刚、刘煜辉：《中国城市金融生态环境评价》，人民出版社 2005 年版，第 66 页。

② 朱民、蔡金青、艾梅霞主编：《中国金融业的崛起挑战及全球影响》，中信出版社 2010 年版，第 66 页。

权体制是一国养老基金投资有效监管的前提条件,但综观世界各国具有特色的监管体制,我们发现并没有完全一样的制度设计,也没有一种放之四海而皆准的体制供大家参考。在决定养老基金投资监管体制的过程中,养老基金的发展水平起着重要的作用。在那些养老基金规模比较小、种类比较单一的国家,投资监管权配置体制设计相对简单。相反,养老基金数量庞大、养老计划复杂的国家如美国,对养老基金投资监管权配置体制的设计就比较复杂,信息披露的要求也会更高。而且,养老基金投资监管通常是和养老基金其他环节如养老金计划的发起、养老金的发放阶段等放在一起的,因此养老基金本身的发展水平直接决定着养老基金投资管理体制的构建。

(三)养老基金投资监管权配置的几种体制

1. 一体化监管权配置体制

现代意义上的养老基金投资本身就是金融活动的一部分,而且是极其重要的一部分。根据韬睿惠悦咨询公司发布的《2016 年养老基金报告》,美国、英国、日本等 13 个国家的养老基金资产达到 29 万亿美元,相当于它们 GDP 的 78%,其中美国为 16.8 万亿美元,相当于其 GDP 的 108%。[①] 在混业经营成为普遍趋势的情况下,许多国家的金融机构和金融业务也在大规模整合,养老金投资监管机构也随之深化整合。所谓一体化监管,就是将包括养老金投资监管在内的监管权整体分配给一个机构,由其负责所有金融部门,包括银行、证券公司、保险公司和养老金的监管。具体而言,统一监管机构既要监管宏观层面的系统风险,又要监管微观层面的审慎经营和业务经营活动,这使统一监管机构成为名副其实的

① Towers Watson global pension asset study 2016,载 https://dmmn26wgpgtie.cloudfront.net/wp-content/uploads/2016/02/22221128/Global-Pension-Assets-Study-2016.pdf,最后访问日期:2017 年 8 月 6 日。

超级监管者。目前,采取一体化监管的有澳大利亚、奥地利、加拿大、德国、韩国等国家。澳大利亚于 1998 年开始采用一体化监管方式,监管职能由澳大利亚审慎监管局(Australian Prudential Regulatory Authority ,APRA)和澳大利亚证券投资委员会(Australian Securities and Investment Commission,SIC)承担。澳大利亚审慎监管局负责许可审批及制定审慎监管的规则,澳大利亚证券投资委员会则负责养老金市场行为的监管。1997 年后韩国也采取了一系列整合监管机构,强化金融监管体系。匈牙利于 2000 年 4 月建立了一体化的匈牙利监管局。

一体化监管体制在监管效率、获得信息方面有着众多的优越性。首先,一体化监管体制有利于监管主体对被监管对象的各种风险进行全面综合评估,便于并表监管,可以提高大型金融集团的风险评估能力。正如澳大利亚的专家所说:"澳大利亚审慎监管局一体化的特征使其能够在更为广阔的金融领域中观察养老金行业的运作,并采取更具整体性的监管方法。"①其次,另一个支持一体化监管的理由就是其具有规模经济和范围经济效应,将众多职能集于一身,可以减少和简化金融机构上报监管部门文件的数量和内容,避免重复监管,优化审批程序,同时有利于现场监控和非现场监控的整合;监管机构设置单一的申诉处理机制,能节省人力和物力资源,降低运作成本。最后,在统一监管模式下,只有一个监管机构,对同种性质的金融业务只有一种统一的监管标准,因而能够有效规避众多监管机构并存境况下的监管冲突、"向底部竞争"现象。②

---

① 《OECD 养老金规范与监管》,郑秉文等译,中国发展出版社 2006 年版,第 65 页。

② Regulating Private Pension Schemes:Trends and Challenges,载 http://www.oecd-ilibrary.org/content/book/9789264194403-en,最后访问日期:2016 年 6 月 21 日。

与其他监管体制一样,这一监管体制也引起了许多学者的质疑。反对一体化监管体制的一种普遍的观点认为,首先,养老金产品和业务与其他金融产品和业务有着本质上的不同,养老金是一种具有特殊的税收待遇和社会形态的契约,这就需要采取不同的方法来对其加以监管。其次,在提高效率方面,伦普金认为监管机构的减少对降低成本的作用并不明显。

2. 专业化监管权配置体制

专业化监管配置体制,是指由一个或者多个机构专门从事养老金监管工作。OEDC 成员国中的美国、英国、爱尔兰、意大利、日本、墨西哥、瑞士等国家都先后采用了专业化监管体制。美国有多个机构负责养老基金的监管工作,美国劳工部(US Department of Labor)、养老基金与福利待遇管理局(Pension and Welfare Benefit Administration,PWBA)主要负责对雇员收益权进行保护。养老金担保公司(Pension Benefits Guaranty Corporation,PBGC)主要为待遇确定性(DB 型养老基金)提供担保。在英国,养老基金由职业养老金监管局(Occupational Pensions Regulatory Authority,OPRA)、金融服务局(Financial Service Authority,FSA)、养老金补偿委员会(Pension Compensation Board)、社会保障部(Department of Social Security)等机构共同监管。爱尔兰养老金理事会(Pension Board)是职业养老金计划的首要监管者,养老金监管委员会(Commissione di vigilanza fodi pensione,COVIP)负责意大利养老金的首要监管工作。

支持专业化监管的一个主要理由是养老基金产品和服务不同于一般的金融产品,它本身就是具有再分配性质的社会长期契约,这需要采取不同方式来管理风险、负债。同时,专业化监管能更好地运用专业知识和技能。拉丁美洲智利的做法就是很好的例子。德马尔科(Demarcoo)等人在 1998 年提到,新型的专业化监督机构也许比其他任何组织安排都有效。专业化监管可以集中力量监管养老体系中的某些特定环节。最后,专业化机构可以通过协调合作来实现规模经济,提高效率和减少重复监督。

3. 部分一体化监管权:配置体制

部分一体化监管权配置体制,是指由一个专门的机构同时负责保险公司和养老基金监管。采取此种监管体制的国家有葡萄牙、波兰、新西兰、荷兰等。这类机构要么与负责其他金融监管工作相分离,要么隶属于财政部、劳动部门。如荷兰的保险监管委员会同时负责保险公司和养老基金监管,它是政府独立的代理机构,对财政部和社会事务部与就业部负责。另外,新西兰的监管机构是保险与退休精算局。部分一体化监管权配置体制介于一体化和专业化监管配置之间,属于中庸的选择。

二、国外养老基金投资监管权配置体制实证分析及启示

(一)澳大利亚养老基金监管权配置

澳大利亚养老基金投资监管具有代表性:一是它属于一体化监管体制但保留了专业化监管特征。二是包括养老基金投资在内的澳大利亚金融监管在2008年全球金融危机中经受住了考验,虽然其也遭受一定的冲击,但与受重创的OECD其他成员国相比,其表现稳健。国际货币基金组织(International Monetary Fund, IMF)2008年8月在报告中指出,澳大利亚银行业的资本充足率和盈利能力未受金融危机影响,澳大利亚金融体系整体表现良好。[①]

1. 澳大利亚养老基金基本情况

澳大利亚养老保险体系由三个部分组成,它是典型的“三支

---

① 朱小川:《在金融危机中立于不败之地——澳大利亚金融审慎监管启示》,载《金融监管》2010年第5期。

柱”模式:第一支柱是中央政府提供的养老保险金,资金来源于一般的财政收入;第二支柱是自1992年推行的雇主强制缴费的企业年金;第三支柱是职员自愿购买的养老储蓄。澳大利亚的退休年龄男性为65岁,女性在2014年延迟到65岁;2017年之后每两年会延迟六个月退休时间直至2023年达到67岁。[①]由政府提供的养老金基金仍然是居民退休收入的主要来源,在达到退休年龄(男性65岁,女性63岁)中占63%,未达到退休年龄退休人员收入的28%,所有养老基金保持在平均工资的1/4。随着第二支柱养老金基金到期,它的相对重要性会逐渐下降。当前养老基金政府支出占GDP的3%,但随着人口老龄化加深,这个数字将会上升。第二支柱是企业年金,即强制雇主为雇员缴纳一定工资或薪水的养老保险基金,除了工资特别少的雇员和小时工、18岁以下和75岁以上雇员不用缴费,企业年金覆盖到1200万员工中的90%以上,缴费比例从1992年的4%提高到2002年的9%。雇主缴纳的养老保险基金完全属于雇员,但必须到雇员55岁(2025年最低年龄将会是60岁)或退休后才会发放给他们。在他们换工作时可以转移这些养老基金,也包括从固定缴费型转向固定受益型基金。政府支持第二支柱的目标是增加个人储蓄减少财政压力。第三个支柱是自愿储蓄,政府通过税费优惠的方式鼓励此项制度。自愿储蓄在过去10年内在个体经营者、小业主以及有实践和敏锐的金融嗅觉能管理好自己投资的人中增长很快。截至2015年年底澳大利亚各类养老基金资产达到1.484万亿美元,占其GDP的119.6%,其

① Pensions at a Glance 2011,载 http://www.oecdbookshop.org/oecd/display.asp?lang=EN&sfl=identifiers&st1=5km4sjtc8vzw,最后访问日期:2016年3月19日。

中 DC 型养老基金为 87%，DB 型养老基金为 13%。①

澳大利亚养老基金投资监管针对的是第二支柱和第三支柱养老基金，在监管政策上并没有对二者区分对待。大多数养老基金都是信托管理模式，基金的所有权和管理权是分开的。目前，澳大利亚有六类养老基金管理实体，它们分别是零售基金、公司基金、产业基金、公共部门基金、小型基金。其中，零售基金是面向所有雇员的，成员通过购买寿险代理商等中介机构提供的保单来参加；产业基金从某些固定的产业部门（如建筑、医疗）吸收会员，2005 年该基金开始向行业外部分雇主开放；公司基金是由一个或几个雇主发起的基金，其发起人为雇主，成员为其雇员；小型基金成员小于 5 人，该类基金的成员和受托人是统一的，不需要审慎监管，但是如果成员不想管理这些基金可以委派基于 APRA 审慎监管之下的公司受托人代为管理。大约有 3.2 万种这种类型的基金，其中 23% 是产业基金，大部分由澳大利亚税务办公室监管，APRA 只负责其中的 6700 种。②

2. 澳大利亚主要监管机构及监管权的配置

（1）主要监管机构及其职权的划分。尽管澳大利亚证券投资委员会（Australian Securities and Investment Commission ，ASIC）和澳大利亚税收局（ATO）都既参与养老基金的监管工作也参与养老基金监管工作，但澳大利亚审慎监管局（Australian Prudential Regulation Authority，APRA）在养老基金投资监管中还是占主导地位。从具体分工来看，澳大利亚审慎监管局承担澳大利亚保险业、

① Towers Watson global pension asset study 2016，载 https://dmmn26wgpgtie.cloudfront.net/wp-content/uploads/2016/02/22221128/Global-Pension-Assets-Study-2016.pdf，最后访问日期：2017 年 8 月 6 日。

② Australian Prudential Regulation Authority，载 http://www.apra.gov.au/AboutAPRA/Pages/Default.aspx，最后访问日期：2016 年 3 月 26 日。

银行业养老基金、信用社、房屋协会等金融机构的监管，依法制定审慎经营标准。表面上审慎监管局对养老基金投资采取的是一体化监管，如同澳大利亚代表所说的“一体化监管特征使其能在更为广阔的金融服务领域中观察养老基金的运作，并采取更为整体的监管方法”。[①] 但从另一方面来看，澳大利亚养老基金投资监管也具有专业化监管特征，它是由审慎监管局的专职部门即养老基金专门部门对养老基金进行监管。在具体职责上澳大利亚审慎监管局主要负责许可审批、审慎监管养老基金计划和基金的投资运作。澳大利亚证券与投资委员会根据澳大利亚《证券与投资委员法》等法案，在养老基金监管方面主要是促进市场主体的参与积极性，制订信息公开的标准，同时设立投资和消费者保护制度。另外，澳大利亚联邦财政部负责处理与养老基金及其成员有关的税收问题。

（2）澳大利亚审慎监管局组织与管理。澳大利亚审慎监管局成立于1998年7月1日，是一个拥有法人资格的非政府机构，目前监管着4万亿美元资产、接近2300万个澳大利亚储户、投保人和养老基金的成员。[②] 澳大利亚审慎监管局包括五个部门：专业机构部门，多元化机构部门，政策、研究和统计部门，监督支持部门，企业服务部门。目前澳大利亚审慎监管局非执行理事会由九名成员组成，成员大部分都来自私营部门。澳大利亚审慎监管局对澳大利亚的联邦议会负有最终责任，因此澳大利亚审慎监管局每年都必须向议会作报告，并向公众公开。澳大利亚国家审计署定期会对澳大利亚审慎监管局进行审计。

澳大利亚审慎监管局的总部设在悉尼，并在澳大利亚的大部

---

① Australian Superannuation Industry (Supervision) Act 1993，载 http://www.comlaw.gov.au/Series/C2004A04633，最后访问日期：2017年3月11日。

② Authority, Australian Prudential Regulation, Australian Prudential Regulation Authority, 2013.

分州设有地区办事处。澳大利亚审慎监管局在人力资源和人才引进等问题上有完全的自主决定权。虽然澳大利亚审慎监管局可以将澳大利亚联邦行政机构的人才引进政策作为参考,但不是强制性地按照此政策来执行,澳大利亚审慎监管局的理事会有权决定任命的期限和条件。为确保监管机构的薪酬对优秀人才的吸引力,澳大利亚审慎监管局的薪酬水平已和私营或者公共机构的同等位置的薪酬水平相当。澳大利亚审慎监管局的经费来源全部来自于对被监管机构的收费,而不是公共财政的支持。收费的标准由审慎监管局、证券投资委员会、联邦财政部和养老基金行业及联邦财政部部长共同协商决定,最终由联邦财政部部长签字。澳大利亚审慎监管局代表其他监管者向养老基金投资者收费,同时也是为了自身的监管活动筹集经费。2003 年至 2004 年澳大利亚审慎监管局向养老基金投资者收费 3590 万澳元,其中证券投资委员会用于履行消费者保护等职能的是 810 万澳元,联邦税务总局是 240 万澳元,剩下的 2440 万澳元由澳大利亚审慎监管局作为自己的经费。①

(二)智利养老基金监管权配置

养老基金制度改革让智利扬名世界,拉丁美洲 11 个国家②依照智利开创性经验对本国的养老基金制度进行了改良,其中墨西哥、萨尔瓦多、玻利维亚复制了智利的方案,秘鲁、哥伦比亚等国家的养老基金改革或多或少都有智利的影子。作为养老基金制度改

---

① Thompson, Graeme, Risk-based supervision of pension funds in Australia, 载 https://elibrary.worldbank.org/doi/abs/10.1596/1813-9450-4539,最后访问日期:2017 年 8 月 30 日。

② 它们分别是秘鲁(1992 年)、哥伦比亚(1993 年)、阿根廷(1994 年)、乌拉圭(1996 年)、墨西哥(1997 年)、萨尔瓦多(1997 年)、玻利维亚(1998 年)、哥斯达黎加(2000 年)、尼加拉瓜(2000 年)、厄瓜多尔(2001 年)、多米尼加共和国(2003 年)。

革的先锋,智利养老金制度改革的影响力绝对不局限于拉丁美洲,它成为世界其他国家研究和借鉴的对象,并受到世界银行等国际组织的推崇。

1. 智利养老基金投资概述

智利第一个养老基金建立于1915年,能享受的范围较窄,受益人范围只限于国防部门,其正式社会福利制度直至1924年以后才建立起来。从研究文献来看,智利的养老基金在1981年改革之前是无序、零散、不公平、亏损的。[①] 1973年军政府上台执政后,开始对社会保障制度改革的可能性进行评估,1981年开始实施被认为最为激进的养老金改革。改革的主要特点是由现收现付制完全过渡到基金积累制,采取个人账户管理模式,员工可以将基金委托给专门的养老基金投资运营。包括公务员在内的雇员都必须向为个人开设的养老基金个人账户中缴纳工资的10%,这些养老基金由政府批准入市的养老基金公司进行投资运营,个人享有一定的选择权,最近的改革趋势是不断地扩大选择权。同时,智利为那些低收入者提供最低养老保障。智利养老基金投资运营最大的特点就是私人分散管理,利用市场竞争机制,给予成员的选择权利比较大。

经过30多年的投资运营,智利养老基金制度取得了很好的成效。首先,养老基金规模经历了一个快速增长时期,养老基金平均每年的增长速度达到28.3%,扣除费用后净收益率达9.3%。[②] 其次,智利的金融增长快速,1980年金融资产占GDP的比重为

---

① [西]何塞·路易斯·埃斯克里瓦、爱德华多·富恩特斯:《拉美养老金改革:面临的平衡与挑战》,中国劳动社会保障出版社2012年版,第44页。

② 房连泉:《智利社保基金投资与管理》,中国社会科学院研究生院2006年博士学位论文,第66页。

65%,到2003年已上升到217%。[①] 1982~2007年,个人账户中积累的资本价值从3.9%上升至64.4%,但由于全球金融危机,2008年下降至52.8%。1982年以来,平均每年的回报率稳定系统地从20.6%下降到8.8%。[②] 自改革以后,智利养老基金一直是智利金融市场最重要的机构投资者,智利养老基金改革不仅谋求了自身增值、保值,还推动了智利金融市场的发展。

2.智利主要监管机构及监管权的配置

智利养老基金改革以后,养老基金由养老基金公司(Pension Fund Administrators, AFPs)负责投资运营,养老基金监管局负责对养老基金公司(AFPs)监督管理。养老基金监管局隶属于智利的劳动与社会保障部管辖,对养老基金从筹集到发放进行全过程监管,国家财政承担全部经费。虽然智利养老基金监管局隶属于智利的劳动与社会保障部,但养老基金监管局的局长由总统直接任命。智利养老基金监管局共有8个单位,其中包括机构监控部、财务控制部、福利与保险部、法规部、专题研究和风险评估部、信息与机构管理部6个职能部门,以及下设的两个管理委员会,它们分别是信息技术委员会和医疗委员会。[③] 机构监控部负责养老基金管理公司和养老基金的审批,以及它们的合并和清算事物;财务控制部负责分析养老基金投资限制、决定证券投资限额并监管价格和财务运作;福利与保险部负责有关待遇和给付投诉和索赔事务;法规部为监管实体的其他部门提供法律建议,在诉讼中代表监管机构;专

① 郑秉文、房连泉:《智利养老金改革25周年:养老金投资与资本市场》,载《国际经济评论》2006第11期。

② Mesa-Lago, Carmelo, Fabio Bertranou, "Pension Reforms in Chile and Social Security Principles, 1981 - 2015", *International Social Security Review* 69. 1, 2016, pp. 25 - 45.

③ 房连泉:《智利社保基金投资与管理》,中国社会科学院研究生院2006年博士学位论文,第26页。

题研究和风险评估部负责有关经济运行和养老金体系的研究工作,推荐使用风险性监管方法等;信息与机构管理部和星系技术委员会合并,共同负责监管机构的人力和物力资源并确保监管机构和投资管理人之间的信息沟通、交流;医疗委员会的主要任务是在参与人程序中确保相关人能遵守法律。除养老基金监管局以外,财政部、中央银行、税务局等政府相关部门都参与智利养老基金投资监管,其中财政部主要为养老金转移支付的方式提供最低养老金保障;中央银行负责制定养老基金的金融投资政策,包括投资工具的选择、投资比例和范围等方面的政策;税务部门负责养老基金税收政策相关的职责界定和监督。在新体制下,所有有关养老基金管理运营的制度规则形成了一套法律体系(包括法律、监管规则和条件等),养老基金的安全性得到了一定的保障。

(三)英国养老基金监管权配置

第二次世界大战以后,英国社会保险形式在《1942 年社会保险及有关的事业部会联合委员会报告》(著名的《贝弗里奇报告》)中得到了极大的扩展,构建了覆盖各阶层、全方位、“从摇篮到坟墓”的国家福利计划。《贝弗里奇报告》不仅在英国,而且在世界范围内都产生了巨大的影响。所以学者倾向于认为福利国家是英国人的发明,福利国家从政治活动孕育而生,在战争中和危机中走向成熟。①

1. 基本概况

当代英国养老保障体系主要由三个支柱构成:第一支柱是国家养老金,即由政府提供养老金和各种福利项目;第二支柱为职业年金,即由雇主、工会或者金融机构提供的养老基金;第三支柱为

---

① [英]尼尔·弗格森:《货币崛起》,高诚译,中信出版社 2009 年版,第 161~162 页。

养老目的养老储蓄、个人寿险等。截至2015年年底,英国养老金资产为3204亿英镑,为同期GDP的119.9%。[①] 作为第一支柱的国家养老金实行现收现付制,资金来源于雇主和雇员的缴费,结余资金投资极为保守,全部用于购买债券或者存入银行。国家养老金只能由那些已达到退休年龄并符合相应条件的人领取,退休年龄也逐渐在提高,2010~2020年要达到65岁,根据英国《2007年养老金法案》,国家养老金2024年至2028年为66岁,在2046年要达到68岁。[②] 现行养老金缴费年限为30年,2010年国家基本养老金为每人每周97.65英镑,或者每对夫妇156.15英镑。[③] 20世纪以后,福利国家开始有意识地卸责,政府部门对维持福利国家所需要的可持续财政能力感到力不从心,不得不将这些职责分给私人部门,或降低其所承担职责的真实价值。[④] 英国老龄化人口非常严重,2010年为17%,预计到2035年这一比例将会达到24.6%。[⑤] 所以英国是欧洲在这方面改革最早的国家,它首先将政府提供的国家养老金由工资关联转向与生活成本关联,如规定养老金的增幅至少和通货膨胀率相当,但最高不能超过3%。另外,英国进行大幅度的私有化改革,大力发展职业年金(相当于第二支柱、第三支柱)。

---

① Organisation for Economic Co-operation and Development (OECD) Staff, Pensions at a Glance 2015: OECD and G20 Indicators, OECD, 2015.

② 郑秉文、孙守纪:《英国养老金改革立法过程及其对中国的启示》,载《社会保障研究》2011年第3期。

③ 胡继晔:《英国养老金体系的最新改革》,载《中国经济时报》2011年5月21日,第8版。

④ [英]高顿·L.克拉克:《养老金基金管理与投资》,洪铮译,中国金融出版社2008年版,第136~139页。

⑤ 岳公正:《英国养老保险基金投资运营模式与政府监管》,载《社会科学家》2016年第1期。

2. 英国养老基金投资体制的发展变化

(1)从辅助性到专业化监管。英国是信托制度的发源地,经过几百年的发展,信托制度从最初规避封建法律限制而保障教会的利益发展到了现在以委托专业人士管理、运用、处分财产以求保值增值为主要目的,其同样被广泛应用到养老金投资管理之中。所以,英国养老基金投资监管法律制度都是以信托制度为基石建立起来的,信托法成为规范养老基金投资监管的主要法律依据。1991 年发生的"麦克威尔"事件将英国养老基金监管体制的弱点和缺陷暴露无遗,次年英国政府成立了以古德教授为首的"养老金法律评估委员会",该委员会调查得出的一个结论就是英国缺乏专业的养老基金监管机构对养老金进行监督。根据古德教授的建议,英国政府制定并通过了英国《1995 年养老金法案》,其主要内容有两个:一是在原信托法的基础上限制并规范受托人、雇主的权力;二是重新建立了全面监管养老金计划和基金的组织机构。1996 年 4 月英国职业养老金监管局正式成立,取代原来的英国职业养老金管理委员会,专门负责职业养老基金的监管工作。根据英国《2004 年养老金法案》,英国 2005 年 4 月 6 日正式成立养老金监管局,负责对养老基金的监管。

(2)从被动反应式监管到积极主动监管。在被动反应式监管架构中,监管者有选择地进行干预并且仅对特定情况进行回应,此类监管主要旨在矫正违反法律所造成的后果,多为事后监管,重点在于纠正。而在积极主动监管体系中,监管者会定期进行干预,排查可能会违反标准的行为,通常是事前或事中监管,重点在于预防。1995 年英国确立了养老基金专门监管机构后,采取的是被动反应式监管,监管当局只能对报告的违法行为做出回应,被动反应式监管带来了很多问题。2005 年英国养老金监管局成立以后,重点是转变监管方法,将以前被动反应式监管转变到积极主动监管,主要表现在以下几个方面:第一,强调积极主动收集信息,通过养老基金计划申报、申报事件和现场检查等途径收集信息,防范风险。第二,加强对投资主体的培训和指导,监管当局会定期公布相关指引,指导并督促投资主体依法行事。英国养老金监管局还开发了相关学习软件并放在网上供投资主体学习以帮助其更好地理解相关规定。第三,扩大英国养老金监管局的权限,在监管当局有充分理由的情况下,可以终止和解散养老金计划。

3. 英国养老基金主要监管机构及其监管权配置

根据英国《2004 年养老金法案》,2005 年 4 月英国养老金监管局(The Pension Regulator,TPR)正式成立,它取代了原职业养老金监管局(Occupational Pensions Regulatory Authority,OPRA),成为英国养老金的主要监管机构。英国养老金监管局具有独立的监管执行权,直接对就业和养老金事务部(Department of Work and Pensions)负责。英国养老金监管局的目标是制定法律以及促进对养老基金良好管理的理解,以保护养老金成员的利益。[①] 养老金监管局由三部分组成,它们分别是理事会、监管局管理团队、决策委员会。理事会负责监管局的整体战略指导及其内控,监管局管理团队负责日常的具体管理运作,决策委员会负责养老基金计划实施决策职能。理事会成员包括非执行理事、理事长和执行理事,成员全部由英国就业和养老金事务部部长任命,职责是在监管战略方向和政策上作出重要决定,确保监督机构恰当运行并有效地内控,确保公共养老金遵守法定管理机构要求。理事会共有 11 名理事,其中目前担任理事长的是迈克尔·奥希金斯(Michael O' Higgins),另外有 6

① 郑秉文、孙守纪:《英国养老金改革立法过程及其对中国的启示》,载《社会保障研究》2011 年第 3 期。

名非执行理事,4 名执行理事。[①]

(四)美国养老基金投资监管权配置

1. 基本概况

美国实行的是联邦体制,政府服务主要由 50 个州及地方政府提供,很多由中央政府享有的包括征税权在内的大部分权力都被下放到州和地方政府。在此背景下,20 世纪 30 年代大萧条之前美国中央政府并没有为民众提供养老金,直至 1935 年罗斯福执政时期美国《社会保障法》颁布实施,美国才确立了为劳动者建立国家养老金计划,为老年人免受贫困的最低社会保障和以舒适老年生活为目标的私营养老金和个人储蓄。近 30 年里,全球养老金环境发生了巨大的变化,与其他国家一样,美国也同样面临着人口老龄化环境下养老财政的压力,同样对养老金制度进行参数式和机构式改革。美国退休年龄虽然实行弹性制,但都会要求雇员必须满足一定的服务期或者达到一定的年龄,才能有权得到养老基金计划的给付。[②] 美国也提高了退休年龄,目前可领取全额退休金的年龄是 66 岁,2022 年将提高到 67 岁。[③] 同时,美国养老金制度最大的变化就是从 DB 型养老金计划向 DC 型养老金计划的转变。当前很少有美国公司从一开始就采用 DB 型养老基金计划,大都以 DC 型计划为主。美国的私人养老金计划有很多种,单一雇主计划是由一个雇主建立,多个雇主计划覆盖同一行业内多个企业的劳动者,并且借助于与工会签订集体谈判协议而成立的。

---

① 以上资料整理于英国养老金监管局网:http://www.thepensionsregulator.gov.uk/about-us/the-board.aspx,最后访问日期:2016 年 11 月 10 日。

② 林羿:《美国企业年金养老金的监督与管理》,中国财政经济出版社 2006 年版,第 15 页。

③ 陈星:《美国企业年金投资与监管研究》,中国地质大学出版社 2013 年版,第 26 页。

2. 美国养老基金主要监管机构及其监管权配置

美国养老基金是专业化监管模式，美国《1974 年雇员退休收入保障法》(Employee Retirement Income Security Act,ERISA)是其社会保障制度的里程碑，该法构建了美国养老基金投资监管体制的完整框架。根据美国《1974 年雇员退休收入保障法》，美国养老基金监管体制由美国劳工部、财政部下设的国家税务局、美国证券与交易委员会组成，同时包括 DB 型养老金计划的监管还有养老金担保公司(PBGC)(此部分在本书第六章有详细论述)。

美国劳工部对养老金计划的财务政策监管主要是通过对企业年金每年上交的“5500”表进行收集和审查，以及对个别养老金计划根据其“5500”表所提供的财务方面信息进行实地抽查，通过这些措施，建立养老金透明、公开的财务制度。具体来讲美国劳工部在养老基金投资监管方面主要有以下几个方面的职能：第一，对那些管理养老金计划和基金的个人或机构的行为标准是否符合美国《保障法标准》进行审查；第二，监督和保证资助养老金计划的企业是否将基金资产置于一个独立于企业或任何其他当事人资产的信托人之中，并保证基金受托人的一切行动都要围绕参保人利益展开；第三，监督应向相关政府部门或参保人进行信息披露和报告的法律要求；第四，对任何违规操作的受托人或资助计划的企业进行调查并将案件移送到美国司法部的权力。美国国家税务局对养老金计划的监管职能主要体现在养老金计划的税务管理和税收政策的实施机制上，其中税收政策主要是针对养老金计划的税收优惠政策。美国国家税务局监控时间段包括养老金计划的建立和终止的整个过程。美国国家税务局对一项养老金计划所实施的第一监管措施就是确定其是否符合税收优惠政策，如果认为不符合税收优惠政策，可以强行命令养老金计划向美国国家税务局上交年度报表即“5500”表。[①] 在养老基金投资运营中,美国国家税务局根据《税收法》中第 4975 条的规定,对发生的被禁止的关联交易,对计划受托人、行政管理人、账户管理人、投资管理人或托管人施以惩罚税。[②]

不同于美国劳工部和美国国家税务局对养老金计划本身的运作和规范有直接的监管权力,美国证券与交易委员会对养老基金资产所投资工具以及对为养老基金计划提供的各种金融服务有直接的监管权和监控权,所以其在养老金投资监管中扮演着重要角色。美国证券与交易委员会监管主要体现在以下几个方面:第一,强调养老金计划中提供账户管理、投资咨询和投资管理服务的各种金融机构业务操作的透明度;第二,对养老金计划投资的各种业务依法进行合规监督;第三,为养老金计划参保人建立同其他证券投资者一样完善的信息披露制度。[③]

(五)启示

1. 必须保持监管机构独立行使职权的能力

监管机构依法独立自主行使监管权,避免受政府机构或者被监管机构的影响是养老基金投资有效监管的前提条件。同其他经济监管一样,要保持监管机构独立性起码需要具备以下条件:一是有必要的专业技能和方法,特别是在复杂的情况能及时做出反应;二是能避免受干扰,特别是受行政干扰,同时监管行为要透明和稳定。正如有学者认为,监管机构本身拥有的资源越多就越能够抵

---

① 陈星:《美国企业年金投资与监管研究》,中国地质大学出版社 2013 年版,第 22 页。

② Kamin, Sherwin, Stanley S. Surrey, William C. Warren, “The Internal Revenue Code of 1954: Trusts, Estates and Beneficiaries”, *Columbia Law Review* 54.8 ,1954, pp. 1237 – 1265.

③ 林羿:《美国企业年金养老金的监督与管理》,中国财政经济出版社 2006 年版,第 29 页。

制“监管俘虏”。[①] 影响养老基金独立监管的因素有很多,但主要有监管机构的法律地位、专业化程度、人力资源及经费来源、监管人员对监管机构的价值认同等因素。

根据对巴塞尔委员会《有效银行监管核心原则》的借鉴,监管独立性有赖于管理独立、监督独立、机构独立和预算独立四个基础性条件。[②] 从这几个标准来考察以上四个国家的养老基金投资监管体制,最大的一个特点就是确保监管的独立性。第一,管理独立,是指在法律框架内,养老基金监管机构拥有制定和解释监管规则的自主权力。这种权力是在法律基本框架下,针对养老基金投资监管工作的细节,能够及时改进管理规则和制度的自主权力,它能保证监管机构的行动效率和专业性。同时在选聘工作人员和制定薪金时,监管机构可以有较大的自主决定权,不受干扰。第二,从监管机构的法律地位来看,澳大利亚审慎监管局是与澳大利亚联邦政府相独立的法定机构,英国养老金监管局是形式独立的非政府的公共机关。第三,预算的独立,是指监管机构在决定机构预算规模和运用上的权力。能够独立决定预算来源、规模和运用,监管会更好地抵制通过预算而进行的政治干预,并能吸引有需要的人才。

2. 随着养老金改革而发展变化和不断调整

养老金从无到有,养老基金投资从严格限制到逐渐放开,社会制度总是随着经济和社会发展而不断地变革。养老金投资监管也要跟得上养老金改革和社会发展的步伐,否则就会付出代价。英国的“麦克威尔”事件就是监管制度落后于现实需要的例证。但从另一角度来看,它也是英国养老基金监管史上的催化剂,它在20

---

① 胡兆峰、杜征征:《银行市场参与者结构对监管独立性的作用研究》,载《上海金融》2011年第5期。

② 徐孟洲:《金融监管法研究》,中国法制出版社2006年版,第25页。

世纪促使了英国监管体制发生根本性的变革。澳大利亚在 20 世纪 90 年代构建审慎监管框架,2000 年后又对这一框架进行了多次调整。从全球来看,无论是哪种监管体制都尚处于接受实践检验的初期阶段,其监管的有效性还需要实践的考验,即使是监管制度比较成熟的国家也会因为养老基金投资风险的复杂性、多变性的考验而不断调整和完善其养老金监管制度。

3. 专业化监管

养老基金具有长期资本、人身关系、规模巨大等特点,其在投资上需要安全与效率兼顾,同时也要注重流动性,所以养老基金投资监管需要很强的专业性。智利、英国都成立了专门机构对养老基金进行监管,澳大利亚虽然是一体化监管,但在澳大利亚审慎监管局中有专门机构和专门人员对养老基金投资活动进行监管。养老基金投资监管必须体现专业化,在人力资源方面的保障主要是薪酬机制,要确保能引进高质量的专业人才并能留得住这些专业人才。

4. 养老基金投资监管改革都是以立法的方式进行固化

依法监管是现代金融监管的内在要求。① 养老基金投资监管有效运行的前提之一就是健全的金融法体系。养老基金投资监管的对象是一个急剧变化的市场,会不断出现新的监管课题和挑战,养老基金投资监管成功的经验就是用法律的变化来管理市场,养老基金投资监管改革也都是以立法的方式进行固化。从以上各国养老基金投资监管权配置体制的实践来看,无论是澳大利亚还是英国最近的改革,都强调立法的重要性,而且立法层次都比较高,以立法的方式固化改革成果是其共同的经验。

---

① 徐孟洲:《金融监管法研究》,中国法制出版社 2006 年版,第 31 页。

三、我国养老金投资监管权配置体制的选择

(一)我国养老基金投资监管权配置体制现状分析

在2008年人力资源与社会保障部成立之前,我国包括养老基金在内的社会保险基金的监督部门是原劳动和社会保障部。按照2008年3月全国人民代表大会通过的国务院机构改革方案,国务院将原人事部、原劳动和社会保障部的职能进行整合,划入新成立的人力资源与社会保障部。在人力资源和社会保障部的13项主要职能中就有一条是统筹建立覆盖城乡的社会保障体系,其中就包括对社会保险及补充保险基金管理和监督,参与制定全国社会保障基金投资政策。[①] 在人力资源和社会保障部设有专门的社会保险监督司,分设综合处、基本保险基金监督处、补充保险基金监督处,分别负责监督全国社会保障基金、基本保险基金和补充保险基金,具体职责为制定以养老保险为主的社会保险基金监督制度,并负责起草、制定基金投资运营政策、设定运营机构资格标准;这个机构还对社会保险基金征缴、支付、管理等环节进行监督,参与重大案件查处;同时,参与全国社会保障基金投资政策的制定。[②] 财政部、银监会、证监会、保险会的有关部门也从不同角度参与到养老基金监管中。总体而言,我国养老基金投资制度还在探索中,养老基金投资监管体制虽然以人力资源和社会保障部为主体但并没有真正确立,主要存在监管不独立、监管碎片化和立法缺失等问题,其中立法的滞后对监管的独立性和监管统一性起着决定性的作用。

---

① 《人力资源社会保障部主要职责和内设机构》,载人力资源和社会保障部网站:http://www.mohrss.gov.cn/SYrlzyhshbzb/jgzn/,最后访问日期:2016年9月11日。

② 同上。

1. 监管独立性得不到保障

养老基金投资监管机构独立行使监管权是有效监管的前提条件之一。人力资源与社会保障部内设的社会保障监督司是养老基金投资的主要监督机构，它的两个部门基本保险监督处和补充保险监督处，分别负责社会保险及其补充保险基金监督制度、投资机构标准的制定，并监督其管理和运营，组织查处重大案件。同时，社会保障监督司除对包括职工基本养老保险基金、企业年金在内的保险基金有监督权力以外，还有权参与拟定全国社会保障基金投资政策。同时财政部、银监会、证监会、保监会的有关部门也对养老基金投资有监管权。从这里我们可以看出，我国养老基金的投资运营都是由相关部门监管，各部门把监管职责落实到有关的司、局，最后具体工作分配到相关处室。在这种监管体制构架下，监管机构的制度隔离和独立行使职权几乎是不可能的。首先，监督主体作为部委的某个部门，很难不受政治压力等因素的干扰，执行力也会成为很大问题，屡屡发生的社保基金案例就是明显的例子。其次，监管养老保险基金投资的机构往往还承担其他职责，如财政部的社会保障司的基金管理处在负责参与社会保险基金的监督的同时还承担多项职责，很难保证有足够的人力、物力投入到此项工作。最后，养老基金投资是一项复杂的专业活动，对监督人员的专业背景要求很高，目前这种情况无法满足规模巨大的养老基金投资监管要求。

2. 监管呈现碎化状态

养老基金投资监管是一项复杂的系统性工程，必然包括若干子系统之间的相互作用、相互协调，如果子系统相互分割，就可能会影响整个系统。目前我国养老基金投资监管基本上处于碎片化状态，没有整体规划、统一部署。原因是多方面的：

第一，养老制度本身的碎片化。我国养老保障制度改革的主要起因是国有企业改革中出现的破产问题、养老金现收现付制管理不善问题，[①]所以制度设计明显带有国企改革配套特征。从总体上来看，过分分割、杂乱无序呈碎片化状态。从大制度来看，我国有城镇职工基本养老保险制度、机关事业单位退休养老制度、新型农村养老保险制度、农民工养老保险，等等。而且即使在同一个大制度中，也是不统一的，如职工基本养老保险缴费率不一，农民工在不同地区被分割在不同制度之中。[②] 正如郑秉文教授所说，中国的养老制度呈现"大碎片套小碎片"状态。

第二，养老基金投资监管机构之间权责界限不明。当前养老基金投资监管的主要机构是人力资源和社会保障部，但部门之间、中央和地方之间权限划分、责任分担并没有清楚的规定。在人力资源和社会保障部之下到各省（自治区、直辖市）的人力资源和社会保障厅再到市级单位的人力资源和社会保障局都设有"社会保险基金监督"，在职责的描述上内容都差不多，那么它们的权限是怎么划分的呢？以广东省委 2012 年将 1000 亿元职工基本养老保险基金委托给全国社会保险基金为例，对这笔基金广东省与人力资源和社会保障部有什么样的监管权，权力的划分又是怎样的呢？同样在 2006 年上海发生的"社保案"中，人力资源和社会保障部扮演着什么样的角色？这些问题并没有明确的法律规定，造成了当下监管政策的不统一。

3. 相关立法缺失

养老基金投资是一种配置资源的市场行为，它并不是不需要监管或者监管多少的问题，而是"谁来监管、监管什么、如何监管"，

---

① ［日］高山宪之：《信赖与安心的养老金改革》，刘伟译，上海人民出版社 2012 年版，第 119 页。

② 郑秉文：《中国社保"碎片化制度"危害与"碎片化冲动"探源》，载《甘肃社会科学》2009 年第 3 期。

这些都需要通过科学设计的监管体制来明确政府、参保人、市场三个利益相关主体的责、权、利。我国养老基金整体上是落后于实际发展需要的,其中在投资监管领域表现得更为突出。如前文所述,对于监管权的配置、监管机构权限的划分这些最为基本、也亟待回答的问题,只有《社会保险法》中第 78 条、第 79 条、第 80 条作了原则性的规定,实践中各个监管单位的权责并没划分清楚,存在大量的空白和重叠交叉。《社会保险法》又规定社会保险监督委员会对当地的社会保险基金有监督权力,社会保险监督委员由用人单位代表、参保人员代表、工会代表、专家成员等组成。"全国社会保障基金条例"目前在拟定中,迟迟未出台。

4. 监管人员不足

各国养老基金监管机构工作人员的配备与该国的养老基金市场结构和监管模式、监管方式有很大程度的相关性。以企业年金为例,人力资源和社会保障部社会保险基金监督司仅有 5 名工作人员负责企业年金的法规起草、资格认定、合同备案、基金统计、市场监管、部门协调等工作。① 随着基本养老保险基金"做实"和投资入市,企业年金规模增长、全国社会保障基金国家投入更多,专业性监管人员需求量将会大大增加。

(二)专业化监管权配置体制是我国养老基金投资监管必然的选择

我国养老基金整体发展水平还是比较低的,本书第一章详细叙述了各种养老基金的规模、存在的问题。在我国,养老基金投资监管体制之所以迟迟没有确立,最为重要的原因就是养老基金投资规模并不大,并没有引起足够的重视。随着我国越来越大规模

① 王强:《中国企业年金监管体系制度构建研究》,西南财经大学 2009 年博士学位论文,第 59 页。

的养老基金投资入市,养老计划更加多样性和复杂性,养老基金基础制度发育更加完善,养老基金监管体制自然会摆上议事日程,而且即使是设计好的体制,也并不是一成不变的,它会随着内外环境尤其是养老基金的发展而变化。

如前文所述,一体化监管体制具有规模经济和范围经济效应,但基于我国金融业目前“分业经营、分业监管”的体制,银监会、证监会、保监会和中国人民银行分别监管不同的业务。虽然从长远来看,金融混业经营是必然的趋势,但由于金融改革的复杂性和金融监管体制的历史依赖性,当前的金融监管体制现状在短时间内不可能有大的变动。养老基金投资涉及多种投资工具的资产组合,必然需要不同的金融服务,金融业“分业经营、分业监管”的现状决定我国不可能在养老基金投资监管领域采取统一监管模式和部分一体化模式。另外那些即使实行一体化监管权配置的国家,在具体实施时也注重专业建设。专业化监管能更好地针对养老基金投资领域,也是全球养老基金监管的发展方向,所以我国建立专业化监管体制是必然趋势。

(三)养老基金专业化监管权配置体制之下我国监管主体设计

1. 构建专门的监管主体

养老基金投资监管主体是指对养老基金投资实施监管的政府机构和准政府机构。不同的监管体制之下监管主体体系的设置不同。在统一监管体制之下,将养老基金投资监管纳入金融监管体系中,养老基金投资监管主体隶属于金融监管主体,是局部与整体关系,如澳大利亚的审慎监管局是负责金融监管主要机构,由其专门负责对养老基金投资运营进行监管。如上文所述,专业化监管体制将会是我国比较务实和可靠的选择,在此背景之下,可供选择的监管组织框架有以下几种:一是不改变原有的监管框架,而是继续由全国社会保障基金理事会对全国社会保障基金投资运营进行监管，职工基本养老保险基金和企业年金则主要由人力资源和社会保障部门进行监管，改革的方向是加强各监管主体之间的合作。二是建立统一的监管机构，统一对各种类型的养老基金甚至社保基金投资运营进行监管。

第一种是在原框架内进行调整，不会较大面积地触动部门利益，所以遇到的抵触也会少，转制成本低，所以改革阻力会相对小些。但是，首先，监管最根本的问题之一养老基金管理权和监管不分离的局面无论怎么改都无法根本解决，监管的独立性就很难保证；其次，协调机构也不容易构建，信息流动很难通畅；最后，养老基金投资往往是一个整体而且具有类似性，如职工基本养老基金就有部分委托给全国社会保障基金理事会监管，但如果由不同监管机构监管，在监管目标、监管手段和监管要求方面肯定也会有较大的差别，这样会带来混乱和不公平性。

相对而言，建立统一的监管机构对养老基金乃至社保基金投资运营进行监管是目前我国比较理想的选择。首先，能克服养老基金管理权和监管不分离的局面；其次，监管机构的统一使一些稀缺资源得以共享，并且统一监管不同类型的养老基金，产生规模经济和范围经济效应；再次，统一监管机构原则上可以避免"政出多门"导致的政策不一致和监管重叠、监管缺位，也更容易分清责任；最后，能有效利用人力资源，有利于缓解当前养老基金监管的专业人才缺口比较大的局面。虽然建立统一监管机构会触动现行的利益格局，改革推进会遇到较大阻力，但从监管效果和长远角度来看，建立统一监管机构将是我国必然的选择。

在专业化监管体制大方向确定之后，究竟由哪个机构专门实施养老基金投资监管将是我国养老基金投资领域中最为紧迫的问题。面对监管碎片化的现状，建议组建中央集中监督机构，该机构直接对国务院负责，对全国社保基金、城镇职工基本养老金、企业年金等各类养老基金和社保基金的投资运营实行统一监管，负责制订我国养老基金投资发展规划，通盘考虑和制定养老基金投资法律、法规、协调监管政策和监管标准，检测和评估养老基金投资管理机构整体风险，集中收集信息，统一调动监管资源。考虑到精简机构或者业务类似性，可以将其他社保基金也统一由该机构来监管，如果再进一步考虑，这个机构也可以负责对养老基金的其他环节如计划发起和养老基金发放进行监督。具体来讲，建议成立社保基金监督局，其接受国务院领导，具有较大的自主权，负责对包括社保基金在内的养老基金投资管理机构从市场准入到退出的全程性监管。在社保基金监管局之下设立精干、专业的监督业务局，具体监督养老基金投资的各项业务，接受养老基金投资的各项报表，为监督委员会行使职责提供服务。在中国社会保障基金监管局作为主导的同时，人力资源和社会保障部、全国社会保障基金理事会、国家税务总局和银监会、证监会、保监会以及中国人民银行也要根据不同监管职责参与其中。其中国家税务总局主要是对养老基金的税收优惠进行监督。

2. 统一规则，完善养老基金投资监管投资法律制度的立法体系

如同前文所述，完备立法是养老基金投资监管有效运行的前提之一，其他养老基金发达国家的养老基金改革都是以法律形式固化改革成果的。针对目前养老基金投资监管主体“多头管理、令出多门”的现象，应当出台超越部门规章的正式法律来对养老基金投资乃至包括养老基金的缴纳和发放环节进行规制。借鉴国外经验，将各种类型的养老基金均纳入养老金法或养老基金监管法的规范之中，这是避免无序、整合养老基金产业的必经之路。对此，必须统一养老基金投资规则，在此阶段尤其要推进养老基金投资入市，设计出职工基本养老基金投资运营制度，要让其尽快能进行

投资运营。

具体而言,首先,必须提高我国养老基金投资监管立法的前瞻性。美国《1974 年雇员退休收入保障法》到现在都在适用,没有明显的变化。相反中国的很多法律特别是金融法律、法规变动大,这和我国经济大环境有关,但立法缺乏前瞻性也是重要因素。当前在我国基本经济政策已经确立,整个金融监管体制也非常明朗,养老基金改革方向已经明确的前提下,要克服立法的短视现象,在立法的过程中要为养老基金产业发展预留充分的空间。其次,要尽量提高立法层次。人们在评价某个国家养老基金业发展的成熟度时,往往以该国基金业立法状况为参考物,其中立法层次是重要的指标。[①] 层次越高的法律,在制定之初往往获得更多的关注,相关部门也投入更多的精力,其权威性和延续性也能得到更有力的保障。另外,立法层次高的法律稳定性会更强,可以避免朝令夕改的局面。最后,要加强养老基金投资监管立法之间的衔接性。因为养老基金投资涉及多个领域,分为三个层面:一是保证专门的养老基金监管法律法规及规章制度的统一,我国养老基金碎片化和制度碎片化现象更加凸显了这个问题。在立法初期,相关主管部门就应对养老基金业法律体系进行全面论证,相关立法要着眼于建立规范基金业发展的法律体系,而不仅仅是简单地制定一部或几部单行法律、法规。二是保证专门法律法规及规章制度与普遍意义上法律法规及规章制度之间的衔接性。通常来说,基金立法与信托法、证券法、合同法、社会保险法等方面的法律、法规关系密切,它们之间应当保持一致性并做好衔接。三是提高养老基金监管立法的可操作性,对一些重要的法律制度作翔实、准确的规定。

---

① 方桂荣:《投资基金监管法律问题研究》,重庆大学 2008 年博士学位论文,第 38 页。

3. 养老基金专业监管权配置体制之下的监管协同机制构建

(1)养老基金监管协同机制的含义。金融监管领域协调与合作是我国的热门话题和学界热点研究方向,但其含义尚无明确的界定,实务界和学界有监管协调和监管协同不同的提法。“协调”在百度百科上的解释是“配合得当、和谐一致”,静态上是指事物保持的一种状态,从动态上来看,是指通过组织管理使各部门、各系统相互配合。“协同”有相互配合、同心合力的意思,它来源于德国斯图加特大学教授赫尔曼·哈肯(Hermann Haken)创立的协同学(Synergetics)。协同学的核心内容是研究各系统从无序过渡到有序状态的相似性以及大量子系统组成开放系统内部发生的“协同作用”。所以罗嘉(2004 年、2009 年)、邓大松和吴小武(2005 年)、李连友(2008 年)等也提出了协同监管和协同机制的观点,认为协同包括协调与合作。为了更加准确和精简,协同在监管领域中提法更为科学。① 养老基金投资市场涉及货币市场、资本市场或者说国内市场、国际市场,对养老基金投资监管涉及多个主体,因而养老基金监管必然是一个大系统,有多个子系统共同发挥作用;同时,养老基金投资监管作为金融监管的一个子系统,在其中占据着一个重要的角色。所以说养老基金投资监管中各个主体的协调与合作,用监管协同的提法涵盖面更广泛,也更加严谨些。由于本书将养老基金监管界定为狭义上的监管,在这里养老基金投资监管协同机制可以定义为养老基金投资监管过程中,各监管主体在明确各自监管职责和目标的前提下,为保证养老基金投资安全,提高监管整体效率而建立的相互配合、协调的组织模式和运行机制。

---

① 邓大松、吴小武:《协同论在企业年金基金风险监管中的应用研究》,载《武汉金融》2005 年第 5 期。

养老基金投资具有跨地区、跨部门、跨市场的特性。现代金融领域在经济全球化背景下是没有边界的，经济全球化的核心就是金融的全球化。作为金融的一部分，养老基金投资早就跨出国界，在全球市场谋取利益，日本的养老基金可以投资中国A股。许多国家的养老基金对海外投资限制都在逐渐放开。另外，养老基金投资是组合投资，它投资的产品涉及多个市场，主要是资本市场。养老基金投资跨地区、跨部门、跨市场的特性使如何对其监管成为各国政府的难题。其中，养老基金的很大一部分比例被投资到金融创新工具上，金融创新多发生在不同金融业务的交叉处，不同金融分类的中介界限模糊。综合以上原因，养老基金投资风险加大，需要不同层面的监管配合，这就需要金融监管协同机制有效地发挥作用。

养老基金投资监管协同主要体现在两个方面：一是养老基金投资监管专门机构之间的协同；二是养老基金投资监管专门机构与金融监管机构之间的协同。第一层次法律层面，由法律规定养老基金投资监管协同的基本框架和原则性要求；第二层次是参与养老基金投资协同机制的机构之间签署谅解备忘录，对法律中难以细化的具体事宜，如职责分工、信息的收集与交流及工作机制等作出明确的规定；第三层次是在操作层面上做出的一系列安排，包括管理层任职、建立委员会和具体监管业务的安排。

(2)完善我国养老基金投资监管协同机制的建议。首先，要建立协同监管的工作机制。无论是在实行一体化监管权配置的国家还是在实行专业化配置的国家，都注重监管的协调和合作，协同机制包括常规性的会议和一些非正式的安排，其中监管机构之间签订的协议和谅解备忘录是最为灵活的协同机制。我国在多个监管机构签订谅解备忘录确立监管机构之间及各种监管活动的信息共享机制，这种制度安排在降低重复监管及合规成本的同时，还能增强法规执行的力度,并能促进养老基金监管机构依法运作。同时,还要建立养老基金监管机构和其他养老基金投资行业主体之间的定期会晤制度。其次,建立信息共享平台。监管信息无法共享甚至相互保密,会造成效率低下、资源浪费。养老基金机关协调的第一步就是要建立国内统一的养老基金监管信息平台,确定信息共享的具体内容,明确区分信息的层次和流向,不同监管机构能适度共享监管信息。在信息共享的具体内容上要制定统一标准,包括统一的格式要求,避免不同的监管者收集同样的数据,减轻监管者的负担。同时共享的信息不仅是一般的财务报表,还应有分析报告。目前人力资源和社会保障部正在着手进行养老金信息平台建设,全国统一人力资源和社会保障电子政务“金保工程”一期已经于2012年验收,2013年全国所有的身份都实现了连接到部级养老保险跨地区转移平台。[①] 建立这个平台,说明我国有关部门注意到信息共享的重要性,但目前构建的平台主要是为了养老保险关系转移将更加及时和简便,从而为流动人员提供更快捷的服务。在不同监管者之间建立信息共享机制也是养老基金发达国家共同的经验,如澳大利亚在审慎监管局和其他监管机构间实现信息共享,不仅能提高监管效果,而且能降低被监管的成本,不需要重复上报各类材料。利用科技手段开发出信息平台或在人力资源和社会保障部原有平台的基础上增加投资监管内容,并开放给相关监管机构,实现适度信息共享将是监管者需要考虑的问题。需要指出的是,开发新的平台或者在原有平台的基础上增加项目肯定会需要投入,会造成某个时间段内监管成本增加,但从长远来讲,一旦信息共享机制形成和信息交流渠道增加,总成本肯定会下降。

---

① 《养老保险统一信息平台年内全覆盖》,载 http://theory.people.com.cn/n/2013/0219/c49156-20527271.html,最后访问日期:2016年9月11日。

小结

养老基金投资监管作为一个规则体系,监管权是这一体系的核心。养老基金投资监管权不同于一般的行政权,本质上是为了公共利益的公共权力,虽然各国养老基金投资监管权的设置不同,但一般都拥有规则制定权、审批权、日常监控权、调查取证权和干预权。养老基金监管权配置是一国有关养老基金监管机构的设置、职责权限的划分及其协作配合的一种制度。从世界范围来看,监管权配置基本上可以分为一体化、专业化和部分一体化三种体制。对澳大利亚、智利、英国和美国四个典型的国家养老基金投资和监管权配置体制进行分析,可以看出监管的专业化、独立性和法制化是不同监管权配置体制共同发展的趋势。我国当前监管呈碎片化状态,监管不能独立和立法相对落后是监管权配置体制的主要问题,由于我国金融监管"分业经营、分业监管",再加上养老基金投资发展落后,根据世界监管权配置整体发展趋势,实行专业化监管权配置体制是我国的必然选择。在专业化监管权配置体制之下建议组建中央集中监督机构作为养老基金投资监管主体,该机构直接对国务院负责,对全国社会保障基金、城镇职工基本养老金、企业年金等各类养老基金和其他类型社保基金的投资运营实行统一监管,集中收集信息、统一调动监管资源,并负责制订我国养老基金投资发展规划,通盘考虑和制定养老基金投资法律、法规、协调监管政策和监管标准。

第三章　养老基金投资监管模式的国际发展及对我国的启示

模式一般来讲属于方法论范畴，是人们从不断重复的事件中发现并抽象出来的规律。不同于金融监管模式①的概念，养老基金投资监管模式按照监管者对养老保险投资比例和资产组合的控制程度来划分，养老保险基金投资监管可分为数量限制监管（Quantitative Portfolio Regulation，QPR）和审慎人规则（Prudent Person Rule，PPR）两种模式。监管模式是影响养老基金投资收益和金融市场发展的重要因素，而投资收益和金融市场发展反过来决定着养老基金制度是否能获得成功。养老基金投资监管模式的选择和一国或地区的金融市场发展程度、养老基金投资管理人治理和监管水平有着

① 从不同的角度出发，可以将金融监管模式划分为几种类型，即机构监管、功能监管与目标监管；多头监管与统一监管；规则监管与原则监管。

直接关系。我国在养老基金投资之初实施的是严格数量监管模式,近年有逐渐扩大投资范围、放开投资限制的趋势,随着更大规模的养老基金投资“入市”和我国金融市场的发展,监管模式及其配套措施必须做相应的调整。

一、养老基金投资监管模式的分析比较

(一)养老基金投资监管的两种模式

1. 养老基金审慎人规则

“prudent”有慎重、顾虑周到、精明的意思。法律史学家梅特兰(Maitlalld)曾说过,历经数百年发展起来的信托理念是英国对法学领域做出的最大贡献,它是普通法皇冠上最灿烂的宝石。[①] 审慎人规则就来源于英美法系国家的信托法,按照审慎人规则的要求,受托人在管理受托财产过程中要像对待自己的财产一样小心谨慎。如同1830年哈佛大学诉艾莫里案(Harvard College v. Amory)[②]中的法官所说:“受托人应当履行忠诚、谨慎义务,如同一个谨慎、明智、有智慧的人管理自己财产一样,不是投机而是涉及永久性财产的处分,考虑到可能收益时更要注重本金的安全。”[③]审慎人规则是

① 程赤:《中国信托创新研究——基于信托功能视角的分析》,西南财经大学2008年博士学位论文,第47页。

② 约翰·麦克莱恩于1823年10月23日去世后,将3.5万美元和一栋房产留给了他的妻子安·麦克莱恩,同时以信托方式委托给乔纳森·艾莫里和弗朗西斯艾默利5万美元,要求他们投资到安全并具有良好收益的股票、银行存款或其他财产中,并将季度或半年奖投资收益支付给他的妻子。在他的妻子死后,基金一般捐给哈佛大学支持那些“古现代史的教授”,其余部分捐献给马萨诸塞州综合医院的受托人。作为活的受托人,弗朗西斯艾默利于1828年请辞。哈佛学院和马萨诸塞州综合医院起诉他,因为他所投资的钱注册成立制造和保险公司包括波士顿制造公司与梅里马克制造公司。学院和医院称,这一选择的投资是投机性和疏忽。在判决中,法院认为弗朗西斯不需要为损失承担责任,大法官塞缪尔·普特南发表了以上意见。

③ Galer, Russell, “Prudent Person Rule Standard for the Investment of Pension Fund Assets”, *Financial Market Trends* 83, 2002, pp. 41 – 75.

信托制度的精髓,但它并不是信托制度独有的,实际上审慎人规则被广泛应用于信托法以外,如代理原则、公司董事、监护、合伙人等广泛领域。另外,审慎人规则也被应用于养老计划和基金管理的各个阶段和层面,但本书探讨的仅是养老基金投资领域。

由于信托制度具有弹性设计和广泛适用范围,其几乎被应用到社会生活的方方面面,在社会保障基金管理中也不例外。甚至有学者认为,信托制度在今天最重要的用途之一就是为退休者提供制度框架。随着信托制度被作为养老基金投资制度框架的基础,审慎人规则自然而然地被移植到养老基金投资领域。最初主要是通过判例法的方式确立,但现代法律制度中更趋向于成文法,如美国《1974 年雇员退休收入保障法》和英国《1995 年养老金法案》都将审慎人规则写入其中。澳大利亚《1993 年养老保险行业监督法》将养老基金审慎人规则定义为:在所有事项的行为中诚实守信,在处理与养老基金实体相关事项时,像一个普通审慎的人对待自己的财产那样小心、勤勉,受托人职责和权利使用以受益人的利益最大化为目标。[①] 养老基金审慎人规则最大的特点是对养老基金的投资比例和资产配置不做具体要求,投资管理人在审慎人规则范围内拥有广泛的自由裁量权。具体来讲,在审慎人规则模式之下,对养老基金投资监管的重点是投资决策过程和管理人行为是否符合审慎人规则,而不是具体的资产组合和投资结果。审慎人规则更注重行为而不是结果,因此审慎人规则关注的是一个受托人或信托行为是怎样勤勉地履行他的职责,包括这些行为决策是怎样做出的。这就是说受托人判断不是通过回顾性而是他们在履行职责是否遵守一个合理的程序。正如美国一个法庭认为:“询问的焦点不是信托行为的是否成功或失败,而是他怎样做出的。”

---

① Australian Superannuation Industry (Supervision) Act 1993.

"在当代的范式中,没有投资是不审慎的,投资工具和产品都是中性的,它们投资方式以及决定是怎样做的,这些都是检验是否符合审慎人的标准。即使是最为激进和非传统的投资方式也可能是审慎的,如果它符合这个标准,相反,传统投资也可能不是审慎的。"①

审慎人规则倡导者认为,这种监管模式具有高度的灵活性,能让市场机制投资组合和配置方面发挥主导作用。相对于数量限制监管,养老基金投资审慎人规则有以下几个特点:第一,养老基金审慎人规则关注投资管理人的投资行为和决策过程,通过测试投资管理人投资决策过程进行,来确定其行为是否是"谨慎的、专业、勤勉的";第二,从投资范围来讲,判定一个投资决策是否符合"审慎"要求不是对单个投资的比例和类别的限制而是从投资的整体判断,即使单个投资投了高风险产品,但如果整体符合"审慎"要求,就不会判定其违反审慎人规则;第三,更加注重投资管理人的内控和治理结构,审慎人规则要求监管机构对养老保险基金投资的内部控制有关信息要有更为严格的信息披露要求,以促使投资管理人更加充分地进行信息披露,提高其运作的透明度,同时注重投资管理人的诚信义务;②第四,强调资产配置多样化,通过分散投资来降低组合风险,审慎人规则允许投资管理人在坚持多样化的前提下,实行投资的自由选择。③

2. 数量限制监管

"Quantitative Portfolio Regulation"直译为"数量投资组合监

---

① Drucker, Peter F., *The Unseen Revolution: How Pension Fund Socialism came to America*, Elsevier, 2013, p. 89.

② Davis, E. Philip, Yuwei Hu, "Should Pension Investing be Regulated?", *Journal of Pension Economics and Finance* 4, 2009, pp. 34 – 40.

③ 朱小川:《英美资产管理业谨慎人原则及其发展》,载《中国货币市场》2011 年第 9 期。

管”,简称数量限制监管。数量限制监管是指监管者对养老基金投资到特定资产的数量和比例做直接限制,通常是对高信用风险或低流动性的投资产品进行最高限制,如股票、风险投资、不动产,同样也限定海外资产,同时对投资到风险低的产品作最低规定,如银行存款和购买国债。数量限制监管被更多具有民法传统的欧洲国家采用,如德国就规定养老保险基金投资上市股票不能超过30%,不动产不能超过25%,自我投资不能超过2%。① 一些资本市场不发达、监管落后的国家也多采用此种模式。

安全和一定可接受风险下的投资收益是养老基金投资的主要考虑因素。数量限制监管倡导者认为这种模式在控制养老保险基金投资组合的整体风险的同时,也能降低运营成本。首先,数量限制监管对控制由某一类资产的投资风险而引起的投资损失具有显著成效,还可以抵御同类型的风险,如流动性风险;其次,数量限制监管通过对投资组合的比例、投资结果的检测就能发现是否符合要求,比审慎人规则更容易检测和核实,能降低监管机构的监管成本。

(二)审慎人规则要优于数量限制监管

1. 数量限制监管的弊端

欧盟委员会曾经如此评价数量限制监管:“以最优化资产配置和证券选择程序方式行事的结果可能导致风险和收益的次优抉择。”数量限制监管以直接限制特定资产的数量和比例而控制养老保险基金投资组合的整体风险,菲利普·戴维斯在《审慎人规则或数量限制——长期投资者投资组合的监管》中详细归纳了“数量限制”规则的缺陷和不足,即主要表现在以下几个方面:一是在风险

① Davis, E. Philip, Yuwei Hu, “Should Pension Investing be Regulated?”, *Journal of Pension Economics and Finance* 4 ,2009, pp. 30 – 40.

和回报的优化理论,投资管理人很可能会将保持资产组合放在效率前面,具体投资表现是他们一般会选择持有高比例的国债和国内资产,这可能使资产组合在有效边界之下无法实现最优化的资源配置;二是投资管理人会过分关注单一资产的风险和流动性,但是实际上流动性和风险依赖于所投资的全部资产状况,而非所持有单个资产的流动性;三是数量限制监管缺乏灵活性,不能随着经济环境、证券、货币和不动产市场的变化及时调整投资组合,反应滞后于市场的变化;四是如果数量限制监管限制使用衍生工具或工具,这些资金就会投到低回报或高风险的产品中。① 另外,如果严格地执行数量限制监管,投资管理人就会只关注是否合法而忽视如回报、风险控制等其他有益的目标。②

数量限制监管不仅对养老基金投资收益和风险有影响,而且OECD 认为它对整个国家或地区的经济影响也是负面的。首先,如果投资管理人主要的职责是满足资产组合数量限制,机构投资者不会任命那些通过投资股票和国际投资取得高回报和低风险的有能力投资经理,数量监管也使投资管理人间的竞争由广泛领域转变为有限领域的恶性竞争,养老保险基金投资的行业本身将会得不到充分的发展。其次,数量限制监管会扭曲资本配置,特别是导致资本无效配置及对非上市股份和风险资本投资限制,阻碍中小企业的活力,妨碍经济增长和国民就业。

2. 不同监管模式投资业绩比较

戴维斯(2002 年)对 OECD 七个成员国(原来的四个实施审慎

---

① Davis, E. Philip, "Prudent Person Rules or Quantitative Restrictions? The regulation of Long-term Institutional Investors' Portfolios", *Journal of Pension Economics & Finance* 1. 2,2002,pp. 157 – 191.

② Davis, E. Philip, Yuwei Hu, "Should Pension Investing be Regulated?", *Journal of Pension Economics and Finance*4 ,2009,pp. 34 – 40.

人规则的成员国和三个实施数量限制监管的成员国）1980～1995年的养老保险基金收益情况进行了统计分析，研究发现大部分实施审慎监管的OECD成员国都取得了较高的收益和承担较低的风险，如实施审慎人规则的成员国实际回报率是7.8%，而数量限制监管的只有5.8%（具体见表6）。[①] 当然，从经验角度来检视一国监管方式的优劣需要更加谨慎，因为经常会使用一些短期的数据，而且是在通常没有考虑风险和其他影响因素，如偿付能力和会计规则的情况下。

表6　养老金投资组合收益估算（1980～1995年）

	名义回报	标准偏差	真实回报	标准偏差	真实回报	标准偏差
英国	15.8	8.7	9.8	9.7	5.9	12.8
美国	13.2	9.2	8.4	10.9	4.5	11.8
德国	9.7	7.0	6.7	6.9	6.0	5.9
日本	8.9	9.1	6.9	9.4	4.4	10.2
加拿大	12.4	10.0	7.5	10.6	4.8	10.0
荷兰	9.2	6.3	6.3	6.7	4.6	6.0
瑞典	11.5	15.2	4.9	15.9	2.0	13.1
平均	11.5	9.4	7.2	10.0	4.6	10.0
审慎人	11.9	8.7	7.8	9.5	4.8	10.2
审慎人（日本例外）	12.7	8.6	8.0	9.5	5.0	10.2
限制	10.6	11.1	5.8	11.4	4.0	9.5

① Davis, E. Philip, "Prudent Person Rules or Quantitative Restrictions? The Regulation of Long-term Institutional Investors' Portfolios", *Journal of Pension Economics & Finance* 1.2, 2002, pp. 157－191.

二、养老基金投资监管模式的国际发展趋势

(一)由严格数量限制监管逐渐向审慎人规则过渡并相互融合

在数量限制监管模式下,监管当局只需要设定数量标准,并且在监督过程中只要核查相关投资主体是否符合此标准,监管过程和结果都易控制,监管成本也相对较低。因而,对于养老保险基金处于发展的初期或者是金融市场不发达、监管条件不成熟的国家来说,数量限制监管是一个合乎实际的选择。该模式有利于控制基金投资风险,最大限度地保证养老保险基金投资的合规性和广大受益人的利益。但由于数量限制监管本身的缺陷,不仅会损害养老保险基金投资目的的实现,长此以往还会扭曲金融市场、损害整个金融市场的活力。这些负面作用使一些严格数量限制监管的国家逐渐放松限制,逐渐部分或全部过渡到审慎人规则模式。如瑞士养老保险基金在投资股票、债券、抵押借款和不动产方面一开始有严格数量的限制,但自 2000 年以后,养老保险基金投资如果能证明符合瑞士《企业养老条例》和瑞士《幸存和伤残福利计划》中有关"审慎"投资的政策,就可以超越数量的限制。到目前为止,瑞士约有 80% 以上的养老保险基金适用审慎投资人规则。[①] 还有一些国家则完全过渡到审慎人规则模式,如日本。

但如果进一步研究世界各国养老保险基金投资监管的具体实践,就会发现这两种监管模式通常是密不可分的或者说相伴而行,我们说的实施审慎规则监管的国家,通常是以审慎监管为主的国家。因为即使是在实施审慎人规则最典型的国家如英国,其在审

---

① Micocci, Marco, Greg N. Gregoriou, Giovanni Batista Masala, eds., *Pension Fund Risk Management: Financial and Actuarial Modeling*, CRC Press, 2010, pp. 156 - 159.

慎人规则的基础上也融入了数量限制的因素：规定养老保险基金对单个共同基金投资比例不得高于10%，单个投资管理人投资基金比例应小于25%。[①] 而实施数量限制监管的国家一般都对投资管理人有"审慎"要求，并且它们对于规定范围和比例限额内的资产进行投资时通常也是基于"审慎人规则"进行专业评估，反复论证，谨慎决策。如丹麦、芬兰、德国等实施数量限制监管的国家，它们对投资于国外资产的实际比例与监管法规允许的投资上限比例之间有着较大的"弹性空间"(headroom)，平均为17.5%，而意大利养老保险基金国外投资的"弹性空间"则高达33%。[②]

(二)在审慎人规则中引入风险性监管措施

养老保险基金风险性监管的理念移植于银行监管经验，最早可追溯到银行预警系统的发展，1980年美国建立的"骆驼"评级系统是其早期代表。在20世纪90年代，由于金融改革和养老保险基金市场的变化，两种监管模式都不同程度地出现了问题，即监管当局和相关指标市场敏感度低，往往对风险的识别不够及时，相应的监管措施滞后于市场发展。IOPS (International Organization of Pension Supervisors)2005年颁布了《私人养老金监管十项原则》，其中第五项原则——风险导向，已经明确提出养老金监管力求将最可能的风险控制在最低水平，应以风险导向监管为目标，监管要有事先性，按照比例方法，及时发现、避免并干涉可能出现的严重问题，并使用可以最大化监管结果价值的工具。一些国家的监管当局相继摒弃不必要的高成本的监管法规和手段，提出一系列以风险性监管为基础的规则，如资本充足率、信息披露等，并引入了灵活、适用的风险导向监管方法模型，这在澳大利亚、美国、丹麦、

① Yermo, Juan, "Survey of Investment Regulation of Pension Funds", Paris: Organization for Economic Cooperation and Development (2003).

② Ibid.

荷兰等国取得了良好的效果。

以澳大利亚为例，面对着人口老龄化的压力，澳大利亚对养老保险制度进行了改革，它于20世纪90年代初推行了强制雇主缴费养老保险，随后建立了对养老保险基金的投资运营审慎监管框架。随着金融监管模式的转变和监管机构的重组，养老金基金监管框架在过去的20多年间得到不断的修正。虽然一些"审慎人"的基本理念还得以保留，但在监管中更强调审慎微观和细节层面，如规定所有的受托人必须通过APRA（Australian Prudential Regulation Authority）的许可，所有取得养老金基金受托人资格的必须事先登记，而在此之前只有那些管理公共基金的受托人才需要许可。同时规定最低资本制度。在监管过程中除衡量传统的分散投资来识别风险外，还建立了PAIRS（the Probability and Impact Rating System）和SOARS（the Supervisory Oversight and Response System）模型来完成对风险的识别、评估和控制。①

（三）"审慎人"的标准不断提高

现代意义上的信托制度源于英国的"尤斯"（USE）制度，其设立目的是防止英国国王没收人们赠予教会的遗产（主要是土地），信托制度在出现的很长一段时间内受托人的职责都是简单地持有财产，保护其不受侵害即可。随着信托管理财产的功能增强，审慎注意义务内容不断地发展，从限制信托财产的投资种类、投资数量和投资工具限制的"法定投资清单"发展到一个投资范围的弹性标准，允许受托人灵活地选择投资种类的"审慎人规则"，再到现代意义上的"审慎人规则"。如果将"审慎人"标准分为三个阶段：第一阶段要求"审慎人"符合大众标准的"普通人"即可，第二阶段需要

---

① Thompson，Graeme，"Risk-based Supervision of Pension Funds in Australia"（2008）.

的是专业人士和专业机构,第三阶段中标准需要具有"专家"般的个人能力水平。

养老基金的"审慎人"标准同样也在不断地提高,美国《1974年雇员退休利益保障法》(ERISA) 具备"熟悉养老基金事务的谨慎之人……的技能",因而受托人"不能仅仅像一个普通人管理自己事务那样管理退休基金,他必须像一个熟悉这种事务(fami1iar with Such matters)的人那样行事。然而,一个普通的、小心的管理人可能并不具备必要的知识和技能,对养老基金和养老金计划的管理和投资事务并不'熟悉',从而不符合根据 ERISA 要求的专家的标准"。① 英国《2004 年养老金法案》对受托人的能力水平提出了更为详细、明确的要求,如果是个人作为养老金计划受托人,该人必须精通信托事务、养老金计划规则、养老金计划的投资声明和积累原则,以及任何被受托人采纳的记录有关养老金计划管理的文件;同时,受托人还必须具有对养老金和信托的法律以及养老金积累和投资原则的知识和理解。② 综观世界上其他实施"审慎人规则"的国家,其对"审慎人"的标准也是在不断地提高,这种现象不仅是法律文字的表述,更多的是环境需要。一方面,养老基金的规模越来越大,这给社会、经济带来的影响也越来越大;另一方面,全球化下的市场,特别是金融市场复杂性和风险性前所未有,受托人在享有自由裁量权的同时必须具有与之匹配的能力,法律对受托人的能力要求不断提高,需要与之相关专业技能、知识、必要设备和信息渠道、人员构成等。美国法官在一个案件中说:"一颗纯粹

---

① Employee Retirement Income Security Act,载 http://www.dol.gov/compliance/laws/comp-erisa.htm,最后访问日期:2016 年 8 月 23 日。

② Pension Act 2004,载 http://www.legislation.gov.uk/ukpga/2004/35/contents,最后访问日期:2015 年 7 月 9 日。

的心和一个空空的大脑是不够的。”①

(四)进行多样化资产配置分散风险

法律限制消除不了风险,风险只能通过分散来消除。② 任何一种单个投资工具都无法达到风险与收益的最佳平衡,在分析各种类型的投资时都强调“不要把鸡蛋放在一个篮子里”,这就是现代资产投资组合理论,它在投资风险管理中扮演着重要角色。养老基金作为一种长期资本,必须通过资产配置分散风险,通过长期投资降低风险。美国经济学家、诺贝尔奖获得者马可维茨(Markowitz)创立了现代投资组合的选择理论,他分析了家庭和企业在不确定的条件下如何支配金融资产,使财富得到最适当的投资,从而降低风险。1986年美国学者布林森、霍德等在《投资组合表现的决定因素》一文中,阐述了对大型退休基金投资组合的研究,结果显示,资产配置策略对投资组合回报的贡献为93.6%。无论在哪种监管模式之下,各国基本上都达成了共识,即资产配置在养老基金实现长期成功投资上有着非常重要的地位,市场环境反复无常,唯有通过科学的资产配置和投资组合才能有效地分散投资风险,确保收益。③

养老基金资产配置的一个原则就是多样化,即通过用大量不相关的小风险代替一种风险来减少风险。④ 资产配置多样化可以是不同类型的资产组合,如银行存款、国债、公司债券等,也可以是对某个投资资产中的细目进行组合,如限制持有一家公司股票的

---

① Springate v. Weighmasters Murphy, Inc., *Money Purchase Pension Plan*, 2002 U.S. Dist. LEXIS 16234 (C.D. Cal. 2002).

② 余雪明:《比较退休基金法》,中国政法大学出版社2003年版,第114页。

③ 胡晓荣:《养老金资产配置管理国际比较分析及其启示——兼并“养老金入市”的问题》,载《武汉金融》2013年第3期。

④ [美]曼昆:《经济学原理》,梁小民译,机械工业出版社2005年版,第171页。

比例。美国《1994 年统一谨慎投资者法》规定受托人应当将信托财产的投资多样化,除非受托人合理地认定,由于特殊的情况,信托人不实行投资多样化反而能够更好地实现信托目的。美国《1974 年雇员退休利益保障法》第 404(c)节提出了多元化投资要求,受托人必须对资产进行多元化、分散化的投资。当代资产配置的分散化投资是将传统型投资产品与另类投资产品结合起来,如将对冲基金、私募股权投资基金、期权、期货等进行匹配,在风险承受力和收益期许的前提下,进行最优资产组合。

谨慎人规则是一个具有高度灵活性的标准,能够适应现有的经济条件和当代市场和投资的需要。例如,在黄金本位制时代看起来不谨慎的投资可能在高通货膨胀时代显得安全和合理。现代受托人在他们投资权限内行使权力,对他们的评价依据现代投资组合理论的标准,该理论强调整个投资组合的风险度,而不是个别投资被单独考虑时的个别风险。① 各国在进行多元化资产配置的同时,根据养老基金性质注重整体规划和安排,一般来讲,DB 型养老计划投资选择时必须考虑资助者的经济实力、计划的给付方案、退休时间以及计划参加者的人口统计特征等;DC 型计划主要考虑的是缴费数额、基金积累时间长短、领取时间等。美国企业年金投资实证分析结果表明,战略性资产配置的最优组合主要由股票、债券和现金三类组成,股票偏重收益、债券偏重安全、现金保证流动性,会根据市场情形做相应的调整,定期重新平衡资产组合。②

(五)实行多基金计划

一国投资规则的制定取决于公共政策制定者对金融市场的判

---

① United High Court ,A decision of the Chancery Division of the High Court in the United Kingdom in the case NESTLE vs. National Westminister Bank PLC,June 29,1988.

② 陈星:《美国企业年金投资与监管研究》,中国地质大学出版社 2013 年版,第 36 页。

断。一些国家在严格数量限制的同时，也会制定更具灵活性的政策，其中拉美多个国家在2000年后积极推行多基金计划。养老基金投资中的多基金计划是将缴费者的个体差异（风险厌恶、年龄、财富等）和投资风险组合，为计划参加者提供具有差别投资政策的基金，使其能够根据风险偏好和距离退休时间的长短做出最优选择，以确定基金投资中的各项资产投资比例，平衡投资者和缴费者的风险。以智利为例，2002年智利创立了"多基金"计划，计划提供了A、B、C、D、E五类基金，这五类基金主要的区别在于权益类投资工具的最高和最低投资比例不同，导致风险和回报不同组合的投资策略，对于如A类基金最高位80%、B类基金最高位60%，随着比例逐渐减少，E类基金只允许5%。智利法律规定养老金公司有义务提供B、C、D、E四类基金，A类由其自愿提供。但从历史上来看，所有的养老基金公司都提供了全部五种类型的基金。参加者可以自由选择基金存入储蓄，也可以在基金之间转移他们的缴费余额。但养老金领取者和那些临近于可以领取养老金年龄的参加者的选择权受到限制（见表7）。① 秘鲁在2005年建立了类似的多基金计划，按照风险程度分为三种，即基金1、基金2、基金3，2006～2010年基金2获得了年均化8.8%的实际回报率，基金1和基金3分别获得6.2%和21.8%的实际回报率。墨西哥和哥伦比亚分别在2007年和2009年建立了相应的多基金计划。多基金计划运行产生了良好效果，与每个参加者的年龄和风险评估相符合，更好的账户管理制度对各类基金的汇报产生了积极影响。西班牙甚至将这种基金多元化过程视为该地区养老基金现代化的基础。②

① Vergara, Jose Luis Ruiz, *The Chilean Annuity Market*, Diss. University of Pennsylvania, 2009.

② ［西］何塞·路易斯·埃斯克里瓦、爱德华多·富恩特斯：《拉美养老金改革：面临的平衡与挑战》，郑秉文译，中国劳动社会保障出版社2012年版，第66页。

表 7　智利"多基金"计划

基金类型	低于 55 岁的男性 低于 50 岁的女性	56 岁及以上的男性 51 岁及以下的女性	退休人员
A 类基金	适用	不适用	不适用
B 类基金	适用	适用	不适用
C 类基金	适用	适用	适用
D 类基金	适用	适用	适用
E 类基金	适用	适用	适用

三、我国养老基金投资监管模式的改革：逐步引入审慎人规则

（一）我国现行养老基金投资监管模式及其改革的必要性

1. 我国现行养老基金投资监管模式

我国当前进入市场进行投资运营的养老保险基金，主要是全国社会保障基金和企业年金基金，还有部分地区委托给全国社会保障理事会的基本养老保险基金，如最近讨论比较多的广东省将千亿元基本养老保险基金委托给全国社会保障理事会进行投资运营。养老基金市场化运作模式通常可以分为信托型和契约型，随着我国相关法律、法规出台，我国已初步确立了通过信托模式来构建企业年金和部分全国社会保障基金投资体制，如企业年金不能由企业和职工自己管理，必须交给符合条件的企业年金受托人进行投资管理。但与信托相关的审慎人规则对我国广大投资者来说还是一个相对陌生的概念，我国现有的立法体系中对审慎人监管只有原则性规定，如《信托法》第 25 条规定"受托人应当遵守信托文件的规定，为受益人的最大利益处理信托事务。受托人管理信托财产，必须恪尽职守，履行诚实、信用、谨慎、有效管理的义务"，《债券投资基金法》也有类似的规定。但养老保险基金审慎人规则在我国基本上还处于理论层面，法律也只有原则性规定，可操作性

也不强,司法实践中也似乎很难找到合适的理由和依据来处置某些"不审慎"的行为。

实践中,根据2001年财政部与劳动和社会保障部(今人力资源和社会保障部)颁布实施的《全国社会保障基金投资管理暂行办法》,全国社会保障基金投到银行存款和国债投资的比例不得低于50%,其中银行存款的比例不得低于10%,在一家银行的存款不得高于社保基金银行存款总额的50%;企业债、金融债投资的比例不得高于10%;证券投资基金、股票投资的比例不得高于40%。相比全国社会保障基金,2011年人力资源和社会保障部与银监会、证监会、保监会联合颁布的《企业年金基金管理办法》稍微放松了数量限制,但也有具体数量限制,在该办法第48条中规定投资银行活期存款、中央银行票据、债券回购等流动性产品以及货币市场基金的比例,不得低于投资组合企业年金基金财产净值的5%,投资债券正回购的比例不得高于投资组合企业年金基金财产净值的40%等。2013年人力资源和社会保障部在《关于扩大企业年金投资范围的通知》中增加了商业银行理财产品、信托产品、股指期货等风险性较大的产品。从上可以看出,如果说立法上对审慎人规则有原则性规定,实践中则完全实行的是严格数量限制监管。2015年8月23日国务院颁布的《基本养老保险基金投资管理办法》对养老基金投资到特定资产的数量和比例直接予以限制,其中股市投资比例有严格限制(不超过30%),同时也引入部分审慎监管与风险措施。①

2. 我国养老基金投资监管模式改革必要性

审慎人规则是一个重要的信托法原则,在其他非信托的资产管理中,许多国家的法律同样也要求受托人行为审慎。在我国的

① 参见《基本养老保险基金投资管理办法》第六章的内容。

养老基金投资管理制度构建框架中,信托管理模式已成为主流,引入审慎人规则将是一个必不可少的环节。首先,如果在我国养老基金投资监管中成功引入审慎人规则,那么养老基金投资管理人与受益人对此就建立了直接的法律关系,养老基金投资管理人就会对受益人产生忠信义务,有助于维护收益人的权益。在我国企业年金基金投资管理构架中,受托人在其中扮演着核心角色,投资管理人等其他管理人都由受托人选聘和监督,一旦受托人串通合谋或疏忽懈怠,在对其他管理人监督不力的情况下,基金所有人或受益人对此没有直接的法律约束手段。其次,"审慎人规则"一方面扩大了基金投资管理人的投资自主决定权,使之能更为灵活地制定投资政策,赋予了养老基金投资管理人更大的决策权,这很可能会带来更高的投资效益;另一方面审慎规则强调投资管理人多样化投资、风险管理和信息披露,它能更好地防范风险,有利于养老基金的保值、增值。前文也阐述了那些实行审慎规则的国家养老基金投资收益要高于数量限制国家就是一个好的例子。最后,在全球金融监管反思过程中,多个国际组织和各国监管改革都将审慎监管纳入改革的核心议题之一,在整个金融监管中都强调微观审慎监管和宏观审慎监管的有机结合,因此将审慎人规则引入养老基金投资监管中将是一种顺应潮流的做法。

(二)我国养老保险基金投资引入审慎人监管的挑战

前文分析了审慎人规则要优于数量限制监管,因此多数实行数量监管的国家都逐渐引入了审慎规则。但审慎人规则需要具备一些基本条件,如成熟的资本市场、审慎人的司法共识、有效监管手段和方法等。从这些方面来衡量,我国借鉴审慎人规则还存在很多挑战。

1. 缺乏审慎义务的具体标准

审慎人规则来源于有信托法传统的国家,它一方面赋予了忠信义务人广泛的自由裁量权，另一方面用有效的法律机制约束义务人的行为。审慎人义务具有法律不完备的特征，法律对所有可能造成损害的行为没有准确、详细规定或者规定不清，对行为结果限定宽泛。① 因为审慎人义务通常只规定“在当时一个处于同样地位、熟识该等事务之谨慎之人从事相同性质和目的的事业时所运用的注意、技能、谨慎与勤勉”或“以养老金计划参与人和受益人的利益为唯一目的来处理信托事务”，但到底什么样的具体行为才满足谨慎人要求，法律中没有进一步的具体说明，含义也非常宽泛，通常不易根据条文语言清楚判断行为的合法性。从法律移植的角度来看，法律不完备程度越高，法律移植的有效性越低，因为法律无法详尽无遗地规定一切细节，不完备的法律不能够通过法律条文的文句提供直接、明确的行为指引。

正如前文所述，我国当前对审慎义务的规定都是原则性的，实践中实行的是严格数量限制监管。审慎是一个形容词，必须要有相应的参照标准才能真正使用。如《企业年金基金投资管理办法》第46条规定，企业年金基金投资管理应当遵循谨慎、分散风险的原则，但对具体什么是“谨慎、分散风险”该办法并没有具体界定，在其他立法中也同样如此，我国现行法律体系中并没有规定审慎义务的具体参照标准。因此，由于没有法定的行为标准，将会很难客观界定养老基金投资者是否履行义务，再加上我国社会诚信缺失，如何将原则性的审慎原则具体化，并且取得公信力将会成为引入审慎人规则最为重要的前置性问题。

2. 监管手段、方法的落后

养老基金投资监管手段主要包括法律手段、技术手段、行政手

---

① [美]卡塔琳娜·皮斯托、许成刚：《不完备法律——一种概念性分析框架及其在金融市场监管发展中的应用》，载《比较》2002年第3期。

段和经济手段，不同国家、不同时期采取的手段都不一样，如市场体制健全的国家更多采取法律手段，而市场体制不发达的国家则以行政手段为主。① 养老基金投资涉及养老基金投资机构的市场准入、投资业务运营和市场退出等环节，合理匹配监管方法是有效监管的前提之一。如前文所述，审慎人规则对适用规则不够明确，所以对监管手段、方法要求较高，从实行审慎人规则国家的现状来看，也是如此。我国目前金融监管方式总体比较单一，监管手段以直接监管和外部监管为主，科技应用水平比较低，无法实现实时监控，从而导致监管成本高、效率低，影响监管效果。② 作为金融监管一部分的养老基金投资监管，监管手段和方法比一般金融监管还要落后，监管手段以行政手段为主，存在监管方法落后、信息获得途径单一等问题。

3. 我国司法环境

我国总体上属于大陆法系国家，一般强调法律条文的清晰、完备，法律适用方面要求严格遵循法律规范的构成要件，法官的自由裁量权相对较小并在制度设计方面对此抱以高度戒备之心。③ 在此大背景下，我国的法律适用局限于法律条文，严格限制法官“造法”。而审慎人规则在个案中常常需要运用自由裁量权作出决断，在特定环境中由裁判者对审慎义务加以具体化和解释。法院作用发挥的效果优劣，除审判权层面的原因外，还与人们对法庭的信任程度密切有关。④ 司法的公信力在我国还有很多问题，整个司法环

---

① 李成：《金融监管学》，西安交通大学出版社2007年版，第75～76页。

② 徐孟洲：《金融监管法研究》，中国法制出版社2008年版，第258页。

③ 李欣宇：《养老基金管理人谨慎投资义务研究》，中国政法大学2008年博士学位论文。

④ ［美］卡塔琳娜·皮斯托、许成刚：《不完备法律——一种概念性分析框架及其在金融市场监管发展中的应用》，载《比较》2002年第3期。

境制约着审慎人规则的应用。

(三)我国借鉴审慎人规则的发展设计

1. 借鉴投资组合理论、适度扩张投资权

随着我国金融市场的发展,投资监管允许投资组合多元化,逐步放宽对养老保险基金投资品种的限制,拓宽投资渠道、投资范围。适当降低银行存款和国债投资的最低比例限制,并适当地放松高风险资产数量限制,如设定全国社会保障基银行存款和国债投资的比例不得低于30%,投资于不动产、私募股权、银行贷款等产品的比例不得超过养老保险基金总资产的30%等,允许养老保险基金更多地投入股票、公司债券和资产支持的证券,并可尝试少量投资风险投资公司。其次,应逐步放宽养老保险基金对国际资产的投资限制,这样不仅有利于养老保险基金灵活地调整其资产组合结构,促进养老保险基金投资组合的多样化,有效降低投资风险,而且有利于提高我国对外开放水平,以便更好地适应国际资本市场一体化的发展需要。

从总体上来看,当前我国的金融市场还比较落后,制度建设还不健全,再加上养老保险基金设立的时间还比较短,基金性质差异也比较大,投资运营经验也比较缺乏。但从拉丁美洲特别是智利的经验来看,并不需要在所有的监管和金融条件都具备的情况下才启动,而是一个“边学边干”的过程,一开始就应该建立一套保守的监管制度,但要逐渐推进改革,使之具有更大的灵活性。①

在这种情况下,我国对养老保险基金投资实施严格的数量限制监管,将“安全”置于“效率”之前在情理之中。但从长远角度来看,面对未来沉重的人口压力,即使风险性较低,如果投资效益过

① [西]何塞·路易斯·埃斯克里瓦、爱德华多·富恩特斯:《拉美养老金改革:面临的平衡与挑战》,郑秉文译,中国劳动社会保障出版社2012年版,第291~292页。

低也会造成偿付能力不足的危险。同时如果现阶段立即取消投资数量限制,有可能会导致以分散风险、追求利益最大化为借口,盲目将养老保险基金投资到国外资产和股票等高风险资产,使其陷入巨大投机风险当中,这将会带来灾难性后果。因此,我们不宜在全国社保基金、企业年金基金乃至将来可能开展投资活动的各地社会保障基金中,“一刀切”地全面采用谨慎人义务,也不宜完全放弃数量限制规则的规定,比较可行的做法是适度放开数量限制,由严格数量限制监管逐步向审慎人规则过渡。同时还要考虑不同性质、不同层次养老基金的差异性,如基本养老保险基金的社会统筹基金主要用于当期退休人员的退休金支付,对于这部分养老基金应当实行数量限制监管,不宜进行长期和风险较大的投资;相对于统筹账户基金,个人账户基金可以实施混合监管;而作为养老第二支柱的企业年金则可以放宽投资限制,实行审慎人规则。根据不同的养老基金的性质和风险收益要求而进行不同的监管,既有助于降低养老基金的整体风险,也能为大范围地实施审慎人规则积累一定的经验。

2. 加快审慎人规则法律体系的建设进程

我国审慎人规则的理念还没有融入司法理念中,最直接的表现就是《民法通则》等基本法律中缺乏对审慎人规则的相关规定,最近 10 多年“审慎”义务或“谨慎”义务的概念才出现在我国资产管理界。[①] 尽管《信托法》和《债券投资基金法》对受托人和管理人都提出审慎要求,但基本上都是宣言性的,尚未有实施细则和相关司法解释。我国在适度放开养老基金投资数量限制、逐步过渡到审慎人规则的同时,要加快审慎人规则法律规范体系的建设进程。

---

① 朱小川:《英美资产管理业谨慎人原则及其发展》,载《中国货币市场》2011 年第 9 期。

在具体方案上可以采取多种方式。如考虑《信托法》和《债券投资基金法》已有"审慎人"的规定,可以颁布实施细则细化这些规定,也可以修改《社会保险法》及其实施细则,加入审慎人规则内容。如果考虑时间性和出台法律的权威性,可由相关监管部门联合制定审慎人规则的具体实施办法。

3. 具体界定养老基金投资管理人的审慎义务

一方面,审慎人规则在赋予义务人较大的自由裁量权的同时也必须对其有明确的约束机制,我国养老基金投资审慎管理法律规定过于宽泛、原则,无法有效地指导实践。另一方面,养老基金投资审慎人规则最为重要的特点就是让管理者享有一定的自由决策和处置的权利,这就决定法律不能规定得过于详细和标准,需要一定的模糊地带。这就意味着对养老基金审慎义务界定需要一定的"度",主要表现在以下几个方面:第一,区分专业管理人审慎义务和一般管理人的审慎义务履行标准。通常来讲,养老基金投资管理人都应当具有专门的知识和技能,养老基金委托人将资产委托给相关管理人,一方面是基于对管理人品质的信赖,另一方面更多的还是对其专业能力的认可。所以养老基金投资管理人审慎人义务的标准是专业标准,可以做如下定义:养老基金应当遵循谨慎、分散风险的原则,如同一个谨慎的投资人投资养老基金资产,但专业管理人应当运用专门知识和技能。第二,细化养老基金投资的具体要求。第三,确立养老基金履行审慎投资义务的判断依据。

4. 建立有效的风险预警机制,尽早引入风险性监管

在世界银行的参与下,世界上许多国家都建立了基于风险的养老基金监管体制。风险性监管有利于提高监管效率,降低监管成本,其专注于高风险环节,将有限的监管资源用在最需要的地方。养老基金在投资运营中要受到外部很多因素的影响,通常这

些影响都有潜伏期,因此风险监管的思路是监管部门对养老基金投资运营的监管一般是日常监管、事前监管和事后监管。在具体方法上,主要通过现场和非现场监督,对所获得的综合信息进行分析,逐步进行检验测试,将投资主体划分为正常、基本正常、有问题、有严重问题的主体等不同的风险类别。对于正常和基本正常的主体,监管机构主要关注其共性的问题;对于有问题的主体,监管当局可以提出质疑并要求其整改;对于有严重问题的主体,监管当局可以对其接管或求助。我国要借鉴其他国家的经验,开发合适的监管工具和评价系统,实施以风险为导向的养老金监管体制。

5. 建立多基金投资计划

多基金计划是拉丁美洲养老基金制度改革的重要组成部分,[①]如上文所述,该计划实行得非常成功,以至于西班牙银行将其视为该地区养老金现代化的基础。我国可以尝试建立多基金计划,特别是在最为基础性也最为重要的养老基金——职工基本养老基金个人账户基金中建立多基金计划。可以根据固定收益、股票、风险值限制及参保人的年龄不同组合设计出三种或五种基金,如果未选择其中的任何一种,监管机构可以将资产转移到与其年龄相匹配的基金中。同时超过一定年龄的参保人只能投资到最为保守的基金中,不能投资股票或其他高风险产品。多基金计划有助于将参保人的年龄和风险评估结合起来,也能推进投资工具的多元化,使投资工具从高度集中于政府固定收益类的产品向衍生品、股票、海外投资等方向转变。

小结

按照监管者对养老保险投资比例和资产组合的控制程度,养老

---

① Blake, David, et al.,"Decentralized investment management: Evidence from the Pension Fund Industry", *The Journal of Finance* 68.3, 2013, pp. 1133 – 1178.

保险基金投资监管可分为数量限制监管（Quantitative Portfolio Regulation，QPR）和审慎人规则（Prudent Person Rule，PPR）两种模式，审慎人规则从总体上要优于数量限制监管，许多实行严格数量限制监管的国家正逐步过渡到审慎人规则，并引入风险导向监管措施。审慎人的标准也在不断提高。同时不管是审慎人规则还是严格数量监管，都注重投资组合理论和多基金计划的应用。目前我国养老保险基金投资实行的是严格数量限制监管模式，对养老基金投资投向和比例进行严格限制，其中最为严格的是股票和海外市场。

随着我国更大规模的养老保险基金需要投资运营和金融市场发展，必须适度地放开数量限制，逐步制订审慎人规则。在我国的养老基金投资管理制度构建框架中，信托管理模式已成为主流，制订审慎人规则将是一个必不可少的环节。如果在我国养老基金投资监管中成功引入审慎人规则，那么养老基金投资管理人与受益人就建立了直接的法律关系，养老基金投资管理人就会对受益人产生忠信义务，有助于维护受益人的权益。但我国目前缺乏审慎义务的具体标准，同时监管手段和司法环境落后制约着审慎人规则的应用。制订审慎人规则策略是建立相应的规则体系，实践中注意投资组合理论的应用并适度扩张投资权，同时要加快审慎人规则法律规范体系的建设进程，界定养老基金投资管理人的审慎义务，建立有效的风险预警机制，尽早制订风险性监管措施。

第四章 养老基金投资市场准入监管法律制度

现代经济体制中市场准入是无处不在的,只有那些具备相应的民事权利能力和行为能力的主体才能进入特定市场。养老基金投资市场准入制度是第一道"门槛",监督主体通过发放许可证、执照等方式,可以把不合格的主体排除在市场之外;同时市场准入制度通过控制市场中投资主体数量,避免过度竞争,保护既有投资管理者的经营权,有利于维护养老基金投资市场的稳定。但"市场"本质是自由开放的体系,它主张私权利和个体利益,"准入"则更多地体现国家干预经济权力,因而市场准入制度是权力介入权利实施干预的生动再现。[①] 一国或地区的市场准入制度涉及该国或地区是否合理、适度地干预经济,对相关行业的组建和主体规范行为起着核心作用。

① 戴霞:《市场准入制度研究》,西南政法大学2006年博士学位论文,第37页。

一、养老基金投资市场准入规制的界定与目标

(一)养老基金投资多层次信托治理模式下的市场准入之界定

"Market Access"或"Market Entry"最早产生于国际贸易领域,它涉及一国或地区的市场开放程度,关税和非关税贸易壁垒是最为常见的控制手段。"市场准入"一词最早出现在《中美市场准入谅解备忘录》(1992 年)中,后来被广泛运用到官方文件与学术研究中,现已经成为我国法学、经济学等领域一个约定俗成的专业术语。国内意义上的"市场准入"是对企业或其他主体进入特定领域或地方的市场从事活动施加限制或禁止的规制或制度,[①]它关注的是国家对特定市场开放程度和市场秩序的管控,直接体现国家宏观调控战略的需要。具体到养老基金投资市场,市场准入的规制对象是分权制衡的多层次信托投资治理结构下经营不同养老基金投资业务范围的受托人、投资管理人、托管人、账户管理人等。[②] 养老基金投资市场准入规制是进入养老基金投资市场的法律或政策壁垒,形成壁垒的主体是政府或授权机构如人力资源和社会保障部、全国社保基金理事会等,它以限制、禁止为常态,养老基金投资受托人、投资管理人、托管人、账户管理人等只有符合政府的许可才能进入投资市场。养老基金投资准入除要求相对人符合一般许可条件之外,对其还有很多特别的限制,所以进入养老基金投资管

---

① 史际春:《经济法》(第 3 版),中国人民大学出版社 2015 年版,第 159 ~ 161 页。

② 分权制衡的多层次信托投资治理结构一般表现如下:养老基金计划建立时,应当确定基金受托人;然后由受托人选聘具有资格的投资管理人、账户管理人、托管人,分别对养老基金进行投资运营、账户管理、基金托管,形成相互监督、互相制衡的分权制衡的治理结构。具体来讲,就是账户管理人主要负责核对养老基金的缴费数据,其不接触基金资产;投资管理人主要负责基金的市场化运作,没有权利支配基金;托管人主要负责对基金的保管和投资管理人的监督,但没有支配基金的权利。表现为"管钱的不摸钱、摸钱的不管钱"的制约机制。

理市场可以分为两个阶段:第一阶段,相对人依照相应的经营类别登记设立,成为在中国境内注册的独立法人或其他组织,它们大部分都是经国家金融监管部门批准设立的各类金融企业,但不包括自然人,自然人不具备养老基金投资管理人遴选资格;第二阶段,由人力资源和社会保障部或者全国社会保障基金理事会等主管部门对符合条件的申请机构进行最低标准审查、优中选优评审,最后颁发相应资质证书。第一阶段可以界定为一般意义上许可,第二阶段体现养老基金投资主管机关和市场主体之间的监督和被监督关系,它属于与资格许可与特别许可,本书也聚焦于此。

(二)养老基金投资市场准入规制的目标

1. 选择合适的养老基金投资管理机构

养老基金行业规模巨大,涉及绝大部分社会成员利益。从资本形态来看,它又是长期资本,基金投资运营改革在于分享经济发展成果的同时促进资本市场的发展。但鉴于养老基金本身的社会属性,其更加注重投资安全性,如何在风险既定的条件下寻求最大收益,这既取决于基金本身的投资策略也决定于有效规制措施。市场准入规制主体通过发放许可证、执照等方式,选择能够适应复杂多变的金融市场主体进入养老基金投资领域,防范养老基金投资风险。通过设置一定条件遴选适合的养老基金投资机构,也是全世界养老基金投资共同做法。市场化改革一度成为“典范”的智利养老基金监管局就批准成立多家养老基金管理公司(Administrators de Fondos de Pensiones,AFPs),将其作为管理养老基金投资运营机构。养老基金监管局规定 AFPs 首先要符合智利公司法的要求,然后由养老基金监管当局进行可行性评估,根据管理的成员数提出不同要求,如低于 5000 个计划成员,AFPs 最低注册资本为 5000UF;如果公司管理的养老基金计划成员数量达到

5000 个以上,最低净资本上升至 10,000 UF,以此类推逐渐提高要求。[①] 澳大利亚养老基金投资在 2004 年至 2006 年制定了执照与登记制度,规定所有的养老基金受托人必须持有澳大利亚审慎监管局(Australian Prudential Regulation Authority, APRA)颁发的牌照,所有拥有受托人执照的养老基金必须登记,而在此之前,APRA 只给那些公共基金颁发牌照。[②] 由于我国养老基金投资业还处于刚刚起步阶段,金融机构本身的治理水平与金融市场规范程度比不上发达国家,养老基金投资必将面临更大的风险,因此,承担"第一道防线"作用的准入规制在遴选投资主体中的作用就显得更加重要。

2. 保持养老基金投资市场的适度竞争

养老基金投资规制的核心是对养老基金投资管理者的资格设定不同的限制性条件,这些限制性条件充分反映一国或地区对养老基金投资管理的形式、种类、规模等政策偏好。如果养老基金投资准入政策宽松,养老基金投资主体就会增加,市场集中度会降低,相应的市场竞争度会加剧;反之市场竞争则会减少。不同国家、不同领域的准入条件和宽严度存在较大的区别。一般来讲,经济发达国家、市场基础制度健全的国家准入制度相对宽松,养老基金投资领域也是如此。市场经济体制发展比较落后的国家、地区或养老基金投资处于发展初期的国家或地区,政府通常设置较严格的准入条件,通过控制进入壁垒,抑制投资主体过度进入,防止过度竞争,以保持养老基金投资市场适度规模。

同时,设立一定的进入"门槛",有利于维护市场准入规制所带

---

① Holzmann, Robert, "Pension Reform, Financial Market Development, and Economic Growth: Preliminary Evidence from Chile", *Staff Papers* 44.2, 1997, pp. 149 – 178.

② Australian Superannuation Industry (Supervision) Act 1993, 载 http://www.comlaw.gov.au/Series/C2004A04633,最后访问日期:2016 年 3 月 21 日。

来的特许价值。[①] 市场准入制度通过控制市场中投资主体数量，避免过度竞争，保护既有投资管理者的经营权，有利于维护养老基金投资市场的稳定，也有利于约束养老基金投资机构的经验风险和道德风险。养老基金投资特许权价值越高，其审慎性就会越高，因为其不会为失去特许经营权去冒险。如果准入限制相对于整个市场规模来说过于宽松，投资主体很容易进入，特许权价值就会丧失，会导致过度竞争现象。但这也是一个动态过程，如我国养老基金投资“入市”还处于起步阶段，养老基金规模并不大，如果准入制度过于宽松，在养老基金规模有限的情况下，就有可能会出现恶性竞争的局面；但随着养老基金资产规模增加，准入政策就要做相应调整。

（三）养老基金投资市场准入监管制度的主要内容

1. 养老基金投资机构（者）准入监管

机构准入监管是养老基金投资准入监管中的“第一道门槛”，多数国家和地区会从本国或本地区的具体情况出发对养老基金投资机构做出相应的限制。一般来讲，限定条件包括机构准入的形式、数量、地域等。如养老基金改革典型国家智利，养老基金管理公司（Administrators de Fondos de Pensiones，AFPs）由智利养老基金管理公司监管局（AFP Superintendencey）批准成立。按照规定，AFPs是管理养老基金投资运营的唯一私营机构，其在性质上属于有限责任公司，首先要符合智利公司法的要求，然后向监管当局养老基金管理公司监管局提交申请，内容包括业务内容和目标、业务活动战略分析、活动计划等，并附上公司出资证明等相关证明材料。申请提交后，监管当局根据相关法律要求，进行可行性评估，如果申请成功，还要对公司的资本、发起人等情况进行鉴定核实。

---

① 戴霞：《市场准入的法学分析》，载《广东社会科学》2006年第3期。

对养老基金投资主体的准入条件中最为常见的是对注册资本的限定，如智利 AFPs 最低注册资本为 5000UF，随着公司管理的养老基金计划成员数量达到 5000 人，净资本最低为 10,000 UF；7500 人时，最低资本金为 15,000 UF；1 万人以后，最低资本金为 20,000 UF。[①] 达不到上述规定，AFPs 的营业执照就会被吊销，并进入破产清算。澳大利亚养老基金投资监管政策在 2004 年至 2006 年进行了调整，加入了执照与登记制度，规定所有的养老基金受托人必须持有 APRA 颁发的牌照，所有拥有受托人执照的养老基金必须登记。而在此之前，APRA 只给那些公共基金颁发牌照，而且必须达到最低要求。[②]

2. 养老基金投资业务准入监管

业务准入监管主要是对养老基金投资机构的权利能力的认可，具体体现在机构的营业范围上，通常是经监管机构核准以后方可取得的一种资格或者权能。养老基金投资机构必须在核准范围内从事经营，核准营业范围也是养老基金投资机构准入的一项重要内容。当养老基金投资机构获准经营养老基金投资业务后，监管者也要对其营业范围进行动态监管。相应地，养老基金投资营业范围监管可以分为业务进入监管和地域进入监管。

为确保养老基金安全，养老基金投资往往设计了分权制衡的投资治理结构，尤其在养老基金投资领域广泛运用信托制度的国家。分权制衡的原则在养老基金投资中的运用主要体现在不同的机构和组织分别承担不同的业务，如我国企业年金中分别设立受托人、投资管理人、托管人、投资管理人角色，对于这些角色分别有

---

① Supnerintendency of Pension Fund Aministrators, The Chilean Pension System (Fourth Edition), 2003, p. 101.

② Australian Superannuation Industry (Supervision) Act 1993，载 http://www.comlaw.gov.au/Series/C2004A04633，最后访问日期：2012 年 3 月 21 日。

不同的要求,形成了相互制衡的治理机构。如作为投资管理人的基金公司动不了钱,作为托管人的银行虽然能掌握资金却不能作投资的决定,以确保养老基金安全。虽然这些机构同为养老基金投资机构,但不同的业务准入条件是不一样的,并且要严格划出界线。首先,资产分离制度,即投资机构的资产要和养老基金资产分离,即使投资机构破产,也不会波及养老基金;其次,即使经营两种以上业务的投资机构,后来要在管理机构和人员、账户上相互独立。这就会出现养老基金投资机构是多样化经营还是专业化经营的问题。以企业年金为例,一开始主张专业化经营,限制一家机构同时获得多张牌照,但第二次资格认定工作结束后,监管当局的政策意图似乎发生了变化,出现多家拥有三张牌照的金融机构,甚至还出现了拥有全部四张牌照的金融集团。

3. 养老基金投资从业人员准入监管

影响养老基金投资业绩的原因是多方面的,但与投资管理人员特别是起着核心影响力的高级管理层无疑有着直接关系。虽然企业对自己要聘用的员工有自主决定权,聘用属于私权利的范畴,但由于信息的不对称及惩罚机制的后置性,政府对关系社会公共利益的企业高级管理人员的从业资格作了限定条件。对高级管理人员的监督,一般从管理人员的能力、品质和信誉角度来考察。

(1)养老基金投资从业人员监管对象。在任何类型的企业中,职位越高的人意味着其在这个企业产生的影响越大,所以很多监管制度将从业人员资格审查的对象定位于中高级管理人员,如我国《公司法》就专章规定了公司董事、监事和高级管理人员的资格条件。依据中国人民银行 2000 年颁布实施的《金融机构高级管理人员任职资格管理办法》,其将金融机构高级管理人员界定为金融机构法定代表人和对经营管理具有决策权或对风险控制起决定性影响的工作人员,主要包括董事长、副董事长,监事长,总经理、副总经理等。[①] 养老基金投资经营特点决定了投资机构的管理高层对养老基金投资会产生重大影响，管理中层甚至一线人员的业务能力和道德水平对养老基金投资风险控制、投资收益也起着关键性作用。因此，养老基金投资从业人员的监管不仅包括高层管理人员，而且包括养老基金投资业的其他从业人员。

（2）养老基金投资从业人员资格标准。养老基金从业人员标准是对从业人员要求的内容，它的目的是保证养老基金投资机构有能力履行其职责，在监管机构制定相关标准时要尽可能明确、客观、具有可操作性。第一，学历要求。虽然学历和能力并不能相对应，但学历属于信号系统。一定的学术经历和专业训练是进行科学管理、专业分析和理性决策的基础。[②]对养老基金投资高级管理人员需要设定一定的教育背景要求。《金融机构高级管理人员任职资格管理办法》中对金融机构从业高管的学历要求是要具有本科以上学历，那么养老基金投资从业人员可以参考金融机构的相关规定。当然在设定具体要求时可以留下一定弹性空间。第二，职业经历与业绩。职业经历和工作业绩是从业人员能力的证明，也是评价拟任职人员合格与否的指标之一。不同于我国台湾地区，中国大陆对金融机构高级管理人员任职资格对其业绩没有要求，但要求在金融行业从业 6 年以上，或从事经济工作 9 年以上（其中在金融行业从业 3 年以上）。第三，业务培训与考试。金融业从业人员有各种各样的业务培训和资格认证，养老基金投资从业人员如果仅有其他金融业务的学识和经验是不足以胜任基金投资业务的要求的，必须对养老基金投资管理和经营人员进行专业培训并进行考核。第四，无禁止事项。类似于公司法和其他领域

---

① 参见《金融机构高级管理人员任职资格管理办法》第 3 条和第 4 条。

② 李勇：《信托业监管法律问题研究》，中南大学 2006 年博士学位论文，第 19 页。

的法律,贪污等经济犯罪、对企业重大损失负领导责任、个人负有较大债务、弄虚作假和违反公序良俗等事项的个人不得担任养老基金投资高级管理人员。

二、我国养老基金投资准入监管制度现状与问题分析

我国现行养老基金投资市场准入监管实行先设定最低资质标准后,再进行优中选优的资格认定机制。虽然我国的职工基本养老基金投资基本制度还未建立起来,但将来准入制度的设计肯定也会是在现有的框架内,借鉴企业年金和全国社会保障基金的相关制度。

(一)我国养老基金投资准入监管制度现状

1. 最低资质要求

(1)企业年金基金投资机构准入条件。与人力资源和社会保障部发布的《年金基金管理机构资格认定暂行办法》相比,2011 年人力资源和社会保障部、银监会、证监会、保监会联合颁布的《企业年金基金管理办法》大幅度提高了企业年金受托人和账户管理人要求,将受托人注册资本从不少于 1 亿元人民币提高到 5 亿元人民币,账户管理人从注册资本不少于 5000 万元人民币增加到 5 亿元人民币,2015 年又修改相关规定,将注册资本要求删去了。具体见表 8。[①]

① 参见《企业年金投资管理暂行办法》(2015 年)。

表8　企业年金基金投资准入情况

投资参与者	机构准入标准	业务准入标准	管理人员准入标准
法人受托人	1. 经国家金融监管部门批准，在中国境内注册的独立法人； 2. 具有完善的法人治理结构	1. 具有符合要求的营业场所、安全防范设施和与企业年金基金受托管理业务有关的其他设施；2. 具有完善的内部稽核监控制度和风险控制制度；3. 近3年没有重大违法违规行为	取得企业年金基金从业资格的专职人员达到规定人数
账户管理人	1. 经国家金融监管部门批准，在中国境内注册的独立法人； 2. 具有完善的法人治理结构	1. 具有相应的企业年金基金账户信息管理系统；2. 具有符合要求的营业场所、安全防范设施和与企业年金基金账户管理业务有关的其他设施；3. 具有完善的内部稽核监控制度和风险控制制度；4. 近3年没有重大违法违规行为	取得企业年金基金从业资格的专职人员达到规定人数
托管人	1. 经国家金融监管部门批准，在中国境内注册的独立法人； 2. 具有完善的法人治理结构	1. 设有专门的资产托管部门；2. 具有保管企业年金基金财产的条件；3. 具有安全高效的清算、交割系统；4. 具有符合要求的营业场所、安全防范设施和与企业年金基金托管业务有关的其他设施；5. 具有完善的内部稽核监控制度和风险控制制度；6. 近3年没有重大违法违规行为	取得企业年金基金从业资格的专职人员达到规定人数

续表

投资参与者	机构准入标准	业务准入标准	管理人员准入标准
投资管理人	1. 经国家金融监管部门批准,在中国境内注册,具有受托投资管理、基金管理或者资产管理资格的独立法人; 2. 具有完善的法人治理结构	1. 具有符合要求的营业场所、安全防范设施和与企业年金基金投资管理业务有关的其他设施;2. 具有完善的内部稽核监控制度和风险控制制度;3. 近3年没有重大违法违规行为	取得企业年金基金从业资格的专职人员达到规定人数

(2)全国社会保障基金投资机构准入条件。全国社会保障基金理事会负责全国社会保障基金的管理,从每年公布的报告来看,超过一半的基金资产由全国社会保障基金理事会自己负责运营,剩下的则委托给有资质的投资管理人和托管人进行投资管理。根据《全国社会保障基金投资管理暂行办法》,全国社会保障基金的投资管理人和托管人最低资质要求见表9。①

① 参见《全国社会保障基金投资管理暂行办法》。

表 9　全国社会保障基金准入情况

投资参与者	机构准入标准	业务准入标准	管理人员准入标准
社保基金投资管理人	1. 在中国注册，经中国证监会批准具有基金管理业务资格的基金管理公司及国务院规定的其他专业性投资管理机构；2. 基金管理公司实收资本不少于5000万元人民币，在任何时候都维持不少于5000万元人民币的净资产。其他专业性投资管理机构须具备的最低资本规模另行规定；3. 具有完善的法人治理结构	1. 具有2年以上的在中国境内从事证券投资管理业务的经验，且管理审慎，信誉较高。具有规范的国际运作经验的机构，其经营时间可不受此款的限制；2. 具有完整有效的内部风险控制制度，内设独立的监察稽核部门；3. 近3年没有重大违法违规行为	有与从事社保基金投资管理业务相适应的专业投资人员
社保基金托管人	1. 取得社保基金托管业务资格、根据合同安全保管社保基金资产的商业银行；2. 实收资本不少于80亿元人民币	1. 设有专门的基金托管部；2. 具备安全保管基金全部资产的条件；3. 具备安全、高效的清算、交割能力	有足够的熟悉托管业务的专职人员

2. 资格认定机制

依据《企业年金投资管理办法》以及《企业年金基金管理机构资格认定暂行办法》，经过主管的金融监管机构（银监会、证监会、保监会）审核批准后，既有的金融机构向人力资源和社会保障部申请,再经一定数量专家进行资格评审后决定是否对其发放牌照。投资管理人资格认定是一个“优中选优”的过程,满足最低资质要求只是发放牌照的基础性条件。从另一个角度来看,资格认定过程实际上是通过对进入企业年金市场的金融机构数量和类型进行控制,影响了整个市场结构。① 全国社会保障基金投资管理人和托管人也实行类似的程序。

到目前为止,由人力资源和社会保障部牵头,在 2005 年、2007 年分别进行了两次企业年金基金投资管理资格认定。第一次认定时,共有 29 家机构获得了 37 项企业年金基金管理资格,其中 15 家获得投资管理人资格,5 家获得受托人资格,6 家获得托管人资格,11 家获得账户管理人资格。2007 年进行了企业年金基金管理机构资格的第二次认定,共有 41 家金融机构获得 61 项企业年金基金管理资格,其中共有 11 家法人机构参与企业年金受托管理,15 家获得账户管理人资格,21 家获得投资管理人资格,10 家金融机构获得托管人资格。全国社会保障基金理事会管理的基金资产总额为 11,060.37 亿元,其中全国社会保障基金理事会自己直接投资资产 6506.67 亿元,其余部分委托给其他金融机构管理和投资运营。全国社会保障基金理事会于 2002 年、2004 年、2010 年共选出 17 家境内投资管理人,并选出境外投资管理人,具体见表 10。

① 郭磊:《企业年金市场进入规制研究》,载《保险研究》2009 年第 10 期。

表 10　全国社会保障基金境外投资管理人一览

产品	管理人	英文名	投资团队所在地
美国股票	普信	T. Rowe Price	美国巴尔的摩
	英达	Intech	美国迈阿密
香港股票	研富	RCM	中国香港特别行政区
	瑞银	UBS	中国香港特别行政区
	景顺	Invesco	中国香港特别行政区
中国海外	施罗德	Schroders	中国香港特别行政区
	博时	Bosera	中国香港特别行政区
	霸菱	Barings	中国香港特别行政区
亚太除日本	马丁可利	Martin Currie	英国爱丁堡
	摩根	JP Morgan	中国香港特别行政区
	信安环球	Principal	美国得梅因
新兴市场	—	Batterymarch	美国波士顿
	摩根斯坦利	Morgan Stanley	美国纽约
	施罗德	Schroders	英国伦敦
欧洲股票	纽顿	Newton	英国伦敦
	富达	Fidelity	美国波士顿
全球发达	英国保诚	Prudential	英国伦敦
	威灵顿	Wellington	英国伦敦
资源类股票	天达	Investec	英国伦敦
	加拿大皇家银行	RBC	加拿大多伦多
	宏富	AGF	加拿大多伦多
	摩根	JP Morgan	英国伦敦

续表

产品	管理人	英文名	投资团队所在地
不动产股票	AEW	AEW	美国芝加哥
	安保	AMP	澳大利亚悉尼
	欧洲投资者	European Investors	美国纽约
全球发达被动	贝莱德	BlackRock	美国旧金山
	道富	SSgA	美国波士顿
香港股票被动	道富	SSgA	美国波士顿
全球所有国家被动	道富	SSgA	美国波士顿
新兴除亚洲被动	道富	SSgA	美国波士顿
债券主动	太平洋资产管理公司	PIMCO	美国洛杉矶
	联博	AllianceBernstein	美国纽约
债券被动	贝莱德	BlackRock	美国旧金山
多资产配置	路博迈	Newberger Berman	美国纽约
	摩根	JP Morgan	英国伦敦
	瑞士隆奥	Lombard Odiez	瑞士日内瓦
	施罗德	Schroders	英国伦敦
新兴市场本币债	实港	Stone Harbor	美国纽约
	梅隆资产管理	Standish	美国波士顿
	巴黎资产管理公司	BNP	法国巴黎
	Blue Bay	Blue Bay	英国伦敦

(二)我国养老基金投资准入规制之分析

1. 对规制者缺乏有效约束难以防范“权力滥用”风险

按照养老基金投资准入制度设计,人力资源和社会保障部负责遴选企业年金投资管理机构,全国社会保障基金理事会负责基本养老基金、全国社保基金投资机构的遴选。人力资源和社会保障部或全国社会保障基金理事会在遴选之前会公开发布公告,邀请符合条件的投资主体参加遴选,申请机构进入待选的"长名单"中,然后进一步考察进入"长名单"的机构综合条件,经过专家评审、部门审核等程序,最后获得养老基金投资管理资格。当前突出问题是人力资源和社会保障部、全国社会保障基金理事会等规制者在准入规制中"自由裁量权"过大,其权力难以受到有效约束。一是规制角色设置存在瑕疵,突出表现为全国社会保障基金理事会既充当全国社保基金、基本养老基金的受托人,又是基金投资管理人资格遴选主管部门,同时还是部分社保基金的直接投资人。这种多重角色集一身不符合权力制衡理念,可能导致全国社保基金、基本养老基金投资管理人资格遴选形式化,而且作为基金直接投资角色还会存在与其他机构的竞争情况,存在极大的道德风险。二是准入制度的制定与实施集于一身导致"法律空洞"。[①] 从《企业年金投资管理办法》到《全国社会保障基金条例》再到《基本养老保险基金投资管理办法》,主持起草法律的单位也是这些法律的执行者,总体看来这些法条比较宏观、不具体,对执法部门有较大的授权,如《企业年金投资管理办法》对投资管理人要求中有"具有符合要求的营业场所、安全防范设施和与企业年金基金投资管理业务有关的其他设施",对这条认定就需要人力资源和社会保障部制定操作细则进一步解释。但执行部门在制定操作细则时往往又进一步扩大了自己权限,2017 年 6 月人力资源和社会保障部发布了人力资源和社会保障部办公厅《关于企业年金基金管理机构资格

---

① 邢会强:《政策增长与法律空洞化——以经济法为例的观察》,载《法制与社会发展》2012 年第 3 期。

延续有关问题的通知》，对31家在2017年7月到期企业年金投资管理人进行审查，通知中类似“申请报告陈述不够清晰、不完整”“在市场和业内形象负面”等条款仍然是模糊不清，执法主体可以自由裁量；而且，实施细则超越上位法的现象也时常发生，如通知规定“公司治理、决策机制持续不健全，或者企业年金管理制度、风险控制制度持续不完善”，这在《企业年金投资管理办法》及第一次、第二次资格复查中都没有。三是缺乏责任追究机制。在《企业年金投资管理办法》《基本养老保险基金投资管理办法》《全国社会保障基金条例》中虽然都有专门章节规定责任追究机制，但针对的是养老基金投资管理机构，对人力资源和社会保障部或其他主管部门未作任何规定。养老基金投资准入规制专业性非常强，而且养老基金投资涉及众多受益人、普通大众利益，仅仅依据《行政许可法》第7章对行政许可机关责任的概括规定显然不能约束养老基金投资准入行为。事实上从2003年第一批养老基金投资人获得资格开始，没有一起相关的行政复议或诉讼，连媒体、公众的质疑声音都没有。缺乏责任追究制度的法律、法规等于“空头支票”。

2. 数量规制目标不明确妨碍构建合理养老基金投资市场规模

理想准入规制通过控制一定数量的养老基金投资机构进入市场保持适度竞争、消除恶性竞争，但究竟什么是合理的养老基金投资市场结构，什么是适度竞争却没有任何界定，所以会导致政策措施的多变与矛盾。原劳动和社会保障部在2005年进行了首次企业年金基金投资管理机构资格审查工作，共有29家金融机构获得了37项企业年金管理资格，其中有8家机构获得双牌照，没有哪一类机构能够独立开展全部业务。这样的安排使得不同角色之间互相制衡，从而降低委托代理风险，还可以防止某个企业年金基金管理机构势力过大而抑制竞争的可能性。但由于我国企业年金整体规模较小，众多机构竞争有限的资金显得“粥少僧多”，而且企业年金基金计划也无法承担“分散式”经营模式下的成本，之后出现的管理机构之间的恶性竞争局面说明我国企业年金数量规制效果并不理想。[①] 2007 年第二次资格认定时，监管当局对数量规制政策作了修正，出现多牌照金融机构，监管当局似乎又倾向于“捆绑”模式，多家金融机构获得了三张甚至全部四张牌照。[②] 如 2011 年人力资源和社会保障部联合“三会”修改了《企业年金基金管理办法》，其中大幅度提高了企业年金受托人和账户管理人注册资本金要求，将受托人注册资本从不少于 1 亿元提高到 5 亿元，账户管理人从注册资本不少于 5000 万元人民币增加到 5 亿元人民币。但 2015 年人力资源和社会保障部在新修改的《企业年金基金管理办法》《年金基金管理机构资格认定暂行办法》中删去了最低注册资本要求。如果第一次修改是提高准入条件，限制进入年金投资市场数量，2015 年突然取消最低注册资本要求，就很难去解释，因为从 2011 年到 2015 年企业年金市场并没有发生根本性变化。目前我国企业年金市场共有 31 家金融机构获得 10 张受托人、21 张投资管理人、17 张账户管理人、10 张资金托管人牌照（多家为 2 张或 3 张牌照）；[③]全国社会保障基金有 17 家境内投资管理人、40 多家境外投资管理人；[④]基本养老保险在 2016 年 12 月遴选出 21 家证券投资管理人、4 家资金托管人，[⑤]不过遗憾的是没有任何主管部

---

① 杨燕绥、鹿峰、修欣欣：《中国养老金市场公共治理——企业年金市场恶性竞争成因分析》，载《西安交通大学学报》（社会科学版）2011 年第 3 期。

② 郑秉文：《企业年金受托模式的“空壳化”及其改革的方向——关于建立专业养老金管理公司的政策建议》，载《劳动保障世界》2008 年第 2 期。

③ 郑秉文主编：《中国养老金发展报告 2016》，经济管理出版社 2016 年版，第 21 页。

④ 郑秉文主编：《中国养老金发展报告 2015》，经济管理出版社 2015 年版，第 19 页。

⑤ 《基本养老保险基金证券投资管理机构评审结果公告》，载 http://www.ssf.gov.cn/yljjtzgl/201612/t20161206_7195.html，最后访问日期：2017 年 1 月 16 日。

门出面说明它们是否是恰当的均衡结构。

3. 退出制度不完善有损于投资市场流动性

市场准入对应着市场退出，没有“退出”，“准入”实际上也难以为继。在市场主体之间的创新竞争中会不断地有落后主体被淘汰，同时也会有新的主体不断进入，而这种持续不断的市场主体进入和退出，是经济增长的源泉和动力。① 养老基金投资市场退出是指养老基金投资主体退出养老基金投资领域，丧失作为养老基金投资主体资格。如果说养老基金投资市场准入监管是“第一道防线”，将合适机构遴选出来，退出监管则是最后的“防火墙”，它是将原来具备条件、现处于竞争劣势地位以及在市场中严重不守规则的主体清出市场，防止其侵蚀养老基金资产，使市场资源得到更加合理、有效的配置。我国对养老基金投资机构退出制度构建重视不足，法律体系还没有清晰地界定养老基金投资从早期发现、制定分类处置方案到清算退出、损失分担机制的完整架构，对市场退出包括采取的退出程序、养老基金资产的交接等要素缺乏法律支持，受益人、参保人在退出中不能发出任何声音。实践中不多的退出案例也呈现出非市场化运行状况。②

4. 从业人员准入规制缺失难以体现养老基金投资的独特要求

养老基金投资管理业务最后都要落实到一个个员工身上，尤其是高级管理人员身上。《全国社会保障基金投资管理暂行办法》

① 陈颖：《商业银行市场准入与退出问题研究》，中国人民大学出版社 2007 年版，第 12 页。

② 在 2008 年企业年金管理资格延续认定中，中诚信托有限责任公司、泰康人寿保险股份有限公司和中国人寿保险股份有限公司分别提出申请，退出企业年金基金法人受托机构、账户管理人行业；新华人寿保险股份有限公司的企业年金基金账户管理人资格因违规被暂停。在 2013 年 11 月 7 日人力资源和社会保障部《关于延续及整合企业年金基金管理机构资格的通告》中，上海国际信托有限公司受托管理机构资格和广发基金管理有限公司投资管理机构资格因违规被停止。

中对从业人员的要求是与从事社保基金投资管理业务相适应的专业人员;《企业年金基金管理办法》中对受托人、账户管理人、托管人、投资管理人的从业资格也有类似的规定,但至于具体要求、衡量标准是什么,如何监管以及不符合要求该如何处理没有进一步规定。由于养老基金投资机构都是金融机构,在《金融机构高级管理人员任职资格管理办法》中对金融高级管理人员从学历、职业经历与业绩、业务培训与考试、道德等方面提出了具体要求,这些规定当然适用于养老基金投资管理机构,但它们是对金融领域高级管理人员的普遍要求,养老基金投资本身具有其特殊性如投资资产限制、安全性要求、资产独立等,对从业人员职业操守自然有特别要求。

5."各自为政"式的分散立法导致规制的碎片化

我国养老基金投资相关立法都以养老基金性质来划分,如《企业年金投资管理办法》《全国社会保障基金投资管理暂行办法》《全国社会保障基金条例》《基本养老保险基金投资管理办法》以及事业单位养老并轨改革之后人力资源和社会保障部制定了《职业年金基金管理暂行办法》,从立法名称上就能清晰界定其针对的是哪种养老基金。立法层次方面除了《社会保险法》第 69 条将养老基金投资运营相关政策制定权交给国务院,其他制度都是以国务院法规、部门规章为主。总体来看,养老基金投资立法呈现分散化、层次低、碎片化状态,主要原因有以下几个方面:一是各种类型的养老基金目标定位不同;二是分别由不同部门管理;三是基金投资发展不均衡,如基本养老基金 2015 年在正式获准入市,而社保基金、企业年金已经运营多年。这种"各自为政"式分散立法也是对养老基金发展现实的回应,体现了不同养老基金发展差异化需求。但低位阶的碎片化制度只能是权宜之计,各种类型的养老基金虽目标定位差异较大,但其在投资管理模式、风险控制、资产配置、投资目标等方面都有类似的要求。另外,养老基金投资本身就是金融市场一部分,养老基金投资准入规制本身也是金融监管的一部分,立法的分割与零散化使得部门之间权力界限界定不清、立法不协调与漏洞必然增多。具体到市场准入规制中来说,碎片化立法的弊端首先表现为养老基金投资准入规制中部门之间的责任划分并没有清楚的界定,如企业年金投资准入规制中人力资源和社会保障部、财政部以及证监会、保监会、银监会(以下简称"三会")之间的分工、权限范围都无任何规定,实践中人力资源和社会保障部一般是在遴选中发函至"三会",要求"三会"在业务范围内提供相关机构资料,然后将最终结果报备财政部,协同规制变成了独家规制。其次表现为规制制度发展不协调,如全国社会保障基金理事会在遴选基本养老基金投资管理人时将获得社保基金或企业年金投资管理资格作为参见遴选的前置性条件,但实际上社保基金与企业年金投资管理人要求有很多不同,最突出的是 2015 年人力资源和社会保障部取消了企业年金投资管理人最低资本金要求,但社保基金有比较高的最低资本金条件限制;又如企业年金与职业年金都被定位为重要补充养老基金,前者针对的是企业,后者针对的是机关、事业单位,企业年金准入主管部门是人力资源和社会保障部,而职业年金由中央及省级职业年金基金管理机构评选委员会负责投资机构遴选,二者遴选程序也有很大差别;再如《全国社会保障基金境外投资管理暂行规定》对全国社会保障基金的境外投资管理人和托管人的资格都作了相应的规定,对于同样有境外投资需求的企业年金和基本养老基金来说,这方面的立法几乎是空白,找不到依据。

三、我国养老基金投资准入法律规制的完善

（一）建立养老基金投资准入机构法律约束机制

首先，要优化角色设置，要做到准入规制的设定、执行机构与被准入规制的经营者相互独立。考虑到全国社会保障基金理事会承担多种角色明显不符合权力制衡与回避原理，可以将社保基金投资管理人资格遴选交给人力资源和社会保障部或第三方评估机构。其次，加强对养老基金准入机构政策制定的法律控制，尤其是规范法律解释机制，控制养老基金监管中的间接授权立法现象，有效防止错误解释、越权解释。角色定位、法律明确之后，最重要的是构建养老基金投资准入的动态追责机制。动态追责机制在于每一个扮演一定角色的社会成员都承担相应的义务和权责，不限于"违法责任"。[①] 养老基金投资准入动态责任机制，也要求承担相关职责的主体对公众、准入对象、受益人作出种种解释和说明，最终更要落实为违背角色要求所应承担的各种不利的法律后果，包括撤职、责令辞职等行政或党纪处分，责令停止、赔偿等民事责任，乃至刑事责任等。[②] 同时，建立相应规则，如聘请专家、遴选、评审意见再到人社部最终结果都要记录备份，隔一段时间公布，接受公众及媒体的质询。

（二）明确数量规制目标，构建合理的养老基金投资市场规模

养老基金投资市场准入本身是养老基金产业政策的重要内容，准入制度的核心内容是对养老基金投资管理者的资格设定限制性的条件，它反映一国或地区对养老基金投资的规模、类型、种类等政策的偏好和基本态度，直接影响着养老基金投资业的发展。

---

① 史际春、冯辉：《"问责制"研究——兼论问责制在中国经济法中的地位》，载《政治与法律》2009 年第 1 期。

② 史际春：《地方法治与地方宏观调控》，载《广东社会科学》2016 年第 5 期。

养老基金准入必须符合市场发展制度规律，不能压制市场发展活力而成为进入壁垒。良好的规制应该是动态的，要根据养老基金投资的发展而不断调整，通常金融市场发达、市场体系比较完善或者养老基金制度比较健全的国家，投资准入制度就相对宽松；反之政府权力介入的力度就比较大。可以这样说，凡是养老基金准入条件宽松及准入程序方便简易的国家或地区，养老基金投资市场相对自由度就高；反之，如果准入条件严格及其程序复杂多变，说明养老基金投资市场化程度还不完善。我国在构建养老基金投资市场准入制度时，不能盲目地移植发达国家标准，也不能严格控制，要做到与我国整个经济环境和养老基金发展情况相适应。当前我国养老基金资金入市规模并不大，基本养老基金受制于“空账”，社保基金来源单一，企业年金覆盖范围增长乏力，但我国养老基金投资市场集中度到底如何呢？以企业年金为例，中国社会科学院世界社保研究中心开发编制了中国企业年金“市场集中度制度”，取值区间为100～300，100以下说明竞争程度好，300以上就是垄断，结果发现投资管理人市场集中度为78，受托人、账户管理人、托管人市场准在100～300。这说明我国养老基金投资数量规制还是需要改善的，可以适当增减集中度高的市场。[①] 在正确评估与测算基础上，确立数量规制目标并向公众说明是规制机构的责任所在。

（三）建立并完善养老基金投资退出制度

养老基金在投资运营中要受到外部很多因素的影响，通常这些因素都有潜伏期，规制部门对养老基金投资运营的规制可以分为事前规制、日常动态规制与事后监管。在具体方法上主要通过

---

① 郑秉文主编：《中国养老金发展报告2016》，经济管理出版社2016年版，第94～96页。

现场和非现场监督，对所获得的综合信息进行分析，逐步进行检验测试，将投资主体划分为正常、基本正常、有问题、有严重问题主体等不同的风险类别进行动态监管。如果养老基金投资机构出现实质性经营困难或重大违规行为要及时、快速处理，该退出时要及时做出处理防范风险扩大。根据是否出于退出者的意愿，养老基金投资退出分为自愿主动性退出和强制被动性退出，主动退出包括到期退出与协商退出，强制退出是规制者在法定情况下强制剥夺养老基金投资管理人资格，包括参与主体违反养老基金合同规定、未履行相应的义务或利用养老基金投资谋取不正当利益。强制性退出往往缺乏预见性，原因通常是养老基金投资参与主体由于违反法律法规或合同约定，给养老基金带来较大的冲击力，可能危及养老基金资产安全，甚至在退出后使得养老基金在一定期限内无法投资运作。因此，养老基金退出监管重点是强制退出，要建立以全面审计、接管或托管、整顿和重组、撤销为主线的强制性退出监管流程。同时，建立养老基金退出制度构建时，应建立受益人权利保护机制，特别是个人账户维权路径。

（四）完善养老基金投资从业人员资格制度

养老基金从业人员标准是对从业人员要求的具体内容，它的目的是保证养老基金投资机构有能力履行其职责，在监管机构制定相关标准时要尽可能明确、客观、具有可操作性。除了金融机构从业人员的普遍要求，首先，要根据不同养老基金业务范围，设置基金投资人、委托人等机构从业人员任职资格要求，增加限制性条件。最重要的是，界定养老基金投资从业人员准入规制范围。除了高级管理人员等，管理中层甚至一线人员的业务能力和道德水平对养老基金投资风险控制、投资收益也起着关键性作用。[①] 因

① 参见《金融机构高级管理人员任职资格管理办法》。

此，养老基金投资从业人员的监管不仅包括高层管理人员，而且包括养老基金投资核心从业人员。其次，要制定养老基金投资从业人员资格标准，如在学历、从业资历、业绩等方面设置一定的准入条件。必要的业务培训与考试也是从业人员规制手段之一，可以设置养老基金相关知识培训与考核，并配合颁发相应的资格证书等。

（五）在兼顾养老基金投资准入差异化规制基础上克服碎片化弊端

养老基金投资规制是一个复杂的系统性工程，其必然包括若干子系统之间的相互作用、相互协调。随着我国基本养老基金获准投资运营，机关事业单位并轨改革后基金积累制确立，企业年金与全国社保基金的增长，进入市场进行投资运作的养老基金规模将会成倍增长。我国当务之急是制定一部超越部门利益的养老基金投资基本法，规定我国养老基金投资整体发展规划，对包括养老基金投资准入规制在内的制度作总体性规定。当前在我国基本经济政策已经确立，整个金融监管体制也非常明朗，养老基金改革方向明确的前提下，提升养老基金投资立法层次也算水到渠成。因为在评价某个国家养老基金业发展的成熟程度时，往往以该领域立法状况为参照物，其中立法层次是最显性指标。在养老基金投资基本法中对准入规制核心问题如主体、程序、风险、责任、受益人权利保障、监管机构信息共享等方面作出原则性规定，这样可以避免“政出多门”导致的政策不一致和规制重叠、监管缺位与制度冲突。当然，在立法的过程中要为养老基金产业发展预留充分的空间，可以授权或认可相关部门制定具体法规、规章，依据不同性质养老基金作出差异性规制，但下位法不能违背上位法并要接受上位法的审查。

小结

养老基金投资市场准入制度是“第一道门槛”，监督主体通过发放许可证、执照等方式，可以把不合格的主体排除在市场之外；同时市场准入制度通过控制市场中投资主体数量，避免过度竞争，保护既有投资管理者的经营权，有利于维护养老基金投资市场的稳定。养老基金投资市场准入监管包括投资机构、业务和人员监管。我国目前养老基金投资市场准入监管是先设定最低资质标准，再进行优中选优的资格认定机制，但实施过程中监管当局与养老基金投资管理机构之间的信息往往是不对称的，以及由于无法界定合理的养老基金投资市场结构，导致准入监管质量规制效果不理想、数量规制目标不明确。另外，立法缺失和滞后。我国养老基金准入监管制度设计时要遵守宽严适度、效率和公平兼顾、规范和促进相结合的原则，具体要理顺养老基金投资准入审批程关系，重构准入程序，界定不同管理机构的权利和义务关系，完善养老基金投资从业人员资格制度，弥补境外投资准入监管的不足。

第五章　养老基金投资业务运营监管法律制度

业务运营监管实际上就是对市场运作过程的监管。[①] 养老基金投资机构获准进入养老基金市场后,还要对其业务运营过程进行有效的监管,以化解养老基金投资风险,实现预期的投资目标。养老基金投资运营活动与银行或其他金融机构业务运营有着较大差别,因而不能照搬其他金融业的监管方式,需要有契合养老基金投资业务特点的监管制度。以银行业为例,由于银行业务基于债权债务关系,而养老基金投资业是基于信托或多层次的委托关系,二者根本的差别在于主营业务产生的法律关系不同,因而银行业产生的风险与养老基金投资风险在具体内容、防范和控制等方面截然不同。对银行机构的监管一般包括资本充足率监管、流动性监管、贷款风险控制等,而养老基金投

---

① 祁敬宇:《金融监管学》,西安交通大学出版社2007年版,第61~73页。

资业务运营监管更强调以受托人审慎投资义务为核心以保证诚信度、提高投资营利能力。因而不同金融机构业务运营具体监管内容根据不同情况而不同。其中一个表现就是如果银行经理人员利用工作便利侵占客户资产，只要客户拿出原始权利凭证，银行客户财产就不会受到损失；而养老基金投资管理机构就不同了，经理人更容易（通过关联交易）将参保人或受益人的资金以合法的形式侵吞，只要参保人或受益人不能证明此项损失系经理人故意行为造成，养老基金投资人一般不需要承担责任。因此，养老基金投资监管对经营机构和经理人诚信和能力的监管更为复杂，往往市场风险和道德风险难以分辨，不能照搬其他金融机构的监管措施，必须针对养老基金投资营业活动的特点，制定有效的措施进行系统监管。

养老基金投资的理想境界是养老基金投资机构完全履行投资义务，不断提高业务水平，实现受益人、养老基金投资机构和社会整体经济利益帕累托最优。实现这一目标有以下因素制约：第一，养老基金投资环境不成熟造成的环境局限，政府补充基础交易机制；第二，养老基金投资机构有限理性，要引导督促其完善内部控制；第三，养老基金投资机构利益本位局限，政府通过制度安排进行外部制约。所以，养老基金投资业务运营监管的内容有信息披露、关联交易、养老基金投资内部控制、资产配置监管、税收监管等，但由于篇幅限制本书不一一阐述，因为信息披露制度是其他一切约束机制实施的前提和基础，关联交易在多层次信托或委托模式养老基金投资管理构建中最为常见，也最容易侵蚀养老基金资产行为，所以本书只选择与养老基金投资风险相关和关乎受益人利益保护的信息披露和关联交易监管法律制度进行深入探讨。

一、养老基金投资信息披露监管法律制度

“阳光是最好的防腐剂”,在当今社会这句话可以适用于人类的大部分领域,那么拨开云彩让阳光露出的就是信息披露。马克斯·H. 布瓦索曾经说过:“20 世纪后半期信息将代替能量成为后工业生活的重要事实”,[①]作为一种资源,信息在外部市场和企业内部交易中起着必不可少的媒介作用。[②] 信息披露是指相关主体公开信息的行为,它萌芽于英国《1720 年反金融欺诈和投资法》,[③]起源于英国《1844 年股份公司法》,[④]目的主要是保护中小股东的利益。后经过美国《1933 年证券法》和《1934 年证券交易法》的发展,信息披露制度逐渐成为对公司的普遍要求和纠正市场失灵的一个不可缺少的手段。哈耶克认为,市场的功能与其说是配置资源,不如说是一种有效使用分散信息的方式。[⑤] 但市场虽然有几种传递信息的功能,但这种功能不是在市场自由竞争中能完全自发地发生的,其中的信息披露制度起着关键性作用。养老基金投资市场也同样如此,它的信息披露制度设计直接制约着投资主体的决策水平,最终会影响养老基金投资效率。

---

① [英]马克斯·H. 布瓦索:《信息空间:认知组织、制度和文化的一种框架》,王寅通译,上海译文出版社 2000 年版,第 2 页。

② 葛家澍:《财务会计理论研究》,厦门大学出版社 2006 年版,第 3 页。

③ 明确禁止“以公共利益为幌子,征求公众认股,使无戒心之人认购而筹得巨款”的行为,从而确立了信息披露法律制度的雏形。

④ 英国《1844 年股份公司法》首次规定要求募股必须经由公开说明书注册,公司董事向公司披露资产负债表等信息。

⑤ Hayek, Friedrich August, “The Use of Knowledge in Society”, *The American Economic Review* 3, 1945, pp. 519 – 530.

(一)养老基金投资信息披露概述

1. 养老基金投资信息披露的含义

信息披露存在广义信息披露及狭义信息披露之分。狭义上的信息披露是指在养老基金投资运营中,养老基金资产管理者向参保人、受益人和监管机构定期提交有关养老基金投资文件与报告,公布养老基金投资方案、经营业绩,并保证所报告的信息真实性和完整性的制度。广义的信息披露主体则包括养老基金投资市场所有信息优势者,除狭义定义所指的养老基金资产管理者以外还包括其他优势方公开发布的有助于养老基金参保人或受益人、监管者的有用信息,如独立评估机构的评估报告、监管机构发布的监管信息及对违规行为进行处罚的信息,甚至包括媒体披露的信息。本书主要探讨的是养老基金资产管理者作为信息优势方对外公开发布的信息,因而书中的信息披露仅指狭义上的信息披露,而不涉及中介机构提供的与养老基金投资相关的决策分析信息和监管机构公开的监管信息。

2. 我国进行养老基金投资信息披露的特殊意义

(1)增加参保人或受益人知情权,增强公众的信心。只有养老基金为数众多的受益人对养老基金投资收益有信心了,养老基金投资才能维持下去。但就像前文所阐述的,受益人无法观察到养老基金投资的具体运作过程,也无法获悉基金运作的具体信息,这一现实容易使养老基金投资受益人对养老基金投资持怀疑态度,容易受到其他信息的干扰而丧失对养老基金投资市场的信心。这一点在我国尤其重要,人们本来就对金融市场尤其是证券市场有种种担心,相当一部分人对养老基金投资"入市"持反对意见,这也是国家迟迟不放开职工基本养老基金投资的根本原因。布莱克(Black)曾指出,只有实现了投资者信息获得公平,才能使投资者确信内幕人员不会利用所谓的内幕信息对他们进行欺诈,从而使投资者对其投资充满信心,这样证券市场才能蓬勃发展。[①] 应当建立健全养老基金投资信息披露制度,力求解决投资市场上的信息不对称现象,促进养老基金投资市场的良性健康发展,从制度上规范养老基金投资相关主体充分披露其经营信息,并将其公之于众,让公众了解真实情况。通过构建我国整个养老基金制度改革公开性和透明性来增强公众的信心和公信力是目前我国应对老年化社会的首要之举。参保人或受益人的利益是养老基金投资最根本的目标,也是投资监管的基点。根据养老基金制度改革发展趋势,将来肯定有部分养老基金投资权由基金所有人掌握,养老基金投资信息披露的目的是让受益人等相关利益主体真实了解养老基金投资管理人的经营业绩以及投资收益情况,同时也为受益人投资方案提供参考。

(2)促进养老基金投资主体治理结构的完善。在养老基金所有权与投资权分离的情况下,养老基金投资主体治理的整个过程有赖于充足而完整的信息,定期或者不定期的信息披露成为外部了解养老基金投资运营并作出相应决策的最佳手段。信息披露能够将养老基金投资主体的内部治理机制和外部治理机制制度联系在一起。信息披露制度的发展变迁与公司治理理论和实践紧密相关,特定公司治理机制发展变化对信息披露的形式、内容及质量等起着决定性作用。反过来,信息披露对公司治理又产生深刻的影响。由于养老基金投资管理模式通常涉及多级委托或多层信托模式,如果公司的股东特别是中小股东还可以通过股东大会等形式参与到公司的重大经营决策中,那么作为基金的所有者或受益人在养老基金投资中一般发言权很小。

---

① Black, Bernard S., Ronald J. Gilson, "Venture Capital and the Structure of Capital Markets: Banks Versus Stock Markets", *Journal of Financial Economics* 47.3, 1998, pp. 243 - 277.

养老基金投资主体治理过程依赖完整的信息,定期或不定期的信息披露是养老基金参保人或受益人充分了解养老基金投资状况的最直接也是成本最低的手段。信息披露有助于参保人或受益人监督投资相关主体,减少道德风险;养老基金投资信息披露是养老基金投资机构外部控制机制和内控机制的有机结合,有利于养老基金防范风险,改善内控机制和改进治理结构,提高经营管理质量、经营管理水平。

(3)控制养老基金投资风险。美国 L. D. Brandeis 法官曾言:"公开原则就像太阳,是市场最佳的防腐剂,又像路灯,是市场最好的'警察'。"①信息公开能够促进交易安全,防止道德风险和逆向选择。如前文所述,养老基金投资的非系统风险是养老基金系统内部原因导致的风险,主要原因是养老基金投资管理人的运作和管理不当,包括流动性风险、委托代理风险、信用风险和操作性风险等。

(4)有利于完善养老基金监管体系。有效、真实的信息披露是其他一切约束机制实施的前提和支撑。相关约束机制总是在被一定的信息触动之后产生反应,信息披露的质量直接影响着各种约束制度的效果。养老基金投资监管方法分为现场监管和非现场监管,非现场监管主要对所披露的养老基金投资信息进行分析比较,具有决策、检测、预控和预警价值,可以成为监管主体采取行动的依据。在风险管理过程中,政府监管、行业自律、企业内控和社会监督,都应以信息披露的内容为基础,即借助于信息披露制度,获取真实可靠的业务、财务基础数据,准确计算和掌握养老基金的偿付能力,充分发挥偿付能力监管的作用,增强监管力度,提高监管

---

① Cox, James D., Robert W. Hillman, Donald C. Langevoort, *Securities Regulation: Cases and Materials*, Wolters Kluwer Law & Business, 2016, p. 159.

效率。同时,由信息披露所构成的社会公共舆论监督是有效监管体系中的重要一环,信息披露监管制度的适当构造也必然能够构造公众监督机制。

(二)养老基金投资信息披露制度发展特点

考察发达国家养老基金监管制度,其中信息披露制度在其中扮演着重要作用,如何强调其作用也不为过。总体来讲,养老基金投资市场发达国家的信息披露制度具有以下特点:

1. 注重通过立法方式规定养老基金投资信息披露

完善的信息披露立法是国外养老基金投资市场发达的市场共同的经验。美国《退休收入保障法》(Employee Retirement Income Security, ERSA)、《税收法》、《企业年金安全与透明法》(Pension Security and Transparency Act,PSTA)、《国家雇员储蓄及信托资产担保法案》(National Employee Savings and Trust Equity Guarantee Act,NESTEG)、《固定受益额证券法案》(Defined Benefit Security Act,DBSA)等相关法律对养老基金投资信息披露作了详细的规定。欧盟成员国养老基金投资信息披露制度的法律主要有两个层面:一是欧盟内部统一立法 Directive2003/41EC,该法规定每一个养老金计划都应当通过年度账户以及年度报告形式,提供详细的关于养老金资产价值、负债、财务状况等。二是成员国国内法对投资信息披露制度有进一步规定,如德国《商法典》规定所有的金融公司需要提供财务状况报告,并且在报告中对市场投资风险进行分析披露;意大利第 124/1993 号法令和第 355/1995 号法令规定,根据不同类型的养老金计划进行不同要求的信息披露;西班牙第 304/2004 号法令对养老金有详细的披露要求;2005 年爱尔兰的《OPS(信息披露)规则》[OPS(Disclosure of Information) Regulations 2005]和《OPS(投资)规则》[OPS(Investment) Regulations 2005]对养老金投资风险信息披露制度作了进一步修改规定,更加强调对投资情况和风险进行披露。总体来讲,养老基金投资市场比较发达的国家相关信息披露制度以立法形式固化下来,并随着社会、经济发展以及整个养老基金投资市场的发展逐步完善、调整。正如美国证券专家所说:"在美国联邦法律中有一种根深蒂固的观念,开始是信息披露,接着还是信息披露,最后还是越来越多的信息披露"。①

2. 披露的信息全面、翔实

美国和欧盟有关养老基金信息披露的内容主要包括两个部分,即养老基金计划成立时的信息披露和养老基金投资运营时的信息披露。美国《退休收入保障法》关于定期报告和信息披露的规定要求企业向参加年金计划的雇员和受益人提供一份年度报告简介,在简介中需要对养老基金计划的基本财务状况、每个年度计划参加人或受益人总数、除去负债后的年度资产等情况进行披露。英国规定每一项养老基金计划都要提供投资种类的信息,以及不同种类投资者之间的平衡、风险、期待回报等。其规定注重风险、费用的信息披露,以受众了解基金投资风险所在是披露的主要目的。美国证券交易委员会以此为目标,对基金的风险披露进行了重大改革,即要求在招股说明书中披露基金的总体风险、基金持有或计划持有的资产类型的风险,以及持有具体类型的证券对基金造成的风险。

3. 注重可获得性,内容容易理解

养老基金投资信息披露要发挥其应有的作用,首先,必须有方便的渠道能让计划参加者、受益人等或监管机构较容易地获得最新的信息;其次,由于养老基金投资的受益人都是普通大众,如果

① 李仲翔、李仲飞、汪寿阳:《以风险为基础的基金监管现代化》,清华大学出版社2002年版,第114页。

披露的信息过于专业大众难以理解，披露也失去了意义。美国要求必须把信息中最新的概括性计划陈述、最新年报、信托协议等相关文本放置在主要办公地点或其他类似地方，以方便参加养老基金计划的任何人或者受益人查阅。英国的信息披露法规定如果养老基金计划寄出一份文件必须同时附上一份载有可以进一步查阅信息的地址或者网站的书面说明。

在内容上，欧美养老基金发达的国家力求让披露的信息能被大众理解。美国规定，为便于养老金计划参加人知晓披露的信息，当一项养老金计划的参加人年度开始对于100名，并且25%以上的计划参加人语言为同一种非英语语言时，或者超过500名计划参加者并超过10%的人语言为同一种非英语语言时，该养老金计划披露的信息应当同时使用该门语言，以便能更好地方便参加人员了解信息。①匈牙利养老基金投资信息披露的经验是不要迷惑公众，只有易于理解的信息对成员才有用，而且公布的数据是有关养老基金发展特征的信息，而不是公布大量复杂的信息。总之，国外养老基金投资信息披露非常注重渠道的畅通和内容的易于理解，以保证信息受众能获得信息并能看懂信息。

4. 标准的趋同化

虽然养老基金投资信息披露制度在不同国家有不同的标准，但趋同化的现象还是很明显的。在资本市场越来越具有国际化特征的情况下，人们需要可靠数据对资产管理者的业绩进行比较，避免因评价方法和结果的混乱而造成对投资者的误导。为此，美国投资管理研究协会（Association of Investment Management and Research，AIMR）在20世纪90年代中期设计了全球投资业绩标准（Global Investment Performance Standards，GIPS），这个标准也为基

① US Food and Drug Administration，“Code of Federal Regulations”(2010).

金业自我管理提供了依据。在 1999 年出版了第一版 GIPS 规则以后，美国投资业绩委员会（Investment Performance Council，IPC）成立，专门负责根据市场变化对 GIPS 规则进行调整，2006 年出版了第二版 GIPS 规则，被 IPC 15 个国家的 36 名成员的大部分直接采用，这些成员具有丰富的投资经验，将 GIPS 标准应用到养老基金、共同基金、私人财富管理、保险等多个领域。GIPS 规则在养老基金投资领域广泛运用最大的一个改变就是建立全球范围内的信息披露框架，提高年度报告的公允性和准确性。

（三）我国养老基金投资信息披露制度问题与完善

1. 我国养老基金投资信息披露制度发展概况

由于我国基本职工养老保险基金投资框架没有确立，相关的监管制度缺乏，信息披露制度更无从谈起。如广东省委托给全国社会保障基金理事会投资的 1000 亿元基金，如何进行信息披露及披露主体、内容、期限、方式等问题基本上处于无章可循的状态。国内养老基金投资信息披露制度发展最值得关注的是企业年金。在 2004 年《企业年金基金投资试行办法》第九章中对基金投资管理各方受托人、账户管理人、托管人以及投资管理人的信息披露作了相应的规定，受托人向年金委托人定期提交年金基金报告，其他投资管理人定期向受托人提交年金账户管理报告、托管和财务会计报告、投资组合报告。《企业年金基金投资试行办法》只是一个粗略的规定，只规定了报告对象和期限，在报告内容上没有任何规定，操作性比较差。《企业会计准则》于 2006 年颁布实施，其中《企业会计准则第 9 号——职工薪酬》和《企业会计准则第 10 号——企业年金》对企业年金的会计信息披露作了详细的规定。2009 年人力资源和社会保障部的《关于企业年金基金管理信息报告有关问题的通知》对我国企业年金受托人、账户管理人、托管人以及投资管理人定期报告的内容和时限作了详细的规范，并对临时报告和报告终止以及报告的方式作了明确的规定。最终 2011 年的《企业年金投资管理办法》对此作了确认和微调。全国社会保障基金投资信息披露的法律制度相对来讲发展缓慢,在《全国社会保障基金投资暂行办法》第九章共 4 条对信息披露作了较为详细的规定;2016 年《全国社会保障基金条例》中规定审计署应当至少每年对基金投资审计一次,并将审计结果向公众公布。2015 年颁布实施的《基本养老保险基金投资管理办法》较为重视信息披露,在第八章第 45 ~51 条对定期披露、披露内容、责任以及处罚都作了规定。

2. 我国养老基金投资信息披露存在的主要问题

(1)养老基金投资信息披露责任主体不明确。根据目前的相关规定,企业年金投资信息披露的义务主体是受托人和账户管理人、托管人、投资管理人。具体来讲账户管理人、托管人、投资管理人在季度末和年度末将财务报告提交给受托人,受托人汇总后再向委托人提交,这样信息披露的主体就有 4 个:受托人及账户管理人、托管人、投资管理人。而且提交的信息必然重叠,编制主体没有明文规定,在责任划分上也无章可循,容易产生互相推诿的现象。根据《全国社会保障基金投资暂行办法》第九章,全国社会保障基金理事会每年负责向社会公布社保基金资产、收益、现金流量等财务状况,每季度向财政部、劳动和社会保障部(今人力资源和社会保障部)提交基金财务会计报告、投资管理报告,并在单个社保基金委托资产管理合同到期后提交审计报告。从这些内容看,全国社会保障基金的责任主体是全国社会保障基金理事会,但社保基金投资管理人和社保基金托管人在信息披露中扮演什么样的角色和承担何种责任没有明确的规定。

(2)养老基金投资信息披露不充分。现行信息披露制度包括财务报告、资产管理报告和资产投资组合等内容。[①] 但企业年金信息披露仅仅针对财务会计报表的制定规则进行，根据国际会计惯例，财务报告内容要大于财务报表，财务报表只是会计日常核算的继续和总结，用来满足基本的资产管理责任之需要，财务报告提供的信息更为广泛，既有资产管理者职责履行情况，也有向报告使用者提供用于决策的基本会计信息，GIPS 标准就是更为广泛的财务报告。我国企业年金的信息披露主要局限在财务会计上，内容还不充分。全国社会保障基金理事会每年会将《基金年度报告》公布在其网站上，并在后面附有"财务报表"和"审计报告"，但阅读这些材料，只能获得基金粗略的信息，对于核心内容如投资风险并没有披露。

(3)养老基金投资信息披露滞后，方式单一。信息在一定空间及时间下被收集、获取并用于指导后续决策，信息的效用依赖于时间。因此，时效性成为信息的重要特征。[②] 及时性是各种信息披露监管的基础性约束条件，如果信息披露延迟，就会失去相关性。但在养老基金投资信息披露中同样存在"好消息提前，坏消息推后甚至不披露"的现象。养老基金信息披露一般来讲都是按月或者按季度、年度进行，如根据《企业年金投资管理办法》第八章，企业年金投资管理机构都是以季度和年度报告养老基金投资相关情况。2009 年人力资源和社会保障部发布的《关于企业年金基金管理信息报告披露有关问题的通知》中规定了临时性报告事项，规定受托人在知晓或者应当知晓的 5 日内报告委托人；账户管理人、托管人、投资管理人应当自知晓或者应当知晓该事项发生之日起 3 个工作日内向受托人报告。《全国社会保障基金投资管理暂行办法》

① 马妍妍:《企业年金监管的比较法研究》,上海社会科学院出版社 2010 年版,第 119 ~ 131 页。

② 李克穆:《保险业信息披露研究》,中国财政经济出版社 2007 年版,第 40 页。

规定的除了年度养老基金投资产品,多数都是流动极高的金融产品,金融市场瞬息万变,如果按照这样的时间进行信息披露,及时性就很难保证。另外,养老基金投资信息披露渠道并没有法律明文规定。在养老基金投资实践中最长的企业年金也只是在《关于企业年金基金管理信息报告披露有关问题的通知》中规定报告为书面文本、电子文本的形式,给受益人的权益报告,可采用网上查询的方式,并没有一个权威的网站或者其他渠道。全国社会保障基金同样如此,只是在全国社会保障基金理事会的网站上能下载到年度报告。养老基金信息披露渠道的单一、不畅,为获取和使用信息者带来困难,同时信息单向传递,缺少反馈意见的信息渠道,也不利于养老基金信息沟通。

3. 监管层面原因分析

(1)法律不健全。如前文所述,养老基金投资透明度比较高的国家一般都有比较完备的立法,并随着其经济、社会发展逐步完善、调整相应的法律、法规。我国养老基金信息披露制度的建立与整个金融环境和经济发展有密切关系,从当前我国有关信息披露制度的立法内容上和形式上来看,制度还在初始阶段。首先,从内容上来看,当前立法对众多关键的问题没有规定,如基本养老保险基金信息披露几乎是空白,信息披露的评价机制、获得途径等,可以说法律制度供给严重不足是主要制约因素,现行的立法无法构建基本养老基金投资信息披露的法律框架。如果从微观层面研究法律条文,就会发现部分法条存在随意性和盲目性,并有地方政府之间、地方和中央政府之间,尤其是部门之间利益博弈的痕迹,缺少完整的战略部署和统一目标。其次,从形式上来看,有关养老基金投资信息披露立法层次偏低,限于部门规章和其他层次更低的立法,这也反过来导致了其内容不完整、缺乏执行力。

(2)养老基金投资信息获取意识不强。中国养老基金制度改革是近30年的事情,职工基本养老基金并没有大规模投资运营,加上养老基金投资领域专业性强,一些数字和术语的理解需要一定的知识背景,所以人们对养老基金投资运营关注得并不多,主人翁意识还有待培养。即使企业年金参保人在缴纳保费后也没有真正关注自己年金的增长、风险等情况,有些甚至都不知道企业年金,笔者曾经遇到国企员工将企业年金等同于住房公积金的案例。养老基金投资管理领域存在较大程度的信息不对称,作为一个金融服务的购买方事实上很难得到养老基金投资管理机构服务质量的充分信息。公众意识的淡薄,导致对养老基金投资监督能力非常弱,这也是我国社保案屡次发生的一个重要原因。

(3)信息披露技术落后

信息披露需要强大的技术力量作为支撑。[①] 技术力量的落后已经成为影响相关养老基金投资信息披露质量的重要制约因素。目前,我国养老基金统计信息系统建设还不完善,其功能作用的发挥还处于初级阶段,不同监管机构的信息共享平台尚未建立,财务会计标准也未统一。正是因为养老基金投资信息披露的硬件设备、软件环境等方面比较落后,导致我国信息披露的及时性、完整性、准确性都存在问题,披露的信息公信力不强。同时,由于我国养老基金投资发展起步较晚,并且我国养老基金投资信息统计的历史数据质量不高,这对未来行业发展不能起到很好的借鉴作用。

4. 我国养老基金投资信息披露制度的完善

(1)提升立法层次,统一规范养老基金投资信息披露基本制度。将养老基金投资信息披露纳入法制化轨道,政府减少对经济的直接干预,用法律来替代原有的行政命令和政策,确保养老基金

---

① 郑木清:《养老基金信息披露监管的国际经验和我国的政策》,载《人口与经济》2006年第1期。

投资信息披露的透明度和合法性。当务之急就是要提升立法层次,至少颁布国务院级别的行政立法,统一规范养老基金投资信息披露的基本问题,消除部门和地方利益博弈的局限,等到时机成熟之时再上升到最高权力机关制定的基本法层次。

(2)引入GIPS制度。我国目前并不是GIPS成员国,GIPS标准也没有在我国得到大规模推广实施,2007年工银瑞信基金管理公司首家通过GIPS认证,成为国内养老基金资产管理和公募基金管理中唯一一家得到相关认证的公司。因此,要在我国养老基金投资领域引入GIPS标准。首先,制定专门针对我国养老基金信息披露的规则,可以由养老基金监管部门与IPC等组织合作,制订中国版的GIPS标准,加快养老基金投资信息的标准化、国际化进程。养老基金监管部门可以参照一般基金管理公司的经验,根据养老基金不同性质,制定年度报告内容和格式。其次,建立养老基金资产管理机构GIPS认证制度。认证制度是GIPS标准的最新发展成果,目的在于确认那些对符合GIPS标准的机构是否遵守这些标准。认证制度需要独立第三方对投资机构业绩披露过程及程序进行审核,其对下列内容进行检验:投资机构是否遵守GIPS标准对投资组合策略构建的所有规定,监管和陈述业绩结果的过程和程序是否遵循GIPS标准设计。养老基金监管部门在选择养老基金管理时可以将是否通过GIPS标准作为资格审查的前置性条件之一,以促进养老基金管理市场信息披露制度的有序化和国家化。

二、养老基金投资关联交易监管法律制度

(一)养老基金投资关联交易基本问题的阐述

1. 关联交易与养老基金投资关联交易

关联交易在现实中大量存在,在不同的国家或地区其有不同的称谓,如美国、我国香港特别行政区称为关联交易;我国台湾地

区称为利害关系交易；日本称为相关交易，是指组织形态上存在控制关系或者在经营关联上互相有着重大影响的市场交易。[①] 目前，对公司和金融领域的关联交易关注较多，而且关联交易在公司丑闻中常常扮演着不光彩的角色，但关联交易本身是一个中性词。以关联交易产生的经济效果来看，可能会是正面的也可能是负面的，在学界存在反对和赞同对关联交易进行监管的两种学说。反对监管的学者认为关联交易双方相互比较了解，能提高交易效率，节省信息搜索成本，同时关联方能提供比其他交易人更为优惠的交易条件，所以能整体提高交易效率；另外关联交易是市场经济自发行为，利用与相关人之间的特殊关系追求利润时只要没有损害他人利益就不应当被禁止。还有从经济学角度来看，禁止基金关联交易既花费巨大又收效甚微，往往成本大于收益。[②] 另一种观点认为，关联交易是由于缺乏市场竞争、信息不对称导致的，交易双方可能会损害第三方利益，这是限制关联交易监管的依据。

如同其他类型的关联交易，养老基金投资关联交易是指养老基金投资运营机构之间存在控制关系或者在运营流程上相互间有重大影响的市场交易。在谈论养老基金投资关联交易时必须要从以下几个方面考虑：第一，类似于其他类型的关联交易，在养老基金投资领域的关联交易也具有利弊两面性。因为关联交易作为一种交易方式，可能是投资主体为实现养老基金受益人利益最大化，也可能是从自身利益出发或者基于二者共同利益。所以养老基金投资中关联交易也是一个中性概念，并不是天然不好或者好。第二，养老基金投资关联交易监管并不是禁止，而是既包括对合理关

① 马妍妍：《企业年金监管的比较法研究》，上海社会科学院出版社2010年版，第158页。

② 郑顺炎：《证券市场不当行为的法律实证》，中国政法大学出版社2000年版，第10页。

联交易行为进行确认也包括对有害行为的矫正和取缔，通过监管来发挥关联交易的优势避免其损害养老基金受益人的利益。探讨限制和监管只是针对养老基金投资非公允性交易，而不是针对所有的关联交易。

衡量养老基金投资关联交易是否是公允关联交易的标准关键是看交易价格，并保持交易信息披露的透明度和及时性，就是法律允许的；相反，非公允的关联交易其负面影响则在于养老基金参保人或受益人处于信息弱势地位，运营机构监督缺失导致养老基金投资风险增加。养老基金投资制度设计一般比较复杂，往往涉及投资运营主体众多，因此产生非公允关联交易的可能性比较大。

2. 养老基金投资非公允关联交易产生的原因

(1)养老基金关联方的利益冲突。人类行为是有意识的行为。人类在满意或者满足状态下不会也不能产生行为，驱使行为人行为的动机常常是不安于眼前状态，行为人头脑中设想更为适合自身的条件，然后以实现这一条件为目标实施行为。[①]“天下熙熙，皆为利来；天下攘攘，皆为利往”，驱使行为人行为不安背后的根本原因就是利益，人类一切行为都离不开利益。法律背后也是利益的体现，“法律是社会共同的、有一定物质生产方式的利益和需要表现”。[②] 但不同群体之间的利益往往不一致，因此会产生利益冲突。利益冲突产生的前提是发生冲突的主体之间存在信赖关系，当受信人为履行职能而必须被授予权力时，其在利用权力为委托人谋取利益的同时，也会产生滥用权力为自己谋取利益的危险。[③] 养老

---

① [奥]路德维希·冯·米塞斯：《人类行为的经济学分析》，聂薇等译，广东经济出版社2010年版，第5页。

② 《马克思恩格斯全集》(第6卷)，人民出版社1972年版，第292页。

③ 胡光志、方桂荣：《论我国投资基金关联交易监管模式的选择》，载《法学家》2008年第3期。

基金投资关联交易产生的原因就是利益,但不同主体之间的利益是不一样的,利益冲突是监管的主要依据之一。由于现代养老基金投资市场是一个复杂多变的市场,养老基金的所有权和投资管理权通常是分开的,在养老基金投资法律关系中,养老基金让渡了基金财产的实际控制权,即一般不参与养老基金财产的日常运作,只保留了投资收益的受益权。而且为了分权制衡,投资管理权分拆成多种形式、由多个机构管理。在这种情况下,养老基金所有人、养老基金投资管理人及其他利害关系人之间由于利益差别和矛盾容易产生各种冲突。这种冲突地位可能使养老基金投资相关主体不以养老基金参保人或受益人的利益为出发点。尽管养老基金利益冲突的主体十分广泛,具有复杂性、多样性和隐蔽性,但最为主要的仍然是养老基金投资管理人和受益人之间的利益冲突,因为养老基金投资管理人是养老基金财产的实际控制人。

(2)不完备的信托制度和代理制度。如本书第一章中所阐述的,养老基金投资采取多层次的信托或委托代理混合关系,契约的完备性是成熟养老基金投资市场的前提之一。根据新的制度经济学,契约的不完备性必然会带来代理成本。① 代理成本存在两个条件:一是委托—代理人之间存在利益冲突。"当一个人作为另一个人的代表行事时,如果在他接受委托时,或在事后他担任了第三人的代表或与之有重大的个人利益,而这种利益的存在可能产生这样一种实质性的危险,即他可能不为他所代表的人最大利益服务,在这种情况下,他就处在一种利益冲突的位置"。② 当存在利益冲突时,代理人无法履行忠实义务,其会在关联交易中自觉或不自觉

---

① 巴曙松:《企业年金风险监管的主要环节与政策框架》,载《海南金融》2005 年第 7 期。

② 柳经纬:《上市公司关联交易的法律问题研究》,厦门大学出版社 2001 年版,第 12 页。

地谋取利益。二是信息不对称。如果委托人能掌握充分的信息，就能有效地监督代理人，也就不会产生非公允的关联交易。养老基金投资管理人是典型的委托—代理关系，而且基金管理人与投资人之间的信息不对称程度比一般商品交易更为严重。信息不对称引发的“逆向选择”和“道德风险”也是非公允性关联交易产生的原因之一。

(3)受信人忠实义务和信赖义务的违背。与“一手交钱、一手交货”的合同不同，长期契约中权利义务的实现存在不可忽略的时间差。例如基金合同，投资人首先履行了自己的义务，即交付了资金，而基金管理人从投资者那里得到了资金并且进行长期的投资使用，一定时间后，基金管理人才分配到红利或者由投资人赎回资金。由于长期契约的这种特征，使得当事人之间的利益不一致导致的机会主义行为很容易发生。

3. 养老基金关联交易的特点

(1)养老基金投资关联交易主体的双重法律地位。从养老基金投资管理构架来看，养老基金投资关联交易产生于双重法律冲突：一是交易外地位，即养老基金受益人或参保人与养老基金投资管理机构之间的信赖关系，表现为内部的法律地位；二是交易上的地位，即养老基金投资机构与受益人或参保人因交易而形成的平等主体的地位，表现为外部的法律地位。[①] 根据理性人的假设，任何交易主体都在寻求自己利益的最大化，在养老基金投资关联交易中，交易主体虽然在法律形式上是独立个人，但表面上是平等的。正是由于养老基金投资管理主体的双重法律地位使在交易中受益人或参保人很可能不充分了解关联方的相关信息，存在信息

---

① 巴曙松：《企业年金关联交易监管框架研究》，载 http://www.doc88.com/p-73942810210.html，最后访问日期：2013 年 6 月 25 日。

不对称。实质上,二者是不平等的地位。

(2)较强的隐蔽性。养老基金投资涉及多重委托或信托关系,基金的所有人或受益人并不直接占有和处分财产,外部人员很难从会计报表中了解到交易的决策及确定关联交易的公平性和对养老基金投资收益的影响,加上养老基金投资是长期投资,期限较长,这些都为非公允性关联交易提供了可乘之机。

4. 养老基金投资关联交易的类型

(1)本人交易。本人交易(principal transactions)又称委托交易,是指养老基金投资管理人以自己的财产或受托财产与养老基金资产进行交易。本人交易容易产生直接的利益冲突和信息不对称,具有先天的不对等性。以养老基金投资管理人为例,如果自己作为交易的另一方,投资管理人既要维护自身的利益又要对基金的利益负责,其实就是"一人交易",利益冲突明显,所以在许多国家都是明令禁止的。美国《雇员退休收入保障法》禁止在退休计划的商业交易中,既代表养老基金计划又代表交易的另一方。但本人交易也并不是一无是处,它有可能会给养老基金受益人带来利益,如可以节省交易佣金和税费,还可以避免市场价格波动所带来的成本,所以我国并没有完全禁止个人交易。《企业年金投资管理办法》第 51 条规定:"投资管理人管理的企业年金基金财产投资于自己管理的金融产品须经受托人同意。"

(2)共同交易。共同交易(joint transaction)又称平行交易,是指养老基金关联人与基金处于交易的同一方,共同与第三方进行交易。共同交易利益冲突不如本人交易那么明显,但在交易机会稀缺或养老基金资产为配合关联人投资需要而进行投资时,容易出现关联人和养老基金的利益争夺现象。[1] 如养老基金关联人与养老基金共同购买某种股票其目的不是养老基金的投资收益而是配合关联人收购和控制所属的企业。共同交易在养老基金投资运营中可能存在以下几个方面的问题:第一,在以受托人为核心的养老基金投资治理模式框架中,受托人在挑选投资管理人等其他管理人时可能会有失公允地存在利益安排。对于当前捆绑式的养老基金投资运营模式来说问题更为突出,金融集团在申请多项业务时,可能会基于自身利益的考虑,容易产生损害养老基金利益的非公允性关联交易。第二,养老基金投资运营机构处于以非正当目的合谋掩盖相关信息的地位,易侵害养老基金收益人或参保人的利益。第三,养老基金投资管理人在选择中介机构时,有可能选择与之有关联关系的机构,从而损害养老基金利益。

(3)代理交易。代理交易(agency transaction)又称委托交易,是指养老基金交易投资关联人作为养老基金或交易对象的代理人参与到与养老基金投资交易中。美国《1940 年投资公司法》将代理交易分为三种类型:一是关联人的作为一般代理人的交易;二是关联人作为经纪人的交易;三是关联人作为证券承销商的交易。[2] 我国现行的养老基金计划受托、投资管理、资金托管等都是在现有的金融机构中进行,最为突出的代理交易,除了收取不恰当的佣金,还有在自身利益和养老基金计划之间的利益输送,如在信息披露中就有券商自营账户大幅度减仓,而管理的企业年金账户大幅度接盘的案例。

(4)自我交易。养老基金的自我投资,特别是私人养老基金向

---

① 马妍妍:《企业年金监管的比较法研究》,上海社会科学院出版社 2010 年版,第 161 页。

② 陈星德:《证券投资基金利益冲突的法律研究》,中国政法大学 2007 年博士学位论文,第 127 页。

本企业贷款或者购买本企业或关联企业的股票,一直是监督机构关注的焦点。如果将养老基金全部投资到本企业,就会产生较大的风险。2001 年的"安然事件"就是一个惨痛的教训。安然公司破产后,损失最大的是其遍布全球的 2.1 万名员工,因为安然公司的员工将 58% 的企业年金基金用于购买本公司股票,安然公司为员工提供的 401(K)计划配套资金也全部是本公司股票。① 在公司股票狂跌期间,安然公司曾阻止员工出售公司股票,而该公司 29 名高管却在股票崩盘之前抛售自己的股票获利。② 随着安然丑闻暴露,人们发现很多企业鼓励将企业年金的大部分投资到本公司,因为购买本公司股票手续简单并可以省去相关费用,所以一般公司会给予员工一定的折扣。

表 11 各国养老基金自我投资的限制情况

国家/地区	自我投资限制名称
澳大利亚	限制在 5% 以内
奥地利	限制在 5% 以内
加拿大	限制在 10% 以内
智利	不允许购买 AFP 或相关公司发行的股票
德国	投资到雇主公司不超过 5%;如果养老基金计划被两个雇主资助的,那么投资不超过 15%
匈牙利	限制在 10%
爱尔兰	不能贷款给董事会董事长或其他成员
意大利	对于单一雇主基金,投资于雇主的股票应不超过 5%,多雇主基金,不超过 20%

① 程雨佳:《我国企业年金基金管理与风险分析——由安然事件引发的思考》,载《理论观察》2012 年第 5 期。

② 张家忠:《从安然破产案看美国 401K 养老金计划》,载《广西金融研究》2003 年第 2 期。

续表

国家/地区	自我投资限制名称
日本	DB 型企业年金禁止为养老基金利益以外其他人利益投资
荷兰	股票最多为 5%，如果资产性的最多不超过 10%
新西兰	没有限制，但受托人必须通知成员和受益人如果投资到关联企业超过 10%
瑞典	FSR 和 IR 没有限制，OP 不超过 5%
瑞士	不超过 5%
英国	雇主相关企业不超过 5%
美国	不能超过 10%，但某些 DC 型计划下持雇主股份或不动产例外
巴西	不能超过 10%
中国香港特别行政区	雇主资助的养老金计划投资到其资产或其商业伙伴股票的不能超过 10%
南非	一般不超过 5%，如果在基金全体成员和登记者同意的情况下可以达到 10%

(二)养老基金投资关联交易监管及制度之比较

1. 养老基金投资关联交易之判断标准

依据《国际会计准则 24——关联方披露》，在财务和经营决策中如果一方有能力直接控制另一方或者能对其制定实施重大影响，则可以判定他们之间存在关联关系。一方对另一方控制和施加影响背后的根本原因是利益。为避免对关联方界定过宽或过窄，禁止关联交易的同时缩小管制对象的范围或者扩大管制对象的范围但同时又规定其生效条件。[①] 养老基金投资关联方是基于

① 胡光志、方桂荣：《论我国投资基金关联交易监管模式的选择》，载《法学家》2008 年第 3 期。

以下几个方面:第一,基于股权关系,养老基金投资管理的参与方存在控股关系;第二,基于受托关系,基于信托或者委托参与养老基金投资管理活动,而成为关联方;第三,基于业务关系,共同参与养老基金投资管理业务。从当前国际和国内养老基金投资的现状来看,从以上三个角度来看养老基金计划发起人、养老基金受托人、养老基金账户管理人、养老基金投资管理人、养老基金托管人、受益人等之间涉及关联交易。对于是否存在关联关系,各国的判断标准不一,但至少有以下两个方面:

第一,是否存在控制关系。这里的控制就是有权决定一个经营主体的财务和经营政策,并能据此从中获利,它可以基于股权关系,也可以基于契约关系。① 对于养老基金而言,股权关系具体是指关联方控制和掌握了服务机构50%以上的注册资本或半数以上发行在外发表权,或占服务机构董事会半数以上席位,或者关联方的实际控制人与服务机构实际控制人竞合。契约是指基于合同约定或信托、代理形成的控制关系。

第二,是否存在重大影响。所谓重大影响是指对一个经济主体的财务和经营决策能施加重大影响,如选聘高级管理人员或在懂事人员派驻代表。② 重大影响的产生可以基于股权关系,虽然没有达到控制的程度,但足以依据其股份所代表的表决权对股东会或者董事会施加重大影响。另外,是基于自然人特殊地位而产生重大影响,如公司的高级管理人员。

2. 养老基金投资关联交易监管法律制度的分析比较

养老基金关联交易监管的重点主要表现在以下几个方面:一

① 马妍妍:《企业年金监管的比较法研究》,上海社会科学院出版社2010年版,第162页。

② 胡光志、方桂荣:《论我国投资基金关联交易监管模式的选择》,载《法学家》2008年第3期。

是对关联交易的限制；二是确定关联交易方；三是信息披露制度。下面是针对以上两种情况进行的分析：

（1）对关联交易的限制。对养老基金关联交易进行监管但并不禁止，监管既包括对可能有害或已经发生损害的行为的禁止或矫正，也包括对合理行为的认可。[①] 养老基金关联交易的前提是承认一部分关联交易存在合理性，禁止的关联交易是有害的行为，通过监管确认公允性关联交易的益处同时禁止非公允性关联交易。从数量限制来看，对关联交易有三种情况：一是完全禁止，如丹麦；二是不采取任何限制，如新西兰、卢森堡等；三是实行最高比例限制。实行最高比例限制的国家比较多，但限制的比例各国不同，从2%到最高33%。而且即使那些完全禁止或者完全放开关联交易的国家，在具体界定上也会遵循“适度”原则，具体来讲，如果禁止关联交易一定会缩小监控对象的范围，如果扩大管制对象的范围肯定会限制关联交易生效的条件。以我国台湾地区和美国为例，根据我国台湾地区的“证券投资信托基金管理办法”的规定，台湾证券投资信托事业禁止投资到与本证券投资信托事业有利害关系法人所发行的证券，但对“有利害关系之法人”仅限定为两类法人：一是持有该证券投资信托业已发行股份总数5%以上股份的法人；二是担任证券投资信托业董事或监察人的法人。美国则选择了完全不同的监管思路，依据美国《1940年投资公司法》，关联人范围极其广泛，包括了一级和二级关联人，涉及人数众多（后文有详细阐述），但只要经过证券交易委员会（SEC）的批准或者符合豁免条件，关联交易则可照常进行。从以上可以看出，虽然不同国家或地区对关联交易的界定和限制不同，但在经济活动中都会“适度”控

① 巴曙松：《企业年金关联交易监管框架研究》，载http://www.doc88.com/p-73942810210.html，最后访问日期：2013年6月25日。

制和监管。

(2)关联方的认定。美国主要有两部法律对养老基金投资关联交易进行规制:一部是《1940年投资公司法》,另一部是《关联方披露准则》。美国从对基金管理人的实际支配能力来界定关联方,强调股权和控制权,基金管理人不同层次的关联法人是关联交易监管的重点;相对来讲,对于自然人关联人限定较窄,仅限于基金管理人中的高级管理人员或其他重要人员。① 如美国《1940年投资公司法》在第80a-17节将非公允性关联人的范围界定如下:一是直接或间接拥有基金管理人5%或5%以上表决权证券的人;二是基金管理人本人拥有5%或5%以上表决权证券的人;三是直接或者间接地控制基金管理人、被基金管理人控制或共同被第三方控制的人;四是基金管理人的管理人员、董事等。在ERISA中,针对养老基金本身的特点,将利益关联方进一步明确为:任何受托人、法律顾问、该企业年金计划的雇员;向该企业年金计划提供服务的人;该计划所覆盖的雇员的雇主。英国也有类似的规定,根据英国会计准则委员会(Accounting Standards board, ASB)于1995年发布的《关联方披露准则》(Related Party Disclosure),在一定财务期间任何时候如果具备以下条件之一就为关联方:一方能对另一方实施直接或间接的控制;各方受同一方控制;一方能对另一方财务和经营决策所具有的影响力大到另一方无法全力追逐自身的独立利益或放弃自己的利益。

(三)我国养老基金投资关联交易的监管与限制

养老基金投资关联交易监管与限制的目的是保障参保人和受益人的利益,因此应在养老基金投资可能会发生非公允关联交易

① 马妍妍:《企业年金监管的比较法研究》,上海社会科学院出版社2010年版,第164页。

的环节进行改进和监督，通过约束养老基金投资关联交易来降低对参保人和受益人损害的危险，同时发挥公允关联交易对养老基金投资效率作用提高。

1. 我国现行养老基金投资关联交易监管中存在的问题

关联交易在其他投资领域比较普遍，监管机构也高度重视，但整体来讲我国的相关制度建设相对落后。据2005年的33家信托投资公司公开信息披露的年度报告显示，我国信托投资公司关联交易频繁，数额巨大。[①] 在养老基金投资制度设计之中，我国采取的是信托关系为主，各机构之间分权制衡的治理结构，目的也是对关联交易进行适当的限制。但由于我国制度不健全，再加上养老基金投资运营有捆绑式治理趋势，使关联交易监管存在种种困难。

(1)对非公允性关联交易难以认定。关联方认定是养老基金投资交易监管的重要内容之一，也是对关联交易公允性判断的标准。对关联交易进行认定和评判必须具备两个条件：一是能获得全面而真实的交易信息；二是能在相关法律、法规中找到依据。信息披露的相关内容在前文中已经详细介绍，关联交易从广义上来讲都是内部人之间的交易，交易信息在记录、披露中都可能会受到干扰，信息的全面和真实性很难保证。我国现行的立法如《企业年金投资管理办法》《全国社会保障基金投资管理办法》等法规中都没有对关联交易进行界定。信息不对称和制度的缺失使我国目前养老基金关联交易的认定、评判很难客观进行，对非公允性关联交易也难以区分。

(2)非公允性养老基金关联交易难以控制。虽然养老基金投资在不同管理机构之间形成了分权制衡的治理结构，但养老基金

① 汪其昌：《信托公司年报显露两种非常现象》，载新浪网：http://finance.sina.com.cn/stock/t/20050523/075175062.shtml，最后访问日期：2015年8月9日。

管理主体在关联交易涉及的利益冲突中的自我本位,仅靠机构之间的契约和内部控制很难形成有效机制。再加上养老基金捆绑式运作方式,同在一个集团之下,对关联交易的限制更加困难。由于养老基金关联交易存在难以认定并且难以控制的特点,使非公允性养老基金关联交易也难以受到处罚。

2. 我国养老基金投资关联交易监管法律制度的完善

(1)界定养老基金投资关联方的基本范畴。完善养老基金投资关联交易监管的第一步是要对关联方和关联关系进行系统的界定。《企业会计准则第 36 号——关联方披露(2006)》准关联方界定为“一方控制、共同控制另一方或对另一方施加重大影响,以及两方或两方以上同受一方控制、共同控制或重大影响的,构成关联方”。具体来讲包括以下几种情形:企业的母公司、子公司;与该企业受同一母公司控制的其他企业;对该企业实施共同控制的投资方;对该企业实施重大影响的投资方、合营企业、联营企业;该企业的主要投资者个人及与其关系密切的家庭成员;该企业或其母公司的关键管理人员及与其关系密切的家庭成员;该企业主要投资者个人、关键管理人员或与其关系密切的家庭成员控制、共同控制或施加重大影响的其他企业。我国养老基金投资制度比较复杂,涉及多重法律关系。在养老基金投资关联交易主体的界定上采用广义定义,除股权控制以外,还将涉及“共同利益”主体的部分行为纳入监管中来,在各类养老基金投资领域中具体包括受托人、资产管理人、账户托管人等主体及其工作人员;同时还包括受托人、资产管理人、账户托管人等主体持有股份或形成控制关系的机构和个人或与其形成共同利益关系的机构和个人。在确定养老基金投资关联方时,由于我国养老基金投资市场尚处于初始阶段,为保护受益人的利益,维护市场秩序,可以将企业年金关联方做宽泛定义,包含以下人员:养老基金受托人、投资管理人、托管人、账户管理人、养老基金计划的资助企业、养老基金的法律顾问、会计师、精算师。

(2)适当限制养老基金投资关联交易。对养老基金投资关联交易进行监管,其目的在于使养老基金投资受益人的权益得到最大限度的保障。在进行监管制度设计时,一方面要根据养老基金可能发生非公允关联交易环节进行改进,通过约束机制避免其给养老基金受益人带来损失;另一方面要对公允关联交易予以肯定以提高基金投资效率,拓展利润空间。

(3)建立与关联交易相关的分级信息披露制度。完备的信息披露是防止非公允性关联交易的前提和基础,可以考虑借鉴我国香港特别行政区公募基金的分级信息披露制度,建立"事前获批交易""事中披露交易""不需要披露交易"的判定标准,使其与关联交易监管相呼应,针对较易发生养老基金投资关联交易环节作出严格的披露要求并设置详细的披露目录,要求某些信息披露成为此项交易的前置性内容。由于上一节已对信息披露进行了详细阐述,相关内容参照本章第一节。

小结

养老基金投资信息披露是指在养老基金投资运营中,养老基金资产管理者向参保人、受益人和监管机构定期提交有关养老基金投资文件与报告,公布养老基金投资方案、经营业绩,并保证其所报告信息真实性和完整性的制度,它是养老基金投资其他监管措施的基础。养老基金投资信息披露能增加参保人或受益人知情权,增强公众的信心,促进养老基金投资主体治理结构的完善,控制投资风险并能完善养老基金投资监管体系。信息披露在养老基金投资监管中扮演着重要角色,考察其他国家和地区的相关制度,发达国家都注重通过立法方式规定养老基金投资信息披露,披露的信息比较全面、翔实,注重获得途径的便捷性和内容易于理解,在标准方面虽有差异但趋同化趋势明显。我国养老基金投资信息披露制度在建立的初始阶段,存在披露主体不明确、内容不充分、披露滞后、方式单一等问题,监管层面的问题主要是立法严重滞后、相关主体信息的意识不强、披露技术落后,因此当务之急是完善立法,并建议引入 GIPS 标准。

养老基金投资管理交易,是指养老基金投资运营机构之间存在控制关系或者运营流程上相互间有重大影响的市场交易。信息披露是关联交易监管的基础,而关联交易是信息披露的重要内容。养老基金关联方的利益冲突、不完备的信托制度和代理制度、受信人对忠实义务和信赖义务的违背是养老基金投资关联交易产生的根本原因。由于养老基金投资关联交易主体地位具有双重性,所以其相比于其他领域的关联交易更具有隐蔽性。一般来讲,它有四种类型:本人交易、共同交易、代理交易和自我交易。对关联交易的认定和限制是监管的关键所在,我国要适当限制关联交易,禁止非公允性关联交易的同时也要对公允性关联交易进行肯定,以提高基金投资效率,拓展利润空间。

第六章　养老基金投资退出监管法律制度

经济学家熊彼特认为,创新推动了经济发展,而创新的过程是创造性的毁灭过程,它打破了旧的均衡,实现了新的均衡。[①] 这种新旧更替基于“新组合”,也表现在市场主体的“进出”。市场主体之间的创新竞争会不断地有落后主体被淘汰,同时也会有新的主体不断进入,而这种持续不断的市场主体进入和退出,是经济增长的源泉和动力。[②] 在市场机制中,养老基金投资市场有进入必然会有退出,而完善的养老基金投资退出机制是衡量养老基金投资市场成熟度的重要标志。养老基金投资机构退出市场的原因很多,可能是环境、政策、投资机构的经营决策的改变以及在竞争中处于劣势地位等,退

① ［美］约瑟夫·熊彼特:《经济发展理论》,何畏、易家详等译,商务印书馆1990年版,第86~89页。

② 陈颖:《商业银行市场准入与退出问题研究》,中国人民大学出版社2007年版,第12页。

出的方式有自愿性退出和强制性退出等形式,最后的结果是退出养老基金投资领域。作为退出的要求,所有退出的养老基金投资机构必须清理完所有的法律关系并承担相应的后果。通常,绝大部分市场主体都可以遵循民商法规则完成市场退出的权利义务配置,但养老基金投资机构具有金融属性并且受益人众多,在退出时可能引发重大危机和严重侵权,因而需要监管者进行干预。但相比翔实的养老基金投资运营准入制度,我国对养老基金投资机构退出制度构建和重视不足,实践中不多的退出案例也呈现出非市场化运行状况。与经济改革相适应,养老基金投资市场改革有"宽进"的趋势,如2015年人力资源和社会保障部修改了《企业年金投资管理办法》以及《企业年金基金管理机构资格认定暂行办法》,取消了年金管理机构最低资本金要求,降低了"准入"门槛,旨在鼓励更多机构参与养老基金投资。"宽进"必须辅以"严出",构建符合市场规律的退出监管制度就尤为重要了。

一、养老基金投资退出监管的一般分析

(一)多层次信托养老基金投资运营模式与退出的界定

1.养老基金投资退出的含义

市场退出与准入相对应,二者均是源于经济学的概念。在市场竞争理论中,如果一个市场"进出"自由,就有利于高效的市场主体进入而淘汰效率低下的主体。相应地,如果市场"进出"不自由,在位的主体就获得了某种垄断利益。[①] 养老基金投资市场退出,是指养老基金投资主体退出养老基金投资领域,丧失作为养老基金投资主体资格。它的目的是使不符合条件、不具备资格的市场主

① 葛兆强:《商业银行市场准入与退出问题研究》,载《国际金融研究》2005年第2期。

体退出养老基金投资竞争和市场经营,防止其侵蚀养老基金资产,使市场资源得到更加合理、有效的配置。市场退出是为了保证市场的有效竞争,将原来具备条件、现处于竞争劣势地位以及在市场中严重不守规则的主体清出市场。[①] 养老基金投资机构退出,是指从事养老基金的市场主体从养老基金投资市场中退出来,终止其作为养老基金投资主体的身份和资格的行为。通常来讲,金融机构退出是指主动或被动退出金融市场,从而使自身法人资格消灭。如本书第四章阐述,养老基金投资管理主体首先必须通过相关业务部门和主管机构认可,具有相应的投资管理资格,然后才能通过竞争成为某个具体养老基金投资管理者。所以与一般的金融机构退出不同,养老基金投资退出可以是某个养老基金投资主体的资格丧失,如合同终止后与具体的养老基金不再续约;也可以是丧失作为养老基金投资主体的资格,退出养老基金投资市场。另外一种就是企业发生破产、撤销,彻底退出各种市场,法人资格消灭。从这个角度来看,养老基金投资退出是广义上的退出。

在法学视野下,市场主体的退出强调在退出后身份和资格的消失,这可能是市场自由选择的结果,也可能是监管干预的后果。因为法学研究更多地关注权利和义务范畴,所以市场退出监管法律制度关注的核心是退出后市场主体经营和退出过程中债务问题的处理。同时程序也是法律强调的,如果没有公正、透明的退出程序,很难保证退出能产生预期目标。所以在研究养老基金退出监管法律制度时,核心问题是广义市场退出所产生的权利和义务,并且对退出程序性问题给予特别的关注。

2. 养老基金投资退出类型

根据不同的标准,金融机构退出可以分为不同的类型,如根据

---

① 阎维杰:《金融机构市场退出研究》,中国金融出版社2006年版,第54页。

退出的原因不同,可分为自主解散式退出、撤销式退出和破产式退出;根据退出主导机制是行政力量还是市场机制,可分为行政退出和市场退出;根据是否出于退出者的意愿,可分为主动性退出和被动性退出。从养老基金投资市场来看,一般分为业务退出和机构退出。业务退出虽然停止了原本从事的养老基金投资业务,但仍然具有独立的市场主体身份,如金融集团或控股公司将养老基金投资业务剥离,使其退出养老基金投资市场。机构退出是机构本身由于撤销、破产、兼并而丧失法人资格。具体来讲,养老基金投资退出有以下几种形式,其中合同到期退出和自愿退出多指业务退出,而强制性退出中既包括业务退出也包括机构退出。

(1)合同到期退出。从现行的投资管理框架来看,养老基金投资表现为多层次的信托或委托关系,与投资管理参与主体都有一定的期限。在养老基金投资管理机构与养老基金计划签订的合同到期后,如果双方不再续签,合同自然终止,投资相关主体退出市场。正常退出一般是养老基金的一个运作过程结束,交接工作和清算工作都按序完成。这种退出方式对养老基金和参与主体的影响较小,前者能重新签约寻求合适的继任者,对后者的冲击力也不大,其能重新开展业务。

(2)自愿退出。自愿退出养老基金投资市场的主要特点是,养老基金投资相关机构主动解除退出养老基金投资业务,通常养老基金参与主体出于企业的整体规划或其他原因会选择主动退出养老基金投资市场。自愿退出可能会对养老基金产生一定的意外冲击,但由于是养老基金投资参与主体主动提出解除合同,因此是建立在二者平等协商的基础上,所以对养老基金虽然会有一定的影响但影响不会太大。

(3)强制性退出。强制退出是主体由于某种原因丧失养老基金投资运营的资格而被强制性退出养老基金市场。强制性退出包括参与主体违反养老基金合同规定,未履行相应的义务或利用养老基金投资谋取不正当利益。强制性退出往往缺乏预见性,而且强制退出的原因通常是养老基金投资参与主体由于违反法律法规或合同约定,会给养老基金带来较大的冲击力,可能危及养老基金资产安全,甚至在退出后使养老基金在一定期限内无法投资运作。因此,养老基金退出监管的重点是强制退出。

(二)养老基金投资退出监管必要性分析

1.遵循市场经济发展规律的需要

从定义上来看,市场化养老基金计划在财务上是稳健的,具有可持续性,基金积累制可以提高国民储蓄,并促进金融市场的发展和经济增长。[①] 市场化改革是近30年来全世界养老基金制度改革发展的趋势之一。竞争被视为市场经济的基本规律,就像马克思曾经说过"竞争是经济学家的主要范畴,是他最为宠爱的女儿,他始终爱抚着她"。[②] 在市场经济中通过合理竞争让那些最具竞争力的市场主体获得有效的社会资源,以达到资源的最佳配置。竞争的结果必然是优胜劣汰,在竞争中取得优势地位的市场主体会不断地获取更多的市场占有率,而在竞争中处于劣势地位的主体会逐渐失去市场份额,严重的可能会陷入经营困境,发生市场退出的危机。所以说市场退出是市场经济竞争的必然结果。同样,对于进行市场化运营的养老基金投资来说,其相关主体必然会面临着退出的可能。

一方面,养老基金投资市场的竞争机制必然会使一些主体退出市场;另一方面,任何一个市场主体都不是独立存在于市场经济之中的,除和同行业市场主体之间的竞争关系之外,在生产和交易

① 罗伯特·霍尔茨曼、理查德·欣茨等:《21世纪的老年收入保障——养老金制度改革国际比较》,郑秉文译,中国劳动社会保障出版社2006年版,第84页。

② 《马克思恩格斯全集》(第1卷),人民出版社1956年版,第611~612页。

的各个环节上还会产生很多与之有利益关联的主体。作为市场竞争失败者的市场主体，在市场退出时不仅该主体本身利益会受损，与其有利益牵连的其他主体的利益也有可能受损。因此，养老基金投资市场退出绝不是单个市场主体的个体事务，而是关系养老基金投资运行秩序，乃至整个国家经济的问题。在养老基金投资市场化运行中，市场退出需要有效的运行机制作为保障，有效的运行机制能有效地处理退出主体与利害关系人之间的权益，从而维护养老基金投资市场的秩序。

2. 有利于健全养老基金投资机构自我约束和激励机制

首先，养老基金投资退出监管有利于养老基金投资机构治理结构的优化。建立市场化的优胜劣汰的退出机制，可以完善养老基金投资机构外部治理环境，以此来推动其内部治理的提升。外部治理机构通常表现为监管制度的确立和游戏规则的制定，而内部治理更多地表现为公司的内控，政府和监管机构不能直接介入和干涉。[①] 完善的养老基金投资退出监管，会让股东和公司管理层感受到市场竞争的压力，因为只有不断完善公司治理结构，防止内部人控制，规范运作流程和风险控制，才不会被市场淘汰。其次，完善的养老基金投资退出监管可以使养老基金投资管理机构管理层，特别是高层面临压力，因为一旦因为经营不善或违规被动退出养老基金投资领域，投资机构高级管理人员不仅会失去现有的职位和待遇，还会在行业内产生不良影响甚至被禁止进入该行业。从这个层面来说，退出监管可以有效地约束养老基金投资机构的管理层。

---

① 杨宏芹：《证券公司退出机制的法律研究》，华东政法大学2007年博士学位论文，第9页。

3. 有利于化解养老基金投资风险

一个完整的市场监管体系包括市场准入监管、市场运行监管和市场退出监管。养老基金投资市场准入监管是首要环节，其目的是使养老基金投资管理主体质量、数量、结构等因素符合国家经济发展和市场需要；养老基金投资市场运营监管是对养老基金投资管理主体持续性监管，通过对其业务运营的合规性、信息披露、关联交易等进行监管，确保投资主体经营的稳健，维护养老基金参保人的利益。养老基金市场退出监管则是养老基金投资管理主体不能满足一定的条件，监管部门采取的干预。三者共同服务于养老基金投资目标，维护整个金融体系的安全，保护养老基金受益人的利益，促进社会经济的发展。养老基金投资退出监管使陷于困境的养老基金投资机构能有序退出养老基金市场，确保养老基金投资安全和市场的有序竞争，提高资源配置效率。在市场经济条件下，即使是最有效的监管，也不能使金融免于陷入困境的危险。①养老基金陷入困境的原因是多方面的，包括投资机构未建立有效的内控、存在欺诈行为、对创新产品缺乏经验，等等。如果监管当局不对问题机构采取有效措施，不仅会给养老基金资产带来危害，还很可能会波及其他金融领域甚至整个经济领域。因此，完善的退出监管是养老基金投资监管不可缺少的重要组成部分，其能有效防范、化解养老基金投资风险。

二、我国养老基金投资退出监管的现状及问题

（一）我国养老基金投资退出监管现状分析

由于养老基金投资本身就是一国金融整体的一个部分，进行

---

① 温树英：《构建我国金融机构市场退出的监管法律体系》，载《政治与法律》2002年第1期。

养老基金投资运营的相关机构大多是银行、信托公司、保险公司或各种投资基金管理企业，因此金融机构退出监管必然会影响养老投资的退出监管制度的设计。在进入 20 世纪 90 年代之后，我国建立社会主义市场经济体制目标的确立，以银行业为首的金融体制发展到了一个全新的阶段，尤其是 21 世纪以来，金融体制改革更加深入，金融机构之间的竞争也日趋激烈。① 既然有市场化竞争，必然会有优胜劣汰的淘汰机制，金融机构的退出监管不再是“只闻其声”，这引起了学界和实务界的广泛关注。最早的银行业退出案例发生于 1995 年，中国人民银行接管了信托投资公司，此后，金融机构资不抵债退出市场的事件时有发生。② 最初，金融机构退出监管明显带有行政化痕迹，目标定位、处理方式和相应的制度安排市场导向不明显。近年来，我国问题机构市场退出监管逐步规范化，我国问题金融机构的市场退出法律不断完善。在具体立法上，《商业银行法》《证券法》《信托法》《保险法》等基本法都对此有相关规定。由于金融市场千变万化，正式的金融法律只能作原则性规定，真正具有操作价值的是金融监管部门制定的具体操作性规范性文件，在我国主要表现为由中国人民银行、银监会、保监会和证监会制定的行政规章。③ 所以除了基本法律，行政法规和规章在金融机构退出监管中也扮演着重要角色。我国养老基金并没有完全投资“入市”，目前基本养老保险基金的投资办法正在研究中，退出监管也就无从谈起。企业年金基金和全国社会保障基金已在 2000 年

① 张雪强：《银行业金融机构市场退出法律制度研究》，西南政法大学 2011 年博士学位论文，第 56 页。

② 王宝刚、张立先、荆伟等：《问题金融机构市场退出的法律制度研究》，载《金融理论与实践》2011 年第 6 期。

③ 张宇润、江玉荣：《农村金融创新的法律激励机制探析》，载《学术界》2013 年第 6 期。

后陆续“入市”，经过十几年的发展，基本制度已初步建立，其中《企业年金投资管理暂行办法》和《全国社会保障基金投资管理暂行办法》等文件中对退出情形作了规定，实践中也只有企业年金基金有退出案例。在2008年企业年金管理资格延续认定中，人力资源和社会保障部在2004年认定的34家中延续了33家管理资格，其中中诚信托有限责任公司、泰康人寿保险股份有限公司和中国人寿保险股份有限公司分别提出申请，退出企业年金基金法人受托机构、账户管理人行业；新华人寿保险股份有限公司的企业年金基金账户管理人资格被暂停。[①] 2007年11月认定的24个企业年金基金管理机构资格于2013年11月到期。[②] 在2013年11月7日《关于延续及整合企业年金基金管理机构资格的通告》中，23个企业年金基金管理机构资格得以延续，上海国际信托有限公司受托管理机构资格和广发基金管理有限公司投资管理机构资格因违规被停止。中信信托则将账户管理机构资格转移给中信银行，中诚信托由于股权变更将年金业务资格转给了中国人保。

1. 养老基金投资机构退出情形

《基本养老保险基金投资管理办法》《职业年金基金管理暂行办法》《企业年金投资管理办法》《全国社会保障基金投资管理暂行办法》中，都对于相关主体退出作了规定。由于基本养老保险基金以及职业年金基金投资管理人的都必须具有企业年金或全国社会保障基金投资管理人的相应资格，所以其退出标准也是类似的。

---

① 《关于延续企业年金基金管理机构资格延续的通告》，载人力资源与劳动部网：http://wenku.baidu.com/view/730e683d0912a21614792968.html，最后访问日期：2016年11月26日。

② 《24家企业年金基金管理机构资格11月到期》，载东方财富网：http://fund.eastmoney.com/news/1593,20131012328493068.html，最后访问日期：2015年11月17日。

《企业年金投资管理办法》中分别对受托人、账户管理人、托管人和投资管理人的退出情形作了相应的规定，一般包括：违反合同约定；谋取不正当利益；机构本身依法被解散、撤销或破产；被取消相应的管理资格等。《全国社会保障基金投资管理暂行办法》对社保基金投资管理人、社保基金托管人也有类似的规定。以上都是对投资管理机构从某个具体养老基金投资业务中退出的规定。除了这些，《企业年金投资管理办法》和《全国社会保障基金投资管理暂行办法》分别从相应的整体业务作出退出相关规定。如企业年金管理机构如果有 3 次违法记录或者违反后责令不改，其资格到期之后 5 年内不再延续。全国社会保障基金在《全国社会保障基金投资管理暂行办法》第十章的罚则中规定了社保基金投资管理人和托管人退任的情形。

2. 破产分离制度

养老基金资产独立性制度设计是避免养老基金风险的重要制度之一，它包括三个层面制度设计：首先，养老基金资产独立于资助养老基金计划的雇主，防止雇主发生分离、合并、撤销、破产等情形时损害养老基金资产；其次，养老基金投资机构之间采取分权制衡的治理结构，账户托管人、账户管理人和投资人分别履行各自的职责，相互制衡、互相监督，形成了“管钱的不碰钱，碰钱不管钱”的制约机制；[①]最后，养老基金资产及其投资收益独立于投资管理机构资产制度及其管理资产，进行专门账户管理管理，并且规定投资管理机构依法解散、被依法撤销或者被依法宣告破产等原因进行清算的，基金资产不属于其清算财产，养老金债务不得与养老基金管理机构本身或其他债务相抵销，非因养老基金资产本身承担的

---

① 郑秉文主编：《中国养老金发展报告 2011》，经济管理出版社 2011 年版，第 66 页。

债务不能有养老基金资产承担。从中可以看出,我国养老基金投资中的资产独立于管理机构的资产,其在退出中的安全性能得到初步保障。

3. 退出后的安排

市场退出监管是一个完整的过程,包括从“退出”情形出现开始,到市场主体完全退出市场完成交接的整个过程。退出并不是监管的目的,监管的重心在于减少退出给养老基金资产和金融市场带来的震动,以养老基金受益人为核心,妥善解决退出后的负面效应。在《基本养老保险基金投资管理办法》《企业年金投资管理办法》《全国社会保障基金投资管理暂行办法》中规定在相关投资机构终止后,都要求在一定期限(45 日)内委任新的接替者。

(二)我国养老基金投资退出监管法律制度存在的问题

1. 以行政主导为主的理念不符合现代市场经济规律

纵观人类几千年历史,尽管市场经济有自身的缺陷,但到目前为止市场经济是实现资源优化配置的最佳方式。所以,从我国养老保险基金多年改革的轨迹来看,就是要建立市场化运作机制,遵循行政权力逐步淡出、公权力逐渐退出投资主体而成为规则制定者和市场监管者角色的思路。[①] 养老基金投资退出本身就是市场行为,必须按照市场规则来处理。没有完善的市场退出机制,就没有市场经济。金融机构的市场退出通常表现为市场主导和行政主导。行政主导是指在金融机构退出时,行政干预在退出过程中起主导作用。行政干预的特点是快速、高效、及时地处置风险和危机带来的危害,特别是在危机发生时,能够有效地利用资源化解危机。但如同其他行政干预一样,它会阻碍市场机制发挥作用,还可

---

① 江玉荣:《基本养老保险基金投资的立法与完善》,载《现代经济探讨》2013 年第 9 期。

能会发生行政主体进行权力寻租和行政不公等现象。在市场经济体制下,行政主导只是在危机时的“缓兵之计”,绝不能长久适用。

2. 尚未形成系统退出的法律体系

养老基金退出监管是一个系统工程,包括对风险的分析和预判,有问题投资管理机构的处置,对养老基金资产和受益人权益的保护,都需要建立一套完整的法律制度保障监管的有效运行。在具体法律内容上,首先,对养老基金投资管理机构的经营状况要有一套完整的分析体系,能对养老基金投资机构可能出现或已经发生的各类风险做出恰当的判断。当风险达到一定程度,就应及时采取清退措施。对有问题的养老基金投资机构的处置,一方面,是通过一定的措施去挽救那些还能挽救的机构,化解已经出现的风险;另一方面,对于那些已经达到清退标准的问题机构要及时进行清退。如上文所述,现有的立法虽然对投资管理机构的退出情形作了规定,但都具有原则性,如“利用企业年金基金财产为其谋取利益,或者为他人谋取不正当利益的”这一条中“利用”做怎样的解释,是非法利用还是合法利用等,不具备可操作性。我国法律体系还没有清晰地界定养老基金投资从早期发现、制订分类处置方案到清算退出、损失分担机制的完整架构,呈现碎片化状态,缺乏系统性规划和顶层设计。其次,对市场退出包括采取的程序、损失的分担、养老基金资产的交接及恢复与处置计划等要素缺乏法律支持。最后,关于养老基金投资机构法律法规与上位法和相关法律的衔接配套不够。

3. 退出流程不明确

根据《银监法》《金融机构撤销条例》等相关规定,金融机构退出程序大致可以分为以下几种:第一,金融机构主动申请—监管机关审核—缴销经营许可—清算;第二,金融机构主动申请破产—监管机关审核—缴销经营许可—清算;第三,认定问题机构必须撤销—撤销—清算；第四，对问题金融机构责令整顿、指导重组—接管。在企业年金二次资格复查中，我们看到主要是由人力资源和社会保障部发出通知，要求在规定的时间内提交“管理机构延续资格申请报告”，报告内容申请人自律承诺书、公司近3年基本情况变动信息、申请人企业年金管理业务开展情况、申请人履行企业年金管理职责情况、申请人企业年金业务发展规划等事项。从当前的法律法规中我们找不到养老基金投资退出的程序性文件的依据，无论是管理机构从单个、具体养老基金业务，还是整体从事养老基金投资管理资格的退出，以及作为机构本身的退出，都没有任何程序性规定。

4. 养老基金投资受益人利益保护机制缺乏

养老基金投资利益相关人很多，以利益相关人与养老基金投资机构发生的各种关联角色不同，可以将其分为内部关系人和外部关系人。养老基金受益人和债权人是养老基金投资机构的外部利益关系人，而养老基金投资机构的股东、出资人和员工则是内部利益关系人。养老基金投资退出行为对内外部关系人的利益都会产生影响。但最为直接的利益关系人是养老基金投资的受益人，因为受益人的利益是养老基金投资的最直接目的。养老基金投资机构之所以退出，无论其退出的原因是什么，有一点是相同的，那就是养老基金投资机构经营的养老基金投资业务无论盈利或亏损，受影响最大的是养老基金受益人。在DB型养老基金中受益人应该是资助基金的企业，在DC型养老基金中受益人主要是参保人本身，而公共养老基金的受益人是不特定的。我国目前已构建了以DC型养老基金为主体的养老基金保险制度，但对于养老基金投资退出受益人权益的保护几乎是空白的，参保人在退出监管中不能发出任何声音。以企业年金为例，我国企业年金是典型的DC型养老基金，职工退休后退休金的计算与基金缴纳数量、年限以及投资收益有着密切关系，但对养老基金投资机构退出后养老基金资产受到侵蚀，受益人能不能维权、如何维权、途径是什么，目前的法律、法规没有任何规定。

三、我国养老基金投资退出监管法律制度的构建

（一）构建养老基金投资退出监管法律制度的指导思想

1. 强化受益人的权益保障机制

在一般的信托关系中，一旦老的受托人辞任，新的受托人可以依据信托文件的规定或者由信托人自己向有关机构申请指定，信托就能够继续；如果有受托人违反信托义务致使受托财产或受益人利益损失，受益人可以追究受托人责任并向不当持有信托财产的第三人行使追及权。① 养老基金具有集合长期性投资的性质，虽然不同基金的投资设计会有所差异，但通常都会表现为更为复杂的多层次信托和委托关系，受益人是人数众多的普通大众。在这种情况下，受益人的权益主张单靠自己的力量很难得到保障，加上我国养老基金制度还在发展初期，受益人的权益保障并没有像一般债权那样为大众所广泛了解。在管理机构退出的处理中，养老基金受益人权益保护会是一个极大的挑战，这是养老基金投资退出监管首先必须考虑的问题。

2. 淡化行政手段，以市场化为导向

所谓市场化退出，就是按照公开、自愿、竞争和依法的原则完成市场退出的程序。② 养老基金投资市场退出以市场为主导是本质要求，市场经济中的优胜劣汰和资源优化配置本质上都要求养老基金投资市场退出时坚持以市场为主导。养老基金投资管理机

---

① 李勇：《信托业监管法律问题研究》，中南大学2006年博士学位论文，第88页。

② 杨宏芹：《证券公司退出机制的法律研究》，华东政法大学2007年博士学位论文，第76页。

构的退出应符合市场本身的运行机制,通过竞争达到优胜劣汰,为市场注入生机和活力,促进养老基金投资市场资源的合理配置。养老基金进行投资运营是其市场化改革的一个主要方面,养老基金投资管理机构退出必然要淡化行政手段,以市场化为导向。但当前我国养老基金投资管理机构退出的案例并不多且表现为行政权力主导是不争的事实,改变当下行政权力主导下的市场退出,构建养老基金投资管理机构退出市场化机制是当前监管的重点之一。

3. 养老基金投资市场退出在实施上要及时

除主动退出以外,养老基金投资机构出现经营困难或违规行为,从而对养老基金资产产生了威胁,对此要及时、快速处理,防止风险和危机扩大。及早、恰当地处理有问题的金融机构,可以有效降低处理风险的成本。推迟解决有严重问题的金融机构,只会带来更严重的后果。对危机金融机构的处理,就如同救火一般,越早发现,越早处理,损失越小。[①]

(二)养老基金退出监管法律完善的具体建议

1. 建立统一的退出监管法律体系

目前,关于我国养老基金投资退出监管的法律立法层次较低,并且规定粗略,主要集中在《全国社会保障基金投资管理暂行办法》《企业年金投资管理办法》中,另外,人力资源和社会保障部《企业年金基金管理机构资格延续的通知》等也有相关的规定。但总体来讲,这些法规规定得比较分散,立法层次较低,缺失的内容还较多,没有形成统一的体系。养老基金市场退出法律制度应当是一个科学统一的法律体系。我国现有涉及养老基金投资市场退出的法律、法规多是原则性和概括性的规定,必须要具体细化这些法

① 阎维杰:《金融机构市场退出研究》,中国金融出版社2006年版,第91页。

律、法规，增加其可操作性。同时要加快立法，建立起针对性强、能独立适用的法律、法规。完整的养老基金投资市场退出法律体系应该有具体、具有可操作性的责任追究机制，没有责任追究制度的法律、法规等于“空头支票”。除了责令改正、停止其养老基金投资业务和终止其投资管理人资格，目前我国对于养老基金投资机构无其他规定，对于高级管理人员的规制几乎是空白，所以现实中也没有发生过进行责任追究的案例。关于养老基金投资管理人员和监管机关工作人员责任追究制度的法律可以结合行政法律责任中的财产惩罚、剥夺身份处罚以及刑事法律中的有关罪名和罪行等法律规定，建立综合的养老基金投资机构市场退出责任人的问责制和事后评价制度。严格追究有过错的高级管理人员、操作人员和监管工作人员的行政责任、民事责任和刑事责任，通过法律的威慑力和法律责任的成本，减少养老基金机构内的违法违规行为、打击金融犯罪，防范养老基金投资机构经营和市场退出中的道德风险。

2. 改进退出监管流程

养老基金投资退出监管的宗旨是保护养老基金资产安全和受益人利益并维护整个经济的稳定，这就要求监管必须遵循市场机制，而科学理性设计的监管流程则对整个退出监管的有效性起着至关重要的作用。不同退出类型应该遵循不同的流程，一般来讲，自愿退出和合同到期退出对养老基金受益人权益潜在损害不大，影响最大的肯定是强制性退出，应当建立以全面审计、接管或托管、整顿和重组、撤销为主线的强制性退出监管流程。全面审计对养老基金投资机构是否合规经营、是否正确履行相应管理人义务、现有资产能否偿还其债务等都有关键性作用。根据审计的不同结果监管机关予以不同处置措施，应直接决定是否接管并主导其整顿或重组，撤销没有拯救可能性的管理机构。接管是对出现问题的养老基金投资机构的全面接受，托管是有养老基金监管者委托其他专业机构行使接管权利。整顿和重组都应该通过专业机构操作,尽量避免以行政指令方式进行。

3. 发挥监管对受益人主张权利的支持功能

由于资金、信息和知识水平等禀赋差异,金融市场主体的博弈能力也各有不同,这就导致参与金融市场活动的各类主体实力悬殊。[①] 在养老基金投资领域受益人就处于弱势地位,养老基金投资管理机构的退出直接影响着受益人的权益,所以要强化受益人的权利保护。从我国养老基金投资实践来看,养老基金投资市场退出时如果造成养老基金资产损失,基金受益人很难找到责任人,即使能确定责任人也很难向其主张自己的权利。以信托型投资管理模式的企业年金为例,受益人也无法根据《信托法》或其他法律主张自己的权利。[②] 实践中,遭受损失的养老基金受益人自己无法判断损失有多大。我国要对养老基金退出制度完善,建立受益人权利保护机制,最为主要的就是相关证据的保存和取得。首先,在养老基金投资机构在发现投资机构问题或提出退出申请时,监管机构就应当要求养老基金投资管理机构提交详尽资料并委托专业机构进行审计。其次,监管机构制定相关工作制度使受益人也能够切实依法取得相关资料。最后,相关权利人有权要求监管机构对有养老基金投资管理人的特定经营事实进行调查取证,这样可以督促监管机构运用“倒推法”来细致地完善对养老基金投资活动的事前监管和事中监管,避免事后取证调查处于被动局面;同时还能

---

① 冯果、袁康:《从法律赋能到金融公平》,载《法学评论》2012 年第 4 期。

② 我国《信托法》规定,受托人违反信托目的处分信托财产或者因违背管理职责、处理信托事务不当致使信托财产受到损失的,委托人有权申请法院撤销该处分行为,并有权要求受托人恢复信托财产的原状或者予以赔偿;该信托财产的受让人明知是违反信托目的而接受该财产的,应当予以返还或者予以赔偿。问题是养老基金信托权利人(包括委托人和受益人)无法证明受托人违背管理职责、不当处理信托事务;也无法证明第三人是明知接受的信托财产是违反信托目的而转移的。

促使养老基金投资管理人积极完善内部控制。

4. 完善退出后的风险保障机制

养老基金投资机构退出市场,除解决养老基金投资机构的经验困境和债务之外,还要维护养老基金资产安全和受益人的权益。因此,需要风险补偿机制,具体参见下一章节。

小结

在市场机制中,养老基金投资市场有进入必然会有退出,而完善的养老基金投资退出机制是衡量养老基金投资市场成熟度的重要标志。养老基金投资市场退出的目的是使不符合条件、不具备资格的市场主体退出养老基金投资竞争和市场经营,防止其侵蚀养老基金,使市场资源得到更加合理、有效的配置。养老基金退出分为自愿退出、合同退出和强制性退出。因为强制性退出往往缺乏预见性,退出的原因通常是养老基金投资参与主体由于违反法律法规或合同约定,最能危及养老基金资产安全,因此它是监管重点关注的对象。养老基金投资退出监管遵循了市场经济发展规律的需要,有利于健全养老基金投资机构自我约束和激励机制,并有利于整个养老基金投资监管体系的完善。

我国养老基金市场退出监管制度已经初步建立,并对企业年金基金和全国社会保障基金投资退出情形和退出后的安排都作了相应的规定,在实践中已有金融机构退出养老基金投资领域的案例。但总体来看,还存在以行政为主导、监管流程不明确、受益人权利保护机制缺乏等许多问题。淡化行政手段、以市场化为导向和强化受益人的权益保障机制,是完善我国养老基金投资退出监管法律制度必须遵循的原则。在具体制度设计方面,要建立统一的退出监管法律体系,完善退出监管流程,发挥监管对受益人主张权利的支持功能和完善退出后的风险保障机制等。

第七章 养老基金投资风险补偿法律制度

市场化转变是养老基金制度改革的趋势,而市场化投资是改革的关键。理想的市场化投资能减少对劳动力市场和退休决策的扭曲,因为养老金的给付会随着人类寿命的上升而自动调整,不会受到人口风险的较大冲击;更为重要的是,它提高了基金积累账户的收益率,促进了养老金财政的稳定性和可持续性;养老基金投资能与资本市场形成良好的互动关系,在基金分享经济成果的同时也能推进资本市场的发展。但市场化改革也会面临各种各样的风险,最终会影响养老基金的回报率和替代率。由于养老基金本身的特殊性,政府不能把退休风险完全留给个人。[①] 风险补偿是化解风险的一个重要途径,它是在养老基金资产经营遭受损失

---

① 罗伯特·霍尔茨曼、理查德·欣茨等:《21 世纪的老年收入保障——养老金制度改革》,郑秉文译,中国劳动社会保障出版社 2006 年版,第 85 页。

时给予保障措施。在DB型养老基金计划中一旦雇主破产,计划在没有足够资产积累的情况下,雇员退休承诺就会无法兑现,常常会面临着既丢失工作又失去养老基金的境遇。英美法系国家除要求雇主必须根据待遇公式估算养老基金债务并按时向养老基金计划缴费并在资本市场进行投资以外,在企业破产时养老金计划丧失偿付能力的情况下,政府也会接管该计划并担保支付成员相应的待遇。当DB型养老基金计划向DC型养老基金计划转变时,为推进改革进程、分担风险,实施改革的国家都建立了不同形式的风险补偿机制。

一、养老基金投资风险补偿机制一般分析

(一)养老基金投资风险补偿机制的含义及类型

1. 养老基金投资风险补偿机制的含义

风险补偿机制在金融市场中随处可见,最为典型的是银行业经营不善对所保险的存款进行支付。依据投资者对风险厌恶程度的不同,现代投资理论将投资者分为"风险厌恶型""风险偏好型"和介入二者之间的风险中型。在均衡市场上,风险和收益呈正相关。从经济学角度,我国养老基金投资运营的基本原则是安全第一,在保证养老基金不发生亏损的情况下,尽可能增加盈利,是风险性和收益性有机结合。但在养老基金投资谋取保值、增值的情况下,不发生风险是不可能的。养老基金风险补偿机制是基于以上背景而产生的。2006年林义等学者就将其定义为:当养老基金积累不足或是破产,导致养老基金持有人在不能取得应得的待遇的情况下,动用预先建立的风险准备金或事后筹集的资产,对受益

人的损失进行弥补的机制。[①] 这个定义主要针对的是DB型养老基金。随着DB型养老基金向DC型养老基金转变,风险补偿机制内涵和外延都发生了改变。本书将其定义为:在养老基金投资运营中通过不同形式维持一定的基金资产,在机构破产或投资盈利未达到一定数额致使利益相关者的资产遭受损失时给予一定程度补偿帮助的制度。从本质上来说,DB型养老基金风险补偿机制是退出机制的一种辅助体系,但DC型养老基金风险补偿更多地涉及收益保障机制。

2. 养老基金投资风险补偿机制的类型

为了保证老年人的财政安全,各国在养老基金制度改革和构建中纷纷采取不同的方式。总体来讲,主要有给付水平和投资收益的担保两种形式,二者都可以分为绝对给付水平担保和相对给付担保。绝对给付水平担保是提供一个防止赤贫程度的固定给付;相对给付水平担保,是提供收入的比例如一定的替代率,每个成员可以通过养老保险获得类似的替代率,确保缴费成员的公平。绝对收益率和相对收益率担保的主要区别在于前者确定一个固定的投资收益率,而后者将其与市场某个基准挂钩。绝对给付水平担保的担保人是政府,具有福利性,是非缴费型的,一般和居住时间长短或者收入低于某一水平关联。[②] 养老基金投资风险补偿机制主要涉及相对给付水平担保和收益水平担保。

(二)构建养老基金投资风险补偿机制的必要性

1. 顺应全球养老基金发展趋势

养老基金市场化改革是全球发展的趋势,通常转向市场化的

---

① 孙洁、张运智:《企业年金投资风险补偿机制研究——兼论他国(地区)制度的适应性》,载《保险研究》2013年第6期。

② 钱珍、王晓军、黄顺林:《政府养老金个人账户收益保障制度分析》,载《保险研究》2010年第2期。

投资是关键。理想的市场化改革会有很多好处，特别是对单个积累账户提供了超过长期工资增长率的市场利息率。但这种潜在的收益也可能存在回报率风险和替代率风险，由于政治和社会原因，政府不可能把退休风险完全留给个人，因此提供某种程度的风险保障是全球养老基金改革中的一个必然选择。2005 年 4 月 6 日，英国就业与养老金部成立了养老金保护基金（Pension Protection Funds, PPF）就是很好的例证。另外，DC 型养老计划已成为全世界养老基金改革发展的主流，与这一发展趋势相适应，建立 DC 型养老基金计划的国家大部分都基于以下考虑，建立了风险补偿机制：第一，在 DB 型养老基金计划向 DC 型养老基金计划转变过程中，很多人担心 DC 型养老基金计划使成员方承担了过多的风险，为了减轻公众疑虑使养老基金改革顺利推进，政府或养老基金计划发起人为 DC 型养老基金计划建立了风险补偿机制。第二，一些国家的强制性 DC 型养老基金计划几乎完全替代了传统的 DB 型公共养老基金计划，成为养老基金体系最为重要的"支柱"。正是由于 DC 型养老基金计划的基础性地位，为保障国民退休后的基本生活需要，政府有必要强制规定建立 DC 型计划担保机制。

2. 化解养老基金投资风险

无论是给付水平担保还是投资收益的养老基金投资收益约束机制，目的都是在养老基金受益人资产遭受损失时给予一定程度补偿帮助的制度，其制度根植于对投资风险的化解、分散。养老基金是相当一部人老年生活和尊严的"来源"，但投资市场是无常的，养老基金投资风险无处不在，投资失败的结果可能是"为养老基金计划缴费积累了大半生，到头来却两手空空"。养老基金投资风险补偿机制是基于此种社会不可承受结果而建立起来的，它能够有效地熨平养老基金的投资收益，分散养老基金收益大幅波动的风险。由于养老基金资产的特殊性，风险补偿机制作为市场退出监管的一种辅助机制,能降低退出成本,减轻国家责任。当然是否在养老基金投资中引入风险补偿机构取决于整个养老体系,假如公共养老基金已经提供了足够的保障,能确保退休后的收入,那么风险补偿机制就没有必要了。此外,即使在公共养老基金和其他DB型养老基金很低的情况下,DC型养老基金最低收益担保还要考虑制度成本,如果成本过高就起不到化解风险的作用。

3. 有利于完善养老基金监管体系完整

任何有效监管都是持续性、协调性和长期性的,既有风平浪静时的常规措施,也有狂风暴雨来临时的应急预案。养老基金完备的监管体系应包括最初的养老基金投资业务金融机构资格准入监管,到养老基金投资机构获准进入养老基金市场后业务运营过程进行有效的监管,再到使不符合条件、不具备资格的市场主体退出养老基金投资领域的监管。另外,从养老基金投资广义监管来说,除政府监管还包括养老基金投资机构的自我管理、行业协会的自律监管、社会中介机构的监管。补偿基金机制是养老基金投资监管整个大厦的一个重要基石,它也是保护养老基金受益人利益的最后防线,有利于整个监管的体系的完整和完善。

4. 缩小养老基金待遇的差距,利于社会公平

首先,发达国家的低收入群体较少受养老基金最低收益担保影响,因为他们更多地依靠国家养老基金。其次,这些国家养老基金条款有内置的自动稳定器和养老安全网,这在一定程度上弥补了投资损失的个人退休账户。[①] 相反,那些中等或者较高收入的群体养老基金资产较多地暴露到投资风险之中。然而,并不是所有国家都有广泛覆盖的养老基金体系。在社会保障体制不完善的国

---

① 王亦奇:《收益保证约束下资产配置策略研究》,上海交通大学2011年博士学位论文,第44页。

家和地区,养老基金投资绝对值或者负面投资回报可能严重影响低收入工人,因为它可能会让他们更接近贫困线以下。我国养老基金实行的还是双轨制,职工基本养老保险中的个人账户基金涉及最基层老百姓的生活,如果投资收益得不到保障,将直接影响广大底层老百姓的生活。从现实角度来看,对养老基金投资风险提供风险补偿机制,确保养老基金投资安全,利于社会公平和和谐社会的构建。

二、养老基金投资风险补偿机制国际经验

(一)DB 型养老基金投资风险补偿机制国际经验及面临的挑战

正如前文所说,DB 型养老基金是在确定利益的前提下,风险绝大部分都由雇主承担,但如果雇主破产养老金计划必然也会终止,如果没有足够的基金积累,养老金承诺就会无法实现,参保人往往会面临着既失去工作又失去养老金的困境。英美法系国家在经历了一系列企业破产导致雇员退休待遇惨遭损失的沉痛事件后,出台了针对企业年金偿付能力的筹资法规,规定对待遇确定型计划债务要有最低限度的资产积累。[①] 由于 DB 型养老基金计划债务面临着诸多风险,大部分国家都由政府予以担保,美国是最早建立 DB 型养老基金计划担保的国家,后来英国、加拿大等国家以美国的制度为蓝本都建立了担保机制。但养老基金的公共担保机制也存在"公地悲剧",成为政府潜在的财政负担。

1. DB 型养老基金投资风险补偿机制国际经验

DB 型养老基金投资风险补偿机制主要通过公共担保机制来实现。美国、加拿大、英国、德国是比较有代表性的国家,下面从它

① 郑秉文、黄念:《美国待遇确定型企业年金计划担保机制的困境与前景》,载《美国研究》2006 年第 4 期。

们产生的背景、覆盖面、经费来源与投资运营、运行等几个方面进行阐述。

(1)产生背景。养老基金的公共担保机制的产生往往与政治事件有着很大的关系,从某种意义来说,养老基金公共担保基金的建立是政治因素而不是经济效率。① 如美国在20世纪70年代建立养老基金待遇担保公司(Pension Benefit Guaranty Corporation, PBGC)是为了支持那些成熟的经济工业部门,1980年开始实施的加拿大的养老金待遇担保基金(Pension Benefit Guarantee Funds, PBGF)只在加拿大10个省份中的安大略省实施,安大略省被认为是当时加拿大的工业中心,其当时正面临着工业危机。2005年4月6日英国就业与养老金部成立的养老金保护基金(Pension Protection Funds,PPF)也是在65,000名成员失去养老金的政治压力的背景下成立的。所以有学者指出,无论这些行业补贴有什么样的益处,都不应当用隐形的养老保障方式来补贴工业,因为这样会扭曲资源配置。②

(2)覆盖面。DB型养老基金担保的覆盖推出养老金计划数和人群还是比较广泛的。PBGC有单雇主计划保险项目和多雇主计划保险项目,截至2006年,共有28,800个单雇主计划保险,涉及3420万人,1600多个雇主计划保险,涉及990万人,其中1300万人接受了PBGC提供的担保。加拿大的PBGF涵盖了100万安大略省受益人。英国的PPF成立比较晚,覆盖1000万名到1500万名成员。德国成立于1970年的养老保障协(Pensions-Sicherungs-Verein

① Antolín, Pablo, et al.,"The Role of Guarantees in Defined Contribution Pensions", *OECD Working Papers on Finance, Insurance and Private Pensions* 11 ,2011,p.1.

② Stewart. Benefit Security Pension Fund Guarantee Schemes,OECD Working Papers on Insurance and Private Pensions,载 http://dx.doi.org/10.1787/260604113335,最后访问日期:2017年8月18日。

Versicherungsverein auf Gegenseitigkeit, PSVaG)截至 2005 年共覆盖 59,636 家公司、870 万名受益人。① PSVaG 为德国 2/3 以上的职业养老金计划负债提供担保,但它不对直接从人寿保险公司或类似机构中购买的养老保险金提供担保 。②

(3)经费来源与投资运营。DB 型养老基金担保的经费来源一般都不是直接来自财政拨款。虽然 PBGC 隶属于美国联邦政府,但它履行担保的职能并不是来源财政拨款,而是主要来源 DB 型计划缴纳的保险费,另外,还有 PBGC 接管的 DB 型计划终止的资产及 PBGC 自身的投资收益等。美国 DB 型养老基金型计划向担保公司缴纳的保险费费率是由《雇员退休收入保障法》直接规定的,DB 型养老基金型计划必须强制性加入 PBGC 提供的担保项目,并要为每个成员缴纳年度保费。根据 DB 型养老基金型计划偿付能力的判断,PBGC 对参保的单雇主计划收取的保险费可分为两类:固定保费和可变保费。法律几经修订提高了固定保费,2006 年以后,固定保费已由每人每年 19 美元上升到 30 美元,上升了 58% 。③加拿大 PBGF 的保费一开始设定为担保财产的 0.2% ,很快改为每位成员每年 1 加元。1990 年 Massey-combines(农具生产商)使 PBGF 花了一大笔钱,使其不得不向安大略省政府借款,后来 PBGF 调高保费至 0.5% 。与美国 PBGC 和加拿大 PBGF 不同,英国 PPF 资金来源养老金保护税:初始税 (initial levy);一般税(general levy);管理税(administration levy)。德国 PSVaG 则通过现收现付

---

① Eine schlagkräftige betriebliche Altersversorgung, 载 http://www.towerswatson.com/de-DE/Services/your-business-issues/balanced-retirement-strategy, 最后访问日期:2017 年 6 月 16 日。

② 2011pension glance, 载 http://www.oecd-ilibrary.org/finance-and-investment/pensions-at-a-glance-2011_pension_glance-2011-en,最后访问日期:2013 年 5 月 19 日。

③ 郑秉文、黄念:《美国待遇确定型企业年金计划担保机制的困境与前景》,载《美国研究》2006 年第 4 期。

的形式每年根据缴费情况进行融资，缴费的额度根据对 12 个月损失的估计来决定。除了保费，担保公司将自身资产进行投资也是其收入的来源之一。但每个国家的运作模式是不一样的，美国将单雇主养老担保基金和多雇主养老担保基金作为两个独立的财务项目来运行，都允许容许购买股票，2006 年 25% 的资产被投到股票市场。加拿大则不同，PBGF 的保费主要用于银行存款和购买政府债券，加拿大《2004 年养老基金法案》第 113 条规定 PPF 理事会可以为了谨慎管理其财务事宜而投资。①

2. DB 型养老基金风险补偿机制面临的挑战

（1）道德风险。道德风险是源于经济哲学的概念，主要是指在信息不对称的情况下，市场主体由于机会主义行为而给投资者和市场本身带来损失的风险。② 反对 DB 型养老基金进行担保的主要观点是会产生道德风险，而道德风险是各种保险面临的老生常谈问题。从上文分析可以看出，美国的 PBGC、加拿大的 PBGF、英国的 PPF、德国的 PSVaG 收取的保费是由法律直接规定的，市场机制没有真正发挥作用。无论企业经营及财务运营状况如何，都实行统一的费率，并不是根据每个 DB 型养老基金计划的偿付能力，因而没有反映 DB 型养老基金计划对担保制度索赔的风险水平。一般来讲，DB 型养老基金担保风险主要取决于以下三个要素：企业本身的信用级别、养老基金投资运营状况及养老基金待遇水平。如果企业信用级别高、投资运营状况良好、养老基金待遇水平提高在可控范围内，基金担保风险就小，反之则大。但担保所收取的保费和这些要素都没有关联，不能反映基金的偿付能力。一些企业

---

① 2011pension glance，载 http://www.oecd-ilibrary.org/finance-and-investment/pensions-at-a-glance-2011_pension_glance-2011 – en，最后访问日期：2016 年 5 月 19 日。

② 张宇润：《中国创业板市场法律规制研究》，中国检察出版社 2007 年版，第 69 页。

在 DB 型养老基金计划要破产或者无法兑现承诺的情况下，可能会做一些不负责任的行为，将损失丢给担保机构。这些行为包括提高养老基金待遇的承诺，进行冒险投资，减少对养老基金计划的缴费等。担保机制在预防道德风险方面也作了一些规定，如德国的 PSVaG 规定在破产前的一定期限内不能提高待遇，加拿大的安大略省规定了保证养老基金待遇限度。另外，将投资风险与保费挂钩，也会降低道德风险。但无论怎么说，如果保费不和养老基金计划的风险性关联，道德风险将很难消除。

(2)逆向选择。DB 型养老基金计划担保的逆向选择问题也是由保费的定价与养老基金计划脱节形成的。如果保费的收取不考虑缴费企业破产风险、投资风险和养老金待遇水平，通过某种形式的再分配，状况良好的公司不可避免地要为状况差的公司埋单。假如这种补贴过高，状况良好的公司就会想办法退出这个体系，如将 DB 型养老基金计划改成 DC 型养老基金计划。这就会产生类似于“银行挤兑”的效应，效益良好的企业因害怕自己成为承担者而离开 DB 型养老基金计划担保体系。逆向选择的结果是使担保公司担保的养老基金计划数量和保费收入来源减少，而且会破坏担保制度运作的保险机制的“大数法则”。[①] 实践中，与风险相关的保费定价似乎是一件很难做到的事情。各种研究表明，DB 型养老基金计划的保费并没有真正反映基金风险程度。[②] 虽然很多国家开始实施保费的风险定价，但推行并不顺利，如英国虽然通过风险关联税收，但具体细节还没出台。保费风险定价改革使保费反映 DB 型养老基金计划风险程度，对那些风险性高的企业提高保费可

① 黄念:《美国私人养老金担保项目的政治经济分析》，载《美国研究》2010 年第 1 期。

② 2011pension glance ，载 http://www. oecd-ilibrary. org/finance-and-investment/pensions-at-a-glance-2011_pension_glance-2011-en，最后访问日期:2016 年 5 月 19 日。

以防止道德风险和逆向选择。但不利之处是对那些困难企业收取更多的保费无疑是“雪上加霜”，可能会伤害DB型养老基金计划担保所保护的对象。与风险关联的保费定价也可能是压垮DB型养老基金计划的“最后一根稻草”，其会使雇主放弃DB型养老基金计划而转向DC型养老基金计划。

（3）系统性风险。DB型养老基金计划的保费不能精确定价的一个重要原因是其面临着的系统性风险。事实证明DB型养老基金计划偿付能力不足和企业破产是相关的，这意味着被担保人的风险分散是不充分的。现代保险业的真正先驱不是商人而是数学家，就像法国数学家布莱兹所说的：“灾难造成的恐惧应当不仅仅与灾害的严重程度，同时还应与事件的发生概率成比例。”①保险业的产生基础就是概率的测算，所有的保险业的设计都不是针对系统性风险的。养老基金担保同样如此，它预防不了系统性风险。当整个宏观经济崩溃，导致企业大量破产，股票大幅度缩水，风险具有不可分散性，养老基金担保系统就会失灵。破产和计划的偿付能力是息息相关的。另外，像美国的PBGC、加拿大的PBGF成为被终止养老基金计划的受托人，并接管被终止计划的养老基金资产，如果这些财产投资收益像在他们客户那里一样不理想，担保机构自身的财务状况就会受损。德国的PSVaG就不会有危险，因为它是卖掉这些年金，而不是接手。当养老基金资产是公司资本中重要一部分时，系统性风险就会增加。系统性风险的存在，使一些人反对私人机构对养老基金的担保而主张建立公共担保体系。由于私人市场上的系统性风险的存在，私营担保系统很难为那些DB型养老基金计划提供可靠的担保，因此政府必须介入为受益人

① ［英］尼尔·弗格森：《货币崛起》，高诚译，中信出版社2009年版，第166～169页。

提供保证。虽然面临这么多的挑战，但政府仍被认为是养老基金天然的最后保证者，尤其是在强制性养老基金中。当发生系统性风险时政府很难对养老基金最后贷款人的角色说“不”。①

3. DB 型养老基金计划担保的改进及局限

提高固定保费是最为常见的一种策略。美国自成立 PBGC 以来，四次调高了保费，如 2005 年起将多雇主计划的固定保费从每人每年 2.6 美元调高到 8 美元，单雇主计划的固定保费从每人每年 19 美元调高到 30 美元，并且规定今后将随着通货膨胀率自动调整。② 所有 DB 型养老基金计划都会受到调高固定缴费的影响，这会使本就来财务困难的计划雪上加霜，也会使财务状况良好的 DB 型养老基金计划觉得有失公平。还有一种改革措施是实行保费风险定价机制，它是依据养老基金计划资助者整体财务状况、投资组合和成员待遇情况来确定保费。保费采取风险定价机制最直接的动因之一就是让保费反映 DB 型计划的偿付能力，消除非市场费率的道德风险。但这一机制很难操作，不同企业采取的是不同遇公示和精算方法，资金缺口难以精确估计，增加成本的同时也很难准确定价；另外，计划终止的概率不仅会受到随机性风险和系统性风险的影响，养老基金计划资助者本身的各种原因也可以终止计划。因为养老基金计划担保的风险定价很难实施，有专家形容说只能借助“魔力水晶球”猜测养老基金计划的风险和保险费率。③

---

① ［美］佛朗哥·莫迪利亚尼、阿伦·莫拉利达尔：《养老金改革反思》，孙亚楠译，中国人民大学出版社 2010 年版，第 23 页。

② 郑秉文、黄念：《美国待遇确定型企业年金计划担保机制的困境与前景》，载《美国研究》2006 年第 4 期。

③ James A. Wooten, The Most Glorious Story of Failure in the Business: The Studebaker-Packard Corpora-tion and the Origins of ERISA0，载 http://www.oecd-ilibrary.org/ finance-and-investment /pensions-at-a-glance-2011_pension_glance-2011-en，最后访问日期：2016 年 5 月 19 日。

虽然采取了多种改进措施,DB 型养老基金计划的公共担保制度也难以避免“公地悲剧”,实际上如何处理 DB 型养老基金计划及其担保制度是许多国家公共政策中的难题。[①] 目前,全世界养老基金计划发展的趋势就是由 DB 型养老基金计划转向 DC 型养老基金计划,担保中的挑战是 DB 型养老基金计划转变为 DC 型养老基金计划最为常见的诱因。

(二)DC 型养老基金投资风险补偿机制国际经验

1. DC 型养老基金计划投资收益保证约束

每一次重大历史现象背后都隐藏着金融秘密,金融创新是人类进步不可或缺的因素。[②] 收益保证型产品随着金融市场的发展逐渐被广泛采用,尤其在银行和保险公司领域,如美国“Chase Manhattan Bank”1987 年推出的市场指数连动存单。[③] 养老基金投资收益保证就是为确保参保人退休后能获得养老基金给付和替代率,对养老基金投资收益在一定期限内规定下限的行为。这是保证养老基金积累水平,确保基金受益人权益的最后一道防线。养老基金投资收益保证被广泛运用于国外养老基金投资中,尤其是 OECD 成员国中。根据不同标准,养老基金投资收益保证分为不同类型,不同的国家采取的形式也不尽相同。投资回报保证的特征有以下几个方面:是否是固定的或者最低回报;回报率是否设置在名义或者实际价值上;时间范围等。一定水平的回报保证是最为重要的特征,它决定着基金积累在退休时最小的价值。

---

① 郑秉文、黄念:《美国待遇确定型企业年金计划担保机制的困境与前景》,载《美国研究》2006 年第 4 期。

② [英]尼尔·弗格森:《货币崛起》,高诚译,中信出版社 2009 年版,第 2 页。

③ 一档一年期存款的利息为 4%,该存款到期时如果 S&P500 指数上涨,投资人可以额外享有指数涨幅 45% 的收益;如果到时 S&P500 指数下跌,则投资者至少享有 4% 的收益率。

（1）养老基金最低收益绝对值保证和相对值保证。根据养老基金投资收益保证水平的参照基准不同，可将养老基金最低收益分为绝对值保证和相对值保证。绝对值保证设定的最低收益率是一个实实在在的数值，如果养老基金投资收益达不到这个数值就要进行补偿。OECD 成员国通过立法设定回报绝对值的有：捷克、日本、斯洛伐克和瑞士。捷克共和国养老基金经理必须保证每年养老基金在一个年度内收益不能为负值。日本自 2001 年 DC 型养老基金在投资选择中必须至少一个资本保证产品。斯洛伐克共和国自 2009 年以来，养老基金管理公司每 6 个月必须保证 10% 收益，如果达不到最低收益率他们必须补缺，加入超过这个回报，他们才能收取管理费。瑞士养老基金投资收益下限是 2%，1985 年设立为 4%，2003 年降为 3.25%，2004 年为 2.25%，2005 年又上升到 2.5%，2008 年为 2.75%，2009 年为 2%。瑞士拟将未来的最低利率设置为一个浮动利率与市场平均收益，与瑞士 7 年公债项的平均回报相关联，使最低回报率能反映市场的变化。养老基金投资收益相对值保证制度最低收益是有浮动的，通常与某一参考组合相关。这个参考组合通常是行业平均利润、国债利息、证券指数等。其相对于收益保证制度，能够更好地吸收经济波动带来的冲击，对金融市场发育程度要求要低些，一旦遭遇经济波动，也可由养老基金投资管理人和受益人共同分担损失。[①] 智利、丹麦、匈牙利、斯洛文尼亚等国家均采用相对值方式设定养老基金投资收益下限。智利养老基金经理要根据参保人选择基金类型给予不同的最低下限保障，智利为养老基金参保人设立了 A、B、C、D、E 五只风险递减的投资基金，养老基金管理公司必须保证最低收益率不得

---

① 王亦奇：《收益保证约束下资产配置策略研究》，上海交通大学 2011 年博士学位论文，第 46 页。

低于所有基金管理公司平均回报率50%或者不得比所有基金管理公司平均收益率低2个百分点。丹麦2009年之前都是采用绝对值方式限定投资收益，但2009年之后改为相对值，即要不低于长期存款利率。匈牙利的强制性养老基金投资回报率规定不得少于匈牙利国债利润的85%。波兰养老基金投资回报不得低于12个月加权平均真实利润的96%，同时为加权平均回报的50%。斯洛文尼亚是不低于国债利息的40%。①

(2)实际收益率保证和名义收益率保证。实际收益率和名义收益率是经济学上的两个概念，实际收益率又称真实收益率，它是指在名义收益率的基础上扣去通货膨胀因素的收益率。一个理性的投资者将自己的财产投资到债券、股票或其他类型的财产中时，他是以牺牲当下的消费利益以期待将来更多的消费，其肯定希望自己的收益率能高于通货膨胀率。因为去除了通货膨胀率，实际收益率能够更加真实地反映养老基金的收益状况，但名义收益率更易于操作。智利采取的是实际收益率保证制度，担保的最低收益率是过去3年所有养老基金的平均真实收益率的50%或少于平均真实收益率2个百分点，如果某个基金的收益率低于担保收益率，计入该养老基金的收益不是该基金本身取得的收益而是担保收益率。阿根廷和波兰选择的是名义收益保证制度，阿根廷担保的最低收益率是每个养老基金管理机构必须支付至少相当于整个养老基金业平均名义收益率的70%，波兰是以单个基金的资产规模为权重算出过去2年全部养老基金的平均名义收益率为担保率。

---

① Saunders, Anthony, and Marcia Millon Cornett. *Financial institutions management: A risk management approach*. Irwin/McGraw-Hill, 2003, pp. 168 – 184.

2. DC 型养老基金投资风险补偿资金来源

按照风险补偿资金来源可以分为投资储备金和盈余储备、购买再保险和雇主提供担保、政府财政担保。由于政府财政担保是最后一道防线，与一国或地区的经济发展水平和社会保障体系有很大关系，所以在此不具体阐述。

（1）投资储备金和盈余储备金。风险准备金是从事养老基金投资运营的基金管理公司以自有资本建立起来的，相当于公司一定比例的资本，并且它以养老基金相同的方式进行投资运作。风险准备金属于“专款专用”，除了用于弥补养老基金投资亏损，不能用于其他目的。盈余储备金又称盈余公积金，它是由养老基金一定时期内实际投资收益超过所有养老基金平均收益率的百分点的差额组成。不同于投资储备金，盈余储备金是养老基的资产，其不属于投资管理公司的资产。投资储备金和盈余储备金是最为普遍意义上的风险补偿资金来源。智利很早就建立了这两项制度，它的投资储备金相当于养老基金公司（AFPs）资产的 1% 的自由资本，盈余储备金则由养老基金 1 年的实际收益超过所有养老基金投资公司平均收益 1.5% 以上的差额部分组成。[①] 拉丁美洲多个国家都以智利的制度为蓝本建立了以上两种制度。

（2）购买再保险和雇主提供担保。购买再保险是要求养老基金投资管理人购买专业赔偿保险，目的是弥补投资管理人或其他管理服务机构造成养老基金资产的损失。我国香港特别行政区强积金局要求所有养老基金计划受托人必须向保险公司购买专业保险（professional indemnity insurance）。雇主提供担保的方式多种多样，可以由雇主本身为计划提供担保，也可以通过进行投资选择来

---

① 刘钧：《养老保险基金投资运营的风险预警和防范》，清华大学出版社 2010 年版，第 142 页。

实现担保。如美国允许私有养老基金投资到指数化债券中,这类债券本身有一个最低真实收益率担保,同时也允许计划参加者购买带担保的产品,如担保投资合约(GICs)和银行投资合约(BICs)或是指数化年金产品,这些产品通常提供收益率担保;其中著名的401(K)计划和节俭储蓄计划主要是通过雇员将养老基金投资于担保投资合约来实现收益率担保。①

(3)与DB型养老基金计划关联。在DB型养老基金计划中,养老基金投资收益几乎对养老基金受益人的权益没有直接影响,因为计划成员退休后的收益是固定的、可以预期的;DC型养老基金计划成员退休后的收益是未知数,可以将其与DB型养老基金计划关联,作为其投资风险的一个规避措施。美国俄亥俄州大学教师年金计划是此项措施的首创者,自2001年开始,它就为DC型计划(401a)提供一个由该制度中DB型计划作为担保资金来源的规避措施。如果参加者的DC型计划的投资收益率低于担保最低收益率,低于的部分将由DB型养老基金计划的基金来弥补;若收益率超过担保最低收益率,高出的部分要转到DB型计划中。

3. DC型养老基金投资风险补偿顺序

一般来讲,养老基金投资风险补偿是由多个主体、多方资金共同支持的。根据收益保证风险补偿的责任主体不同,可以分为外部收益保证和内部收益保证。外部收益保证有两种:一种是养老基金发起人承担最低收益保障责任,主要有德国、比利时。比利时从2004年开始立法规定职业年金雇员自己缴费部分雇主必须保证最低3.75%的回报率,而雇主缴费部分则是3.25%,德国则规定至少是2.25%。另一种是立法者会对养老基金的参与者提供外部

① 刘昌平、谢婷:《中国企业年金计划担保机制研究》,载《保险研究》2009年第8期。

保证,如在乌拉圭政府就对公共养老基金提供实际年回报率不低于2%的保证真实收益率保证,不足的部分由政府来承担。内部收益保证是当养老基金投资收益达不到最低下限时,由投资机构来承担。大部分国家都采取这种方式,如智利养老基金如果收益达不到最低标准,养老基金管理公司就得用投资储备金和自有资金做弥补。如果不足以弥补时,政府会对该基金公司进行清算以保证基金持有人的权益。从以上可以看出,养老基金投资机构、雇主和政府在养老基金投资风险补偿机制的不同补偿阶段均扮演着重要的角色。

同时,养老基金风险补偿的方式并不是单一的,而是运用多种担保方式,相应的资金来源也是多种的,如储备基金、基金管理人自有资产、国家养老基金担保基金、政府财政。各国风险补偿顺虽然略有不同,但一般会按照以下顺序开展:首先动用盈余储备金进行弥补,如果不足以弥补就会动用投资风险储备金,然后是政府担保基金,最后由政府兜底。以波兰为例,在养老基金收益不足需要动用担保资金是首先动用基金管理人建立的、相当于受托养老基金总资产1%～3%的储备金;在储备基金不足支付时,必须动用基金管理人的自有资产;如果还不足以支付,该基金管理人将宣布破产,由国家担保基金弥补所剩缺口,国家担保基金资产来源于强制性养老基金缴纳的保险费以及担保基金投资收益;如果国家担保基金出现赤字,最后由政府财政承担所有债务。

三、我国养老基金投资风险补偿机制的构建

(一)我国养老基金投资风险补偿机制现状分析与存在的问题

1. 我国养老基金投资风险补偿机制现状分析

(1)DC型养老基金计划是我国改革趋势。我国20世纪90年代进行了养老基金制度改革,建立了企业年金基金制度以来,就出

台相关文件鼓励、规范企业年金的发展，并将其定位为养老保障体系“三支柱”中的“第二支柱”；1997年基本职工养老保险确立了社会统筹与个人账户相结合的部分基金积累制模式。如果我们对企业年金和职工基本账户中“个人账户基金”的性质进行分析就会发现，无论是企业年金还是“个人账户基金”，退休者的最后收入计算都是根据养老基金缴费和收益情况，也就是说退休者到底要拿多少钱并不固定。企业年金基金和职工基本养老保险个人账户基金从性质上来说它们属于DC型养老基金，全国社会保障基金是国家主要用于社会保障领域的储备基金。从以上可以看出，我国是以DC型养老基金计划为主的养老基金制度设计。

(2)我国养老基金投资风险补偿机制初步建立。我国推进养老基金投资入市改革之初就注意到风险问题，我国企业年金和职业年金投资管理人按照规定应当从当期管理费的20%提取投资管理风险准备金，直至余额达到受托投资管理年金资产净值的10%为止。[①] 2015年的《企业年金投资管理办法》中维持了原有的条款，并对准备金的动用情形和时间作了更为详细的规定：在合同终止时，如果企业年金资产净值比当期委托投资的资产低，就要动用准备金应当作为弥补亏损的资产直至准备金全部用完，如果还有剩余或在企业年金没有亏损的情况下，资产属于投资管理人所有。同时也规定了风险准备金必须进行专门账户管理。[②] 我国社保基金投资管理人按照年度管理费的20%提取投资管理风险准备金，直至达到受托投资管理资产净值的10%时为止；全国社会保障基金理事会按照社保基金净收益的20%提取一般风险准备金，直至达到社保基金资产净值的20%为止，并进行专门账户管理，目的也

① 《企业年金基金管理办法》第60条；《职业年金基金管理暂行办法》第35条。

② 参见《企业年金投资管理办法》第85条。

是用于弥补社保基金投资亏损。[①] 我国基本养老金受托机构按照基金年度净收益的1%提取风险准备金，直至余额达到养老金资产净值的5%；投资管理机构每年按照管理费的20%提取风险准备金。[②]

2. 我国养老基金投资风险补偿机制存在的问题

从以上可以看出，我国在养老基金投资制度构建之初就有意识地借鉴国外相关风险补偿机制，通过立法明确了风险准备金的来源、数额、保管方式，强调风险准备金的专项用途，同时也隐含了投资管理人的责任范围。但由于我国养老基金风险补偿机制仅限于风险准备金，多层次风险补偿机制并没有真正建立。我国养老基金投资风险补偿机制主要存在以下问题：第一，担保的绝对收益率标准太低。无论是企业年金、基本养老保险基金还是全国社会保障基金，我国规定风险准备金都是弥补亏损，也就是说，最低收益担保为0。这个担保额太低，在通货膨胀条件下真实收益为负数，难以满足养老基金投资保值、增值的需求。第二，担保方式和资金来源单一。除风险准备金，我国风险补偿机制无其他措施，资金唯一的来源是投资管理人的佣金，与发达国家的多层次风险补偿机制相差甚远。另外，我国还规定在风险准备金不足以弥补养老基金损失的情况下，由基金本身承担风险。第三，担保评估周期不明确，即在规定时期内的实际收益率，它是采取收益率担保的国家一般都必须明确规定的。如巴西、新西兰、德国、日本、阿根廷和秘鲁等国的担保评估周期为1年；智利从1999年开始将担保的评估周期从12个月增加到36个月；波兰的担保评估周期为24个

① 《全国社会保障基金投资管理暂行办法》第47条。

② 《基本养老保险基金投资管理办法》第44条、第25条。

月。[①] 我国只规定合同终止时如果管理的养老基金投资收益低于成本的情形,并没有明确指出是年度投资收益还是投资合同期间内平均收益,这不利于实践中的操作。

(二)完善我国养老基金投资风险补偿机制具体建议

1. 建立投资收益保证约束机制

由于我国养老基金计划大多数是DC型,为DC型养老基金提供投资收益保证约束机制是养老基金制度比较发达的国家的一种普遍做法,在投资收益保证约束机制之下还要考虑以下问题:一是选择绝对最低收益保证还是相对最低收益保证,真实平均收益还是名义平均收益;二是补偿资金的来源以及序列是怎样的;三是最低担保比例是多少。

(1)相对的、真实平均最低收益率保证是我国的必然选择。选择什么样的最低收益保证机制取决于"入市"养老基金在整个国家或地区福利体系中的比重,同时本国整体经济状况和金融市场发育程度及金融机构风险管理水平也会影响其选择。在基金积累制国家中,选择"绝对最低收益保证"的国家并不多,一般是经济规模较小、利率和汇率波动幅度不大、经济发展稳定的国家,如瑞士、新加坡和乌拉圭等。[②] 相对的、非固定的最低收益保证机制能够更好地吸收经济波动的冲击,如果遭遇整个经济的"寒流",则由养老基金受益人和养老基金投资主体共同承担损失,避免给养老基金投资机构带来"灭顶之灾"而显失公平。由于我国经济发展不平衡、经济波动明显、通货膨胀率较高并难以预测、金融市场发育不完善等原因,不宜适用绝对最低收益保证制度。采取相对最低收益保

---

① 刘昌平、谢婷:《中国企业年金计划担保机制研究》,载《保险研究》2009年第8期。

② 王亦奇:《收益保证约束下资产配置策略研究》上海交通大学2011年博士学位论文,第46页。

证制度除符合经济发展实际情况以外，也更容易得到养老基金投资相关主体的认可和支持。

在名义收益率基础之上除掉通货膨胀率就是真实收益率，真实收益率更能反映养老基金投资收益状态。若一国的通货膨胀率水平相对较高对养老基金投资收益的影响，实行真实收益率担保是比较通行的做法。[①] 考虑到我国通货膨胀率波动幅度较大，近30年的最高值可达到24.1%。而养老基金从缴费到领取本身就是一个长达几十年的过程，其间受通货膨胀率的影响肯定很大，这也是养老基金进行市场化运营的动力所在。所以，为确保养老基金的安全，还要将通货膨胀因素考虑进去，在相对收益保证之下的真实收益率是我国比较务实的选择。

(2)最低收益标准。养老基金保证的最低收益水平既不能太高也不能太低，太高会挫伤养老基金投资主体的积极性，太低会损害参保人和受益人的利益。我国目前已经投资运营的全国社会保障基金的平均收益为8.37%，[②]企业年金在2016年也达到9.88%，[③]在确定养老基金保证的最低收益水平时除了要考虑我国整体收益水平，还要考虑投资主体收费情况。目前，企业年金管理费按每户每月不超过5元，其他管理费均以基金净值计算(如法人受托机构管理费不超过基金净值的0.2%，投资管理人管理费不超过基金净值的1.2%，基金托管人管理费不超过基金净值的0.2%)。如果需要承担过高的收益率担保标准却只有如此之少的

① 刘昌平、谢婷：《中国企业年金计划担保机制研究》，载《保险研究》2009年第8期。

② 《全国社会保障基金理事会社保基金年度报告(2016年度)》，载全国社保基金理事会网：http://www.ssf.gov.cn/cwsj/ndbg/201706/t20170612_7277.html，最后访问日期：2017年4月16日。

③ 郑秉文：《中国养老金发展报告2016》，经济管理出版社2016年版，第94页。

收费,就会显失公平。从域外经验来看,采取相对收益率的国家或地区一般是和金融市场的某一指数挂钩或者与养老基金投资行业平均收益率挂钩,由于我国养老基金投资在起步阶段,市场规模并不大,与金融市场的某一指数挂钩相对来说更加科学些。当然这些标准不是一成不变的,可以在实践中不断调整,使受益人、资本市场、投资主体乃至整个养老基金行业实现共赢。

2. 拓宽风险补偿基金来源

前文阐述了目前我国风险补偿资金的来源只有风险准备金,比较单一且难以保证养老基金的安全性。按照世界通行的做法,我国必须拓宽风险补偿基金来源。建立盈余公积金,即当将盈利高于一定数额时高出的部分作为盈余储备金。2008 年全球金融危机凸显了 DC 型养老基金退休后支付的不确定性,此次危机投资到那些风险性大资产的养老基金遭受着巨额损失。DC 型养老基金在 OECD 成员国的份额越来越大,它已成为许多国家退休支付的主要来源,如澳大利亚、智利、墨西哥、斯洛伐克共和国。养老基金投资收益下限也称最低收益保证,是指在一定期限内养老基金投资收益不低于一定的比例。养老基金投资最低收益保证对于那些养老基金担保提供丰厚养公共养老金的国家价值不大;相反,在那些以 DC 型养老基金为主的国家,养老基金投资最低收益保证就显得特别重要。由于养老基金投资收益直接影响参保人退休后养老金的给付,许多国家都对养老基金投资收益下限规定,特别是那些以强制性 DC 型养老基金基础性养老基金制度的国家。一般来讲,对投资收益下限予以规定采取两种形式:第一,采取相对值的方式确定下限,即达到一国所有养老基金投资收益的平均值或者某个收益基准,如智利规定某个养老基金的投资收益必须高于全部基金平均收益的0.5%,低于此值就要采取措施;[①]第二,采取绝对值方式确定最低投资收益率保障,直接规定养老基金投资收益必须达到某个具体数值,如瑞士规定养老基金名义投资收益必须高于4%。

小结

由于养老基金本身的特殊性,政府不能把退休风险完全留给个人,风险补偿就是一个重要的保障措施。DB 型养老基金投资风险补偿机制主要通过公共担保机制来实现。美国是最早建立 DB 型养老基金计划担保的国家,后来英国、加拿大等国家以美国的制度为蓝本建立了担保机制。DB 型养老基金担保的经费来源一般都不是直接来自财政拨款而是保费和投资收益。DB 型养老基金风险补偿机制在实施多年以后,虽然不断改革和调整但面临着很多挑战,其中主要的制约因素是道德风险和逆向选择,另外,担保机制预防不了系统性风险。后来 DB 型养老基金计划担保制度进行一些改进措施如提高保费、实行保费风险定价机制等。虽然采取了多种改进措施,DB 型养老基金计划的公共担保制度仍难以避免“公地悲剧”,这也是 DB 型养老基金计划向 DC 型转变的诱因之一。

DC 型养老基金计划逐渐成为养老基金改革的主流,其为推进改革进程、分担风险,实施 DC 型养老基金计划的国家都提供了不同形式的风险补偿机制如最低收益担保、投资储备金、盈余储备金和购买再保险等。我国是以 DC 型养老基金计划为主的国家,构建我国养老基金投资风险补偿机制可以推进养老基金改革进程、化

---

① Mesa-Lago, Carmelo, Fabio Bertranou, “Pension reforms in Chile and social security principles, 1981 – 2015”, *International Social Security Review* 69. 1 ,2016, pp. 25 – 45.

解风险，并能有利于养老基金制度公平。目前，我国养老基金风险补偿机制仅限于风险准备金，多层次风险补偿机制并没有真正建立。建议建立相对的、真实平均最低收益率保证机制，确定最低收益标准并拓宽资金来源。

结　论

养老基金改革是许多国家未完成的任务，但改革的压力却与日俱增。[①] 人口老龄化问题在当今世界突出存在。如何实现“老有所养”，各国依据各自国情探索出不同的解决之道。其中，以市场化方式积聚社会资源，通过建立养老基金来应对退休金支付，业已成为世界各国的普遍共识和基本运作形式。如何实现养老基金的保值增值，使养老基金的总支出规模始终与不断增长的老龄人口需求相匹配，成为养老基金制度改革的核心问题，这也成为养老基金投资运营的首要目标。

养老基金本身的社会属性，使之相对于一般投资来说，更加注重投资的安全性。但金融市场风险高度凝聚，如何在风险既定的条件下寻求最大收益，这不仅取决于基金本

① ［西］何塞·路易斯·埃斯克里瓦、爱德华多·富恩特斯：《拉美养老金改革：面临的平衡与挑战》，郑秉文译，中国劳动社会保障出版社2012年版，第39页。

身的投资策略，还需要外生力量的控制，其中监管约束至关重要。本书就是以此为视角，按照“问题—监管权配置体制及监管模式—具体监管制度—保障措施”的思路层层展开，其中监管具体制度以投资前、投资中、投资后的逻辑关系展开论述，借鉴澳大利亚、智利、美国、英国等相关国家的监管制度，基于我国具体情况，得出以下结论：

第一，首先比较了中外养老基金投资监管权配置的不同体制。通过从世界范围来看，监管权配置基本上可以分为一体化、专业化和部分一体化三种体制。通过对澳大利亚、智利、英国和美国四个典型的国家养老基金投资和监管权配置体制进行分析，可以看出监管的专业化、独立性和法制化是不同监管权配置体制的共同发展趋势。由于我国金融监管是“分业经营、分业监管”体制，再加上养老基金投资发展落后，根据世界养老基金投资监管整体发展趋势，实行专业化监管权配置体制是我国的必然选择。

第二，在监管模式方面，国际上分为审慎人规则和数量限制监管两种模式。从理论分析和经验角度来看，审慎人规则要优于数量限制监管模式。从发展角度来看，审慎人标准逐渐提高并且二者也有相互融合的趋势，实施中注重风险性监管和资产配置监管。我国现行监管模式是严格数量限制监管，随着大规模养老基金投资“入市”和金融市场的发展，应建立逐步引入审慎人规则逐步过渡到混合监管模式并建立相应的配套措施。

第三，养老基金投资市场准入规制通过质量控制与数量限制防范投资风险、维护养老基金投资稳健运营。但对现行制度与实践加以检视，就会发现准入规制还存在诸多问题，如对养老基金投资准入规制者缺乏有效约束难以防范“权力滥用”，数量规制目标不明确妨碍养老基金投资合理市场结构构建，退出制度不完善有损市场流动性，从业人员准入规制趋同化难以体现养老基金投资独特要求,“各自为政”式立法导致准入规制制度碎片化。当务之急就是理顺养老基金投资准入审批关系、优化角色定位、控制养老基金规制中的间接授权立法、建立责任追究机制,并明确数量规制目标,建立和完善退出机制与养老基金投资从业人员规制,同时在兼顾养老基金投资准入差异化规制基础上克服碎片化弊端。

第四,养老基金投资机构获准进入养老基金市场后,还要对其业务运营过程进行有效的监管。养老基金投资业务运营监管中最为重要的是信息披露和关联交易监管。信息披露制度是其他一切约束机制实施的前提和基础,关联交易是在以多层次信托或委托构建养老基金投资管理框架中最为常见,也最容易侵蚀养老基金资产的行为。信息披露是关联交易监管的基础,而关联交易是信息披露的重要内容。提升立法层次,统一规范养老基金投资信息披露并引入 GIPS 标准是完善信息披露监管的有效途径。另外,在限制非公允性关联交易的同时也要对公允性关联交易进行肯定,以提高基金投资效率、拓展基金投资利润空间。

第五,在市场机制中,养老基金投资市场有进入必然会有退出,而完善的养老基金投资退出机制是衡量养老基金投资市场成熟度的重要标志。养老基金投资市场退出的目的是使不符合条件、不具备资格的市场主体退出养老基金投资竞争和市场经营,防止其侵蚀养老基金,使市场资源得到更加合理、有效的配置。

第六,除加强养老基金从进入到退出的监管以外,由于养老基金本身的特殊性,政府不能把退休风险完全留给个人,要建立必要的保障措施以分散、化解风险。DB 型养老基金计划和 DC 型养老基金计划的投资风险补偿措施因为风险的分担方式而设计不同,DB 型养老基金投资风险补偿机制主要通过公共担保机制来实现,DC 型养老基金计划主要是建立投资收益约束机制。我国是以 DC 型养老基金计划为主的国家,目前风险补偿机制仅限于风险准备金，多层次风险补偿机制并没有真正建立。首先应当建立相对的、真实的平均最低收益率保证机制，同时要明确最低收益标准并拓宽资金来源。

参考文献

一、中文类

(一)著作

1.[西]何塞·路易斯·埃斯克里瓦、爱德华多·富恩特斯:《拉美养老金改革:面临的平衡与挑战》,郑秉文译,中国劳动社会保障出版社2012年版。

2.[美]滋维·博迪、亚历克斯·凯恩、艾伦·J.马库斯:《投资学》,汪昌云、张永冀译,机械工业出版社2013年版。

3.[英]高顿·L.克拉克:《养老金基金管理与投资》,洪铮译,中国金融出版社2008年版。

4.刘钧:《养老保险基金投资运营的风险预警和防范》,清华大学出版社2010年版。

5.郑功成:《中国社会保障制度变迁与评估》,中国人民大学出版社2002年版。

6.张宇润:《货币的法本质》,中国检察出版社2010年版。

7.《马克思恩格斯选集》(第2卷),人

民出版社 1972 年版。

8. [奥]路德维希・冯・米塞斯:《人类行为的经济学分析》(上),郭笑文译,广东经济出版社 2009 年版。

9. [英]哈耶克:《法律、立法与自由》,邓正来译,中国大百科全书出版社 2000 年版。

10. [德]叔本华:《叔本华的人生哲学》,刘烨编译,中国戏剧出版社 2008 年版。

11. 马青平:《养老金和社会保障的理论与实践》,经济科学出版社 2012 年版。

12. 高亨:《商君书・境内篇》,中华书局 1974 年版。

13. 王溥:《唐会要》,中华书局 1995 年版。

14. [美]佛朗哥・莫迪利亚尼、阿伦・莫拉利达尔:《养老金改革反思》,孙亚楠译,中国人民大学出版社 2010 年版。

15. [日]高山宪之:《信赖与安心的养老金改革》,张启新译,上海人民出版社 2012 年版。

16. [美]佛朗哥・莫迪利亚尼、阿伦・莫拉利达尔:《养老金改革反思》,孙亚楠译,中国人民大学出版社 2010 年版。

17. 罗伯特・特霍尔茨曼、理查德・欣茨等:《21 世纪的老年收入保障——养老金制度改革国际比较》,郑秉文等译,中国劳动社会保障出版社 2006 年版。

18. 刘云龙:《养老金帝国》,中国财政经济出版社 2012 年版。

19. 李绍光:《养老金制度与资本市场》,中国发展出版社 1998 年版。

20. 郑秉文:《中国基本养老保险个人账户基金研究报告》,中国劳动社会保障出版社 2012 年版。

21. 朱大旗:《金融法》,人民大学出版社 2007 年版。

22. 朱大旗:《金融法》,人民大学出版社 2015 年版。

23. 文宇:《金融法》,台北,元照出版有限公司 2011 年版。

24. [美]马尔科姆 · K. 斯帕罗:《监管的艺术》,周道许译,中国金融出版社 2006 年版。

25.《养老金规范与监管》,郑秉文等译,中国发展出版社 2006 年版。

26. 李扬、王国刚、刘煜辉:《中国城市金融生态环境评价》,人民出版社 2005 年版。

27. 朱民、蔡金青、艾梅霞主编:《中国金融业的崛起挑战及全球影响》,中信出版社 2010 年版。

28. 林羿:《美国企业年金养老金的监督与管理》,中国财政经济出版社 2006 年版。

29. 陈星:《美国企业年金投资与监管研究》,中国地质大学出版社 2013 年版。

30. 徐孟洲:《金融监管法研究》,中国法制出版社 2006 年版。

31. 余雪明:《比较退休基金法》,中国政法大学出版社 2003 年版。

32. [美]曼昆:《经济学原理》,梁小民译,机械工业出版社 2005 年版。

33. 李成:《金融监管学》,西安交通大学出版社 2007 年版。

34. 郑秉文主编:《中国养老金发展报告 2016》,经济管理出版社 2016 年版。

35. [英]马克斯 · 布瓦索:《信息空间:认知组织、制度和文化的一种框架》,王寅通译,上海译文出版社 2000 年版。

36. 葛家澍:《财务会计理论研究》,厦门大学出版社 2006 年版。

37. 马妍妍:《企业年金监管的比较法研究》,上海社会科学院出版社 2010 年版。

38. 李克穆:《保险业信息披露研究》,中国财政经济出版社2007年版。

39. [奥]路德维希·冯·米塞斯:《人类行为的经济学分析》,郭笑文译,广东经济出版社2011年版。

40. 柳经纬:《上市公司关联交易的法律问题研究》,厦门大学出版社2001年版。

41. 阎维杰:《金融机构市场退出研究》,中国金融出版社2006年版。

42. 王文素主编:《社会保障》,北京大学出版社2010年版。

43. 李超民:《美国社会保障制度》,上海人民出版社2009年版。

44. 谭中和、张兴:《基本养老保险个人账户基金投资运营与监管》,知识产权出版社2013年版。

45. 孙建勇:《社会保障基金监管》,中国劳动社会保障出版社2004年版。

46. 耿志民:《养老保险基金与资本市场》,经济管理出版社2000年版。

47. 郑功成:《中国社会保障改革与发展战略——理念、目标与行动方案》,人民出版社2008年版。

48. 刘云龙:《养老金通论》,中国财政经济出版社2012年版。

49. [美]安东尼·桑德斯:《金融机构管理》,王中华译,人民邮电出版社2010年版。

50. [美]赫伯特·B. 梅奥:《投资学导论》,沐华译,中国人民大学出版社2003年版。

51. [英]古德哈特:《货币经济学文集》,康以同译,中国金融出版社2010年版。

52. [英]哈耶克:《法律、立法与自由》,邓正来译,中国大百科全书出版社 2000 年版。

53. [美]E. 博登海默:《法理学:法律哲学与法律方法》,邓正来译,中国政法大学出版社 2004 年版。

54. 李扬、王国刚、刘煜辉:《中国城市金融生态环境评价》,人民出版社 2005 年版。

55. 杨长汉:《中国企业年金投资运营研究》,经济管理出版社 2009 年版。

56. 王显勇:《社会保险基金法律制度研究》,中国政法大学出版社 2012 年版。

57. 周志凯:《养老金个人账户制度研究》,人民出版社 2009 年版。

58. [美]罗尔斯:《正义论》,何怀宏等译,中国社会科学出版社 1988 年版。

59. 邵诚、刘作翔:《法与公平论》,西北大学出版社 1995 年版。

60. [美]彼得·斯坦:《西方社会的法律价值》,王献平译,中国法制出版社 2004 年版。

61. [法]让-多米尼克·拉费:《混合经济》,宇泉译,商务印书馆 1995 年版。

62. 吴易风:《当代西方经济学流派与思潮》,首都经济贸易大学出版社 2006 年版。

63. 张文显:《法理学》,高等教育出版社 1999 年版。

64. [美]迈克尔·J. 桑德尔:《自由主义与正义的局限》,万俊等译,译林出版社 2011 年版。

65. 王文宇:《金融法》,台北,元照出版有限公司 2011 年版。

66. [德]叔本华:《叔本华的人生哲学》,刘烨编译,中国戏剧出版社 2008 年版。

67. [英]亚当·斯密:《国富论》,唐日松等译,商务印书馆

2012 年版。

68. 张宇润:《中国创业板市场法律规制研究》,中国检察出版社 2007 年版。

69. [美]斯蒂文·沙维尔:《法律经济分析的基础理论》,赵海怡等译,中国人民大学出版社 2013 年版。

70. 陈志武:《金融的逻辑》,国际文化出版公司 2009 年版。

(二)论文类

1. 彭希哲、胡湛:《公共政策视角下的中国人口老龄化》,载《中国社会科学》2011 年第 3 期。

2. 朱小川:《在金融危机中立于不败之地——澳大利亚金融审慎监管启示》,载《金融监管》2010 年第 5 期。

3. 杜鹏、翟振武、陈卫:《中国人口老龄化百年发展趋势》,载《人口研究》2006 年第 6 期。

4. 林义:《养老基金与资本市场互动发展的制度分析》,载《财经科学》2005 年第 2 期。

5. 沈澈、邓大松:《个人账户基金投资运营路径设计》,载《东北大学学报》2013 年第 3 期。

6. 郑秉文:《中国企业年金发展滞后的政策因素分析——兼论“部分 TEE”税优模式的选择》,载《中国人口科学》2010 年第 4 期。

7. 林熙、林义:《国际养老保险基金投资管理的新趋势》,载《保险职业学院学报》2008 年第 1 期。

8. 熊军:《养老基金资产配置的主要类型和功能》,载《国有资产管理》2009 年第 8 期。

9. 尚晓援:《“社会福利”与“社会保障”再认识》,载《中国社会科学》2001 年第 3 期。

10. 李玉娇:《中国养老金入市:是政策理性还是利益博弈》,载《当代经济管理》2016 年第 5 期。

11. 周志凯、孙守纪:《中国养老保险个人账户基金投资管理体制分析》,载《经济体制改革》2011 年第 3 期。

12. 李珍:《论建立基本养老保险个人账户基金市场化运营管理制度》,载《中国软科学》2007 年第 5 期。

13. 宁钟、王宇:《中国养老基金的投资监管模式与 OECD 国家的比较研究》,载《世界经济文汇》2007 年第 5 期。

14. 阎建军:《DB 型企业年金担保制度比较及对中国的启示》,载《经济社会体制比较》2009 年第 5 期。

15. 刘昌平、谢婷:《中国企业年金计划担保机制研究》,载《保险研究》2009 年第 8 期。

16. 郑秉文、黄念:《美国待遇确定型企业年金计划担保机制的困境与前景》 载《美国研究》2006 年第 4 期。

17. 刘富兵、刘海龙、周颖:《内部收益保证下养老基金的最优资产配置》,载《上海管理科学》2008 年第 4 期。

18. 冯果、李安安:《滥用与规制:我国社保基金的监管缺失及其补救》,载《当代法学》2007 年第 7 期。

19. 潘圆、刘声:《王利明等 30 位代表联名呼吁制定社会保险基金监管法》,载《中国青年报》2007 年 3 月 12 日。

20. 郑秉文:《论企业年金当前的任务和改革的方向》,载《保险与社会保障》2007 年第 2 期。

21. 郑秉文、房连泉:《智利养老金改革 25 周年:养老金投资与资本市场》,载《国际经济评论》2006 年第 11 期。

22. 胡继晔:《英国养老金体系的最新改革》,载《中国经济时报》2011 年第 8 期。

23. 张春丽:《我国养老基金投资的审慎投资人规则》,载《中国法学》2016 年第 5 期。

24. 郑秉文:《中国社保“碎片化制度”与“危害与碎片化冲动”

探源》,载《甘肃社会科学》2009 年第 3 期。

25. 董克用:《应对老龄化需高度重视养老金融发展》,载《中国证券报》2016 年 6 月 22 日,第 7 版。

26. 车丕照:《"市场准入"、"市场准出"与贸易权利》,载《清华大学学报》(哲学社会科学版)2004 年第 4 期。

27. 杨燕绥、鹿峰:《中国养老金市场的公共治理》,载《西安交通大学学报》(社会科学版)2011 年第 3 期。

28. 郭磊:《企业年金市场进入规制研究》,载《保险研究》2009 年第 10 期。

29. 沈澈、邓大松:《个人账户基金投资运营路径设计》,载《东北大学学报》2012 年第 5 期。

30. 李珍、王海东:《英国养老金私有化改革的历程与评价》,载《保险研究》2011 年第 2 期。

31. 蒋海、刘少波:《金融监管理论及其新进展》,载《经济评论》2003 年第 1 期。

32. 胡维波:《金融监管的理论综述》,载《当代财经》2004 年第 3 期。

33. 江玉荣:《基本养老保险基金投资的立法与完善》,载《现代经济探讨》2013 年第 9 期。

34. 郑秉文:《论企业年金当前的任务和改革的方向》,载《保险与社会保障》2007 年第 2 期。

35. 张波:《金融市场准入监管理念的多为视角》,载《经济导刊》2010 年第 10 期。

36. 杨燕绥、鹿峰、修欣欣:《中国养老金市场的公共治理》,载《西安交通大学学报》(社会科学版)2011 年第 3 期。

37. 郑秉文:《加快养老基金管理公司建设》,载《红旗文稿》2007 年第 22 期。

38. 张家忠:《从安然破产案看美国 401K 养老金计划》,载《广西金融研究》2003 年第 2 期。

39. 温树英:《构建我国金融市场退出的监管法律体系》,载《政治与法律》2002 年第 1 期。

40. 王宝刚、张立先、荆伟等:《问题金融机构市场退出的法律制度研究》,载《金融理论与实践》2011 年第 6 期。

41. 张宇润:《农村金融创新的法律激励机制探析》,载《学术界》2013 年第 10 期。

42. 冯果、袁康:《从法律赋能到金融公平》,载《法学评论》2012 年第 4 期。

43. 郑秉文:《关于建立专业养老金管理公司的可行性分析和政策建议》,载《宏观经济研究》2007 年第 9 期。

44. 张宇润:《社会保险基金投资运营》,载《中国工人》2012 年第 4 期。

45. 徐梦全、乔路:《智利养老基金制度改革及其对中国的启示》,载《当代经济》2010 年第 4 期。

46.《养老金入市倒计时　首批规模料达 4000 亿》,载《中国证券报》2016 年 10 月 26 日。

47. 郑秉文:《社保降费倒逼加快全面深化改革》,载《中国社会保障制度》2016 年第 2 期。

48. 郑功成:《关于尽快修订〈社会保险法〉的议案》,载《中国社会保障》2016 年第 7 期。

49. 郑秉文:《社会保障的发展历程与前言探索》,载《工会博览》2017 年第 1 期。

50. 郑秉文:《企业年金改革面临抉择:扩大参与率的历史时刻》,载《中国保险》2017 年第 3 期。

51. 郑秉文:《全国社会保险基金理事会官僚体制的转型与突

破——写在基本养老基金投资进入市场之际》,载《辽宁大学学报》2017 年第 3 期。

52. 郑功成:《社会保障与国家治理的历史逻辑与未来选择》,载《社会保障评论》2017 年第 1 期。

53. 候明、熊庆丽:《我国养老金融发展问题研究》,载《新金融》2017 年第 2 期。

54. 赵紫燕、黄溪:《中国公众的养老预期调查》,载《人民论坛》2017 年第 31 期。

55. 王源扩:《财政法基本原则研究》,中国人民大学 2001 年博士学位论文。

56. 房连泉:《智利社保基金投资与管理》,中国社科院 2006 年博士学位论文。

57. 王强:《中国企业年金监管体系制度构建研究》,西南财经大学 2009 年博士学位论文。

58. 方桂荣:《投资基金监管法律问题研究》,重庆大学 2008 年博士学位论文。

59. 戴霞:《市场准入制度研究》,西南政法大学 2007 年博士学位论文。

60. 肖海军:《营业准入制度研究》,湖南大学 2007 年博士学位论文。

61. 李勇:《信托业监管法律问题研究》,中南大学 2007 年博士学位论文。

62. 满海红:《金融监管理论研究》,辽宁大学 2008 年博士学位论文。

63. 肖海军:《营业准入制度研究》,湖南大学 2007 年博士学位论文。

64. 穆虹:《经济法价值研究》,山东大学 2007 年博士学位论文。

65. 杨宏芹:《证券公司退出机制的法律研究》,华东政法学院2007年博士学位论文。

66. 张雪强:《银行业金融机构市场退出法律制度研究》,西南政法大学2011年博士学位论文。

67. 王亦奇:《收益保证约束下资产配置策略研究》,上海交通大学2011年博士学位论文。

68. 武琼:《英国养老金制度变迁中政府责任定位研究》,河北大学2011年博士学位论文。

69. 张健:《养老金制度改革与资本市场完善的互动》,上海交通大学2008年博士学位论文。

70. 李欣宇:《养老基金管理人谨慎投资义务研究》,中国政法大学2008年博士学位论文。

71. 吕志勇:《我国社保养老基金投资风险管理研究》,天津大学2010年博士学位论文。

二、英文类

(一) 著作

1. Nakashima K. , N. Howe, R. Jackson, *China's Long March to Retirement Reform—The Graying of the Middle Kingdom Revisited*, CSIS Publications, 2009.

2. Hinz, Richard P. , Anca N. Mataoanu, *Pension Supervision: Understanding International Practice and Country Context*, Social Protection, World Bank, 2005.

3. Mitchell, Olivia S. , Robert Julius Meyers, Howard Young, eds. , *Prospects for Social Security Reform*, University of Pennsylvania Press, 1999.

4. Rajkumar, Sudhir, Mark C. Dorfman, eds. , *Governance and Investment of Public Pension Assets: Practitioners' Perspectives*, World Bank Publications, 2011.

5. Keith P. Ambachtsheer, *Pension Revolution: A Solution to the Pensions Crisis*, John Wiley and Sons, inc. , Hoboken, 2007.

6. Alan J. Pifer, Lydia Bronte, *Our Aging Society: Paradox and PromiseNew York*, W. W. Norton, 1986.

7. Martin Jenkins, *Blackstone guide to the Pensions Act* 2004, Oxford University Press, 2005.

8. Waring, M. Barton, *Pension Finance: Putting the Risks and Costs of Defined Benefit Plans Back Under Your Control*, *Vol.* 708, John Wiley & Sons, 2011.

9. Drucker, Peter F. , *The Unseen Revolution: How Pension Fund Socialism Came to America*, Elsevier, 2013.

10. Clements, Mr Benedict J. , et al. , *The Challenge of Public Pension Reform in Advanced and Emerging Economies*, International Monetary Fund, 2016.

11. Cesaratto, Sergio, *Pension Reform and Economic Theory*, Edward Elgar Publishing, 2014.

12. Holzmann, Robert, Edward E. Palmer, eds. , *Pension Reform: Issues and Prospects for Non-financial Defined Contribution (NDC) schemes*, World Bank Publications, 2006.

13. Bonoli, Giuliano, *The Politics of Pension Reform: Institutions and Policy Change in Western Europe*, Cambridge University Press, 2000.

14. Disney, Richard, *Notional Accounts as a Pension Reform Strategy: An Evaluation, Social Protection*, World Bank, 1999.

15. Davis, E. Philip, Benn Steil, *Institutional investors*, MIT press, 2004, p. 524.

(二)论文

1. Brunner, Gregory, Richard Hinz, Roberto Rocha, "Risk-Based Supervision of Pension Funds", *Documento de Trabajo* 21 , 2007.

2. Ando, Albert, Franco Modigliani, "The Life Cyclehypothesis of Saving: Aggregate Implications and Tests", *The American Economic Review* 53. 1, 1963, pp. 55 – 84.

3. Brunner, Gregory, Richard Hinz, and Roberto Rocha, "Risk-Based Supervision of Pension Funds", *Documento de Trabajo* 21, 2007, p. 33.

4. Galer, Russell, "Prudent Person Rule Standard for the Investment of Pension Fund Assets", *Financial Market Trends* 83, 2002, pp. 41 – 75.

5. Davis, E. Philip, Yuwei Hu, "Should Pension Investing be Regulated?", *Rotman International Journal of Pension Management*2, 2009, pp. 34 – 40.

6. Antolín, Pablo, et al., "The Role of Guarantees in Defined Contribution Pensions", *OECD Working Papers on Finance, Insurance and Private Pensions* 11, 2011, p. 1.

7. Deelstra, Griselda, Martino Grasselli, and Pierre-Francois Koehl, "Optimal Investment Strategies in the Presence of a Minimum Guarantee", *Insurance: Mathematics and Economics* 33. 1 , 2003, pp. 189 – 207.

8. Soto, Mauricio, "Chilean pension reform: The good, the bad, and the in between", *Center for Retirement Research at Boston*

College 31,2005,pp. 1 – 8.

9. Newman, Peter, Murray Milgate, and John Eatwell, eds., "The New Palgrave Dictionary of Money & Finance", Vol. 1. *Basingstoke.*: *Macmillan*, 1992,p. 7.

10. Peltzman, Sam, "Toward a More General Theory of Regulation", *The Journal of Law and Economics* 19. 2, 1976, pp. 211 – 240.

11. Posner, Richard A., "The Social Costs of Monopoly and Regulation", Journal of political Economy 83. 4, 1975, pp. 807 – 827.

12. Holzmann, Robert, "Pension Reform, Financial Market Development, and Economic Growth: Preliminary Evidence from Chile", *Staff Papers* 44. 2, 1997, pp. 149 – 178.

13. Blake, David, et al., "Decentralized Investment Management: Evidence from the Pension Fund Industry", *The Journal of Finance* 68. 3, 2013, pp. 1133 – 1178.

14. Mesa-Lago, Carmelo, Fabio Bertranou, "Pension Reforms in Chile and Social Security Principles, 1981 – 2015", *International Social Security Review*69. 1, 2016, pp. 25 – 45.

15. Brunner, Gregory, Richard Hinz, Roberto Rocha, "Risk-Based Supervision of Pension Funds", *Documento de Trabajo* 21, 2007, p. 23.

16. Cai, Yong, Yuan Cheng, "Pension Reform in China: Challenges and Opportunities", *Journal of Economic Surveys* 28. 4, 2014, pp. 636 – 651.

图书在版编目(CIP)数据

养老基金投资监管法律制度研究 / 江玉荣著. -- 北京 : 法律出版社, 2018
ISBN 978 -7 -5197 -1796 -4

Ⅰ. ①养… Ⅱ. ①江… Ⅲ. ①养老保险基金－监管制度－法律－研究－中国 Ⅳ. ①D922.284.4

中国版本图书馆 CIP 数据核字(2017)第 309748 号

养老基金投资监管法律制度研究
YANGLAO JIJIN TOUZI JIANGUAN FALÜ ZHIDU YANJIU

江玉荣 著

策划编辑 刘晓萌
责任编辑 刘晓萌
装帧设计 李 瞻

出版 法律出版社
总发行 中国法律图书有限公司
经销 新华书店
印刷 北京虎彩文化传播有限公司
责任校对 马 丽
责任印制 吕亚莉

编辑统筹 财经法治出版分社
开本 A5
印张 8.125
字数 218 千
版本 2018 年 9 月第 1 版
印次 2018 年 9 月第 1 次印刷

法律出版社/北京市丰台区莲花池西里 7 号(100073)
网址/www.lawpress.com.cn
投稿邮箱/info@lawpress.com.cn
举报维权邮箱/jbwq@lawpress.com.cn
销售热线/010 -63939792
咨询电话/010 -63939796

中国法律图书有限公司/北京市丰台区莲花池西里 7 号(100073)
全国各地中法图分、子公司销售电话:
统一销售客服/400 -660 -6393
第一法律书店/010 -63939781/9782　西安分公司/029 -85330678　重庆分公司/023 -67453036
上海分公司/021 -62071639/1636　深圳分公司/0755 -83072995

书号:ISBN 978 -7 -5197 -1796 -4　**定价**:48.00 元
(如有缺页或倒装,中国法律图书有限公司负责退换)